世界简史

A SHORT HISTORY OF THE WORLD

[英] 赫伯特·乔治·威尔斯 著
孟驰 译

云南出版集团
云南人民出版社

果麦文化 出品

H. G. Wells

序

这部《世界简史》应该像小说一样是直白易读的。它以最笼统的方式概述了我们目前对历史的认识，略去了其中的细枝末节和复杂之处。我在书中已尽量加以充分说明，并采取一切办法使其生动和明确。读者能够从中获得对历史的一般认识，这是研究某一特定时期或特定国家历史所必需的一个框架。在阅读笔者更全面、更明晰的《世界史纲》(*The Outline of History*)一书之前，可以将此当作一次有益的准备之旅。

如果说本书有什么特殊用处，那就是它或许能满足忙碌的普通读者之需，因为他们过分热衷于仔细研究《世界史纲》中的地图和时间表，希望刷新和修复自己对于人类文明历程零散模糊的认知。这并不是对那部前作的概括或缩写。受制于写作目标，《世界史纲》无法进一步加以浓缩。可以说，这更多的是一部经过重新规划和书写的概括性通史。

赫伯特·乔治·威尔斯

目　录

1 空间中的世界

我们这个世界的故事，仍有许多不为人知的部分。几百年前的人们掌握的历史，只能追溯到3000年前。再往前，就属于传说和推测的范畴了。文明世界的很大一部分人认为，这个世界是在公元前4004年被突然创造出来的。他们在学校里学到的结论也是如此，尽管权威人士对此事究竟发生在那年春季还是秋季看法不一。这一错误观点虽不失精确却荒谬绝伦，其依据是对《圣经·旧约》内容的照本宣科，以及神学人士对相关问题的恣意假设。

以上看法早已被宗教人士抛弃，人们普遍认为：从表面上看，我们居住的宇宙已经存在了千千万万年，可能还将永无止境地继续存在下去。当然，这些表象可能带有欺骗性，好比在一个房间的两头放置两面彼此相对的镜子，那么这个房间看上去就像没有尽头一样。但是，认为我们居住的宇宙只有6000年至7000年历史的观点，已是一个被彻底推翻的看法了。

今天的人们都知道，地球是一个略为扁平、直径近8000英里[1]的橘形球体。近2500年来，至少有一部分数量有限的智者知

1　1英里约合1.6公里。——译者注（本书脚注均为译者所加，下文不再标示）

道地球是个球体，但在那之前，人们认为它是扁平的。至于它与天空、恒星和行星的关系，当时的各种意见放到今天来看便显得荒诞不经了。如今我们知道，每过24个小时，地球就绕着地轴（长度比赤道直径短约24英里）转动一周，日夜交替就是这么产生的；每过一年，地球就会沿着一条略为扭曲、缓缓改变的椭圆形轨道绕太阳一周。地球与太阳的距离在9150万英里（最近时）至9450万英里之间变化。

一颗较小的球状天体绕着地球旋转，这就是我们熟知的月球，二者间的平均距离约为23.9万英里。围绕太阳运行的天体可不只有地球和月球，还有别的行星，其中有离太阳3600万英里的水星和离太阳6700万英里的金星。在地球公转轨道以外的地方，存在着一条不为人注意的、由众多小型天体组成的行星带，这些行星包括火星、木星、土星、天王星和海王星，它们与太阳之间的平均距离分别为1.41亿英里、4.83亿英里、8.86亿英里、17.82亿英里和27.93亿英里。这些以亿为单位的英里数理解起来异常困难。如果我们把太阳和行星的相关数值缩减到更易于想象的程度，理解起来就会方便些。

倘若我们用一个直径1英寸的小球来代表我们的地球，那太阳就是一个直径9英尺、位于323码以外的大球，323码约等于五分之一英里，也就是四五分钟的步行距离。[1] 月亮则是一粒离地球2.5英尺的小豌豆。地球与太阳之间有两颗内行星，即水星和金星，它们与太阳的距离分别是125码和250码。这些天体的周围和附近空空荡荡，你必须走到离地球175码的地方才能碰到火星，

1　1英寸合2.54厘米；1英尺约合0.3米；1码约合0.9米。

直径1英尺的木星位于近1英里外，小一点的土星在2英里外，天王星和海王星与地球的距离则分别是4英里和6英里。再往后的数千英里便是一片虚无，只有微小的粒子以及飘浮的稀薄水蒸气的残余。若按当前的比例来计算，最近的行星离地球也有4万英里。

这些数字可能会给人以这样的概念：人生的一幕幕，是在一个广袤而空旷的空间内轮番上演的。

对于这个巨大、空旷的空间，我们可以确知的是，我们的一生只会在地球表面度过。我们与地心之间相隔4000英里，但深入地下最多只有3英里多一点，离开地表走向天空的距离也不到5英里。显然，无垠的空间里除了空旷，就只有死寂。

最深的海洋一挖到底，距海平面可达5英里。飞机爬升的最高纪录不超过4英里[1]。有人曾乘坐热气球上升至7英里的高空，但付出了遭受巨大痛苦的代价。没有一只鸟儿的爬升高度能超过5英里，如果飞机上载有小鸟和昆虫，那么飞机离这一高度尚远的时候，它们就早已陷入昏迷了。

1　现在的飞机可爬升至15千米（约9.32英里）。

2 时间中的世界

过去的50年间，科学家们就地球的年龄和起源做出了许多异常精彩、有趣的推测。但我们甚至无法在这里给出一篇关于此类推测的概要，因为这涉及一些最高深的数学和物理知识。事实上，当今的物理学和天文学的发展程度依然很不够，对这类问题只能以说明性的猜想来应对。人们普遍倾向于把地球的年龄估算得越来越长。如今看来，地球作为一颗绕着太阳飞个不停的自转行星，其独立存在的时间超过20亿年，甚至可能还要长得多。这一时间跨度绝对超乎人们的想象。

在这段漫长的独立存在时期之前，太阳、地球和其他绕太阳运行的行星可能是宇宙空间中的一个巨大旋涡，旋涡中的物质到处扩散。望远镜告诉我们，在天空中的各个角落，存在着一个个明亮的螺旋状物质云（即旋涡星云），它们似乎在围绕着一个中心旋转。按照许多天文学家的猜想，太阳和它的行星曾经也是这种旋涡，后来它们的物质凝聚起来，变成了现在的样子。凝聚过程的持续时间漫长到恢宏的地步，直至我们之前提到过的至为遥远的过去，地球与月球才变得可以分辨了。当时它们的旋转速度比现在快得多，离太阳的距离比现在近得多，绕太阳转动的速度也比现在快多了。它们的表面可能炽热无比，闪闪发亮，或是在熔化。而太阳则是天空中的一团火球，比现在要大得多。

如果我们能够穿越无尽的时光，回到更为古老的时代去看看当时的地球，那么呈现在我们眼前的景象将会是与今天完全不同的。那时的地球更像是一座鼓风炉的内部，或是一道还未冷却、凝结的熔岩流的表面。我们在那里看不到一滴水，因为它们仍以过热蒸汽的形式，存在于剧烈活动、含有硫磺与金属的大气层中。在下方，汇聚成海的熔岩物质打着旋子、翻滚沸腾。匆匆而行的太阳和月亮散发着耀眼的光芒，犹如炽热的焰火，轻快地从漫天火云中飞掠而过。

数百万年的时光缓缓流过，熊熊燃烧的地球不再喷吐火光。天空中的水蒸气纷纷下沉，高空中的水蒸气密度开始降低；大量熔渣凝结成块，在熔岩之海的表面上形成一块块岩石，下沉后空出的位置被其他漂浮的渣块所填补。成形中的太阳和月亮如今彼此离得更远了，也变得更小了，它们仍在空中迅速移动，但速度已不如从前。此时的月亮由于体积缩减已经冷却下来，远不再像之前那般耀眼。它时而遮挡阳光，时而反射阳光，随之而来的就是接连上演的月食和满月现象。

跨过一望无际的时间长河，地球就这样以极其缓慢的速度，变得越来越像我们今天所居住的这个星球。最后，这样一个时期终于到来：在冷却的大气中，水蒸气凝结成云，第一场雨淅淅沥沥地落到第一批岩石上。经历了无数个世纪后，地球上的大部分水依然是在大气层内就被蒸发掉了。但是，滚热的溪流已经开始从成形的岩石上方奔腾而过，挟带着碎石和沉淀物，汇聚成一个个水潭和湖泊。

最后，必须达到一定的条件，人类才能站立在地球上，环视四周并生活下去。如果我们能造访当时的地球，必定是头顶被暴风撕裂的天空，脚踏大块宛如熔岩的岩石，看不到任何土壤，也摸不到任何活着的植物。狂风暴雨可能会向我们袭来。热风狂暴无比，赛过有史以来最猛烈的龙卷风；雨势之凶猛，是现今那温和、缓慢的地球闻所未闻的。倾盆而下的雨水从我们的身边飞驰而过，挟带着泥沙碎石，汇聚成一股股激流奔腾向前，一边冲刷出一座座深深的峡谷和溪谷，一边把沉淀物留在地球上最早的大海中。透过云层，我们可以看见巨大的太阳在空中划出清晰的轨迹，当它消逝后，月亮便尾随而至，日复一日的地震与地壳隆起也随之而来。今天的月亮始终用它的一面面对地球，而在当时，它显然在不停地旋转，不停地将如今隐藏至深的另一面清晰地展现出来。

地球在成长。几百万年过去了，白昼越来越长，太阳变得越来越遥远，阳光越来越柔和，月亮在天空中的步伐也变得缓慢起来。狂风、暴雨的势头有所减弱，最早的海水越来越多，逐渐汇聚在一起，我们的星球表面从此为海洋所覆盖。

不过到此时为止，尚无生命降临在地球上。海中全无活物，岩石上一片荒芜。

3　生命的起始

今天人人都知道，对于人类拥有记忆和传说之前的地球生命，我们的了解来自生物在岩层中留下的印记和化石。我们在泥板岩、石板岩、石灰岩和砂岩中，发现了保存在其中的骨头、贝壳、纤维、植物根茎、水果、足迹、划痕等，还有最早的潮汐造成的涟漪状痕迹和最早的降雨带来的凹痕。

人们不辞辛劳地检查这份“岩石记录”，由此拼凑出地球生命的过往历史。这与今天人们的认知相去无几。沉积岩可不会整整齐齐地层层堆叠，它们会起皱、弯曲、扭曲、楔入附近岩层，彼此揉和在一起，就像被频频洗劫、焚烧的图书馆中藏书的书页一样。这份记录之所以能被整理、解读出来，完全是无数人献出毕生精力的结果。据如今的估算，岩石记录所涵盖的总体时间范围约为16亿年。

记录中最古老的岩石被地理学家命名为“无生代岩石”，这是因为岩层里找不到一丁点生物留下的痕迹。在北美大陆，大片无生代岩石裸露在外，厚度极为可观，因而地理学家认为它们至少反映了8亿年的历史，而他们认定的地质记录的全部历史为16亿年。请让我把这个至为重要的事实重申一遍：从地球上的陆地和海洋第一次被分开到现在，时光已经过去了千千万万年，在此期间的半数时间里，地球上从未出现过生命迹象。岩石里依旧可以发现涟漪和雨点留下的印记，但生物的活动痕迹和残骸却无处寻觅。

后来，当我们顺着这份记录继续研究下去，古生物的活动迹象开始出现，而且越来越多。我们发现的这些古代痕迹的所属年代，被地理学家命名为“下古生代”。首批被发现的生命活动迹象，是一些构造相对简单的低等生物的遗骸，包括小型贝类生物的贝壳、海草的根茎、植虫动物的花形脑袋、海洋蠕虫和甲壳动物的足迹和遗骸。某些很早就已出现的生物与蚜虫甚为相似，这种名为“三叶虫”的爬行动物，可以像蚜虫一样把身体蜷成球状。数百万年后，一种海蝎子出现了，比之前的任何一种生物都要快速、强悍。

这些动物的体型都不是太大。个头最大的无疑是海蝎子，它长达9英尺。没有迹象表明，陆地上的任何一个角落曾出现过任何类型的生物，无论是动物还是植物。在这段时期的记录中，找不到任何鱼类或脊椎动物的踪影。当时在地球上留下痕迹的动植物，基本上都属于浅水生物或潮间带生物。

如果我们想把下古生代岩层中的动植物群与当今地球上的同类生物做个对比，除了要考虑大小问题，最好从潮水潭或生长着浮游植物的沟渠中提取一滴水，然后放到显微镜下仔细观察。我们将会发现，这滴水中的小型甲壳生物、贝类生物、植虫动物及海藻，与它们的始祖相似到惊人的地步，而那些又大又笨的家伙曾是我们这个星球上的生物之王。

但是我们必须记住一点：下古生代的岩石或许无法向我们提供任何具有代表性的、来自地球生命发端阶段的东西。除非一只生物拥有骨头或是其他坚硬的部分，除非它是有壳的，或是大到、重到足以在泥里留下其特有的足迹或痕迹，否则它不可能留下任何表明其曾经存在过的痕迹化石。如今，世界上的小型软体动物多达数十万种，要说它们会留下什么痕迹供未来的地质学家去发现，那就不可思议了。而在过去，类似的物种成千上万，它们生存、繁殖、兴盛，最后不留痕迹地消失。

在所谓的无生代时期，温暖水域、浅水湖和浅水海中可能充斥着种类繁多的果冻状无壳、无骨低等生物，而处于阳光照射区域的潮间带岩石和海滩，则遍布着大量绿色浮游植物。正如银行账簿不可能将附近一带的每一个人都登记在案，岩石记录也无法将古代生物尽数收录其中。

当一个物种开始分泌，形成贝壳、骨针[1]、甲壳或是石灰质根茎的分泌物，或是将它们储存起来留待日后使用时，才能在记录中留下属于自己的一笔。然而，在一些比内含痕迹化石的岩石更古老的岩石内，有时我们会发现一种游离性质的碳化物，名为“石墨”。一些专家认为，是某些未知生物的生命活动，使得它们从化合物中分离了出来。

1　有孔虫类微生物的身体组成部分，是连接硅外壳的硬化尖状物，可支撑伪足，类似于人类的脊柱。

4　鱼类的时代

早在人们认为世界仅有几千年历史的年代，有说法称每个动植物的物种都已最终固定；它们正是按照今天的模样被创造出来的，所有物种皆是如此。但当人们开始发现并研究岩石记录时，他们放弃了这个观点，转而怀疑许多物种在岁月的进程中经历了缓慢的变化和进化，并进而再度抛出一个名为“生物进化”的观点，认为地球上的一切物种（动植物皆然）均是在经历了缓慢而持续的过程后，由一些生活在所谓的无生代海洋里的古老生物进化而来的，它们的祖先的构造异常简单，甚至几乎没有构造。

与地球的年龄问题一样，生物进化问题过去也曾是一个争议极为激烈的话题。有那么一段时期，基于一些据说非常含糊的理由，生物进化论与正统基督教、犹太教和伊斯兰教的教义互不相容。那个时代已经过去，如今大多数正统天主教、新教、犹太教和伊斯兰教信徒都能大大方方地接受这一更为新颖、广泛的观点：万物皆源自同一祖先。根据这种看法，没有任何一种生物是突然在地球上冒出来的。从古至今，生物的进化生生不息。一个又一个世代过去了，想象力在时间的海湾中载沉载浮，地球生命不再只是在潮间带的淤泥中打滚，而是走上了追求自由、力量与自我意识的进化之路。

生物是由个体组成的。这些个体有着明确的定义，它们不像成团成块的无生命物质，甚至也不像可无限延伸的晶体。它们拥有两个无生命物质所不具备的特点：可以吸收其他物质，并将其转化为自身的一部分；它们拥有自我再生的能力。它们可以进食，可以繁殖，可以产生其他个体，新的个体与母体大致相像，但时常也会有一些细微的区别。个体与其后代之间有着特定的、带有家族特征的相似之处。同时，任何一对双亲与后代之间都存在着个体差异，无论何种物种，处于生命的何种阶段，都适用于这一规律。

时至今日，科学家们仍无法解释后代为何会与父母相像，也无法解释它们与父母之间为何会存在差异。但鉴于后代同时拥有相似性和差异性，下述情况更像是一种普通常识，而非科学知识：如果一个物种的生存环境发生变化，那么物种必然会发生一些相应的变化。因为无论物种繁衍到哪一代，个体差异性必然会使一部分个体能够更好地适应新的生存环境，也会导致另一部分个体的生存变得更加艰难。大体而言，前者无论在寿命、繁殖能力还是自我再生能力上都强于后者，因此它们每一代都会向好的方向发展。

这一被称为“自然选择”的进程与其说是科学理论，不如说是从再生与个体差异性中推导出来的必然结果。科学界可能尚未发觉和确定一件事：物种的毁灭与保留是许多不同力量共同作用的结果，但如果有人否认自然选择在生命的起始阶段就已开始发挥作用的话，那他要么连生命科学的基本事实都不懂，要么根本不具备一般的思维能力。

许多科学家都对生命的起源做过思考，他们的想法往往很有意思，但人们对生命的起源方式尚无明确的认识，也没有提出过可信的猜想。然而，权威人士几乎一致认定：地球生命可能发源于含盐的浅水水域中的泥沙，那里受到温暖的阳光的照射，从沙滩一直延伸至潮间带海岸线及开阔水域。

在早期的世界，潮汐和洋流的势头都很猛烈。在这种情况下，生物体必然遭到不断毁灭的命运，它们或被冲上沙滩，活活干死，或被扫进海里，沉入海中，因无法接触空气和阳光而死亡。假如物种倾向于原地生根，或是倾向于在搁浅后长出外皮、外壳，以保护自己免受即将面临的干燥伤害，那么早期的环境对它们的进化是有利的。从一开始起，味觉敏感倾向就将改变生命体的食物喜好，而光线敏感倾向将促使它挣扎着退出暗无天日的深海或山洞，或是蠕动着退出太过耀眼、危机四伏的浅水水域。

最早的贝壳和甲壳可能是用于抵御干燥的，而非拥有活动能力的敌人。但牙齿和爪子很早就在我们地球的历史上出现了。

我们在前文提到过早期的海蝎子的大小。在很长一段时间内，这种生物都是地球生物界的至尊王者。在当时的古生代岩层中的志留纪层（据今天的许多地质学家推测已有5亿年的历史）内，出现了一种更为强悍的，长有眼睛、牙齿，拥有游泳能力的生物。这是已知最早的脊椎动物，也是最早的鱼类。

在下一纪岩层泥盆纪层内，这些鱼类的体型变大了许多。它们的存在极为普遍，因而岩石记录的这一时期被命名为“鱼类时代”。这种鱼类如今已在地球上绝迹，与今天的鲨鱼和鲟鱼甚为相似。它们在水中快速穿行、飞身跃到空中、啃食海藻、追逐和捕食自己的同类，给当时那个世界的水域注入了一股新的活力。按照我们今天的标准，这种鱼类的体型并没有大到过头的地步。其中极少有身长超过2英尺至3英尺的，但也存在长达20英尺的异种。

我们无法从地质学资料中得到任何关于这些鱼类的祖先的信息。它们与之前的任何物种似乎都没有关系。动物学家在这方面的观点最有意思，但他们是对这些鱼类现存近亲所产鱼卵的发育情况做过研究后，再参考其他资料才得出这些观点的。

显然，脊椎动物的祖先属于软体动物类，可能是一种会游泳、体型很小的生物，它们身上最先开始生长的是分布于嘴里和嘴巴附近的坚硬牙齿。鳐鱼和狗鲨的牙齿布满上颚和下颚，自嘴唇起逐渐变成平整的、包裹大半身躯的齿状鳞片。按照地质记录，当这些齿状鳞片开始发育后，鱼类会离开先前藏身的黑暗水域，游向有光的地方。

最早的脊椎动物就这样现身于岩石记录之中。

5　石炭纪沼泽时代

鱼类时代的陆地上显然是生机全无的。荒芜的岩石峭壁和丘陵暴露在日晒雨淋下。真正意义上的土壤根本不存在，因为到那时为止，既没有蚯蚓帮助制造泥土，也没有植物将岩石微粒分解成泥土，大地上看不到苔藓或地衣的踪影。生命依旧只存在于海中。

这个一片荒芜的岩石世界经历过多次气候剧变。导致气候变化的原因是非常复杂的，人们至今仍在以合理的方式加以估判。地球自转轨道形状的改变、两极的逐渐倒转、大陆形状的变化，甚至可能还有温暖的太阳产生的波动，这些因素曾协同发力，使得地球表面的大片地区陷入漫长的寒冷时代与冰封时代。也是在它们的共同作用下，这颗星球于数百万年前再度为温暖、平稳的气候所笼罩，并一直持续到现在。

从历史上看，地球内部曾在多个阶段发生过剧烈活动。数百万年来，来自内部的上冲力量一直在积聚，它的突然发作导致了一连串的火山爆发、地壳隆起，以及山脉、大陆轮廓线的重新塑造。与此同时，海洋变得更深了，山峰变得更高了，而气候也变得更加极端了。

在随后很长一段日子里，情况相对平静了些，霜冻、雨水和江河将高山磨平，将大量淤泥送进海里，填满并增高海底，扩展海面，大海变得更浅、更宽广，吞噬了越来越多的陆地。历史上既有过“又高又深”的时代，也有过“又低又平”的时代。我们必须抛弃“自地壳凝固起，地表就在持续变冷”的观念。当气温大幅下降以后，地球内部的温度便不再影响地表的状况。冰雪漫天的“冰川时期”，即使在无生代时期也曾留下过自己的痕迹。

在鱼类时代行将结束时，地球上到处都是面积广大的浅海和潟湖。只有在这个时期，生命方才成功地从水中走向陆地。毫无疑问，此时开始大量涌现的早期生命，已经以一种罕见且尚不确知的方式演化了数千万年。现在机会就摆在它们面前。

毫无疑问，在这波针对陆地的入侵中，植物抢了动物的先，但动物的迁移时间可能与植物极为接近。植物要解决的第一个问题就是，失去了水的浮力后，如何提供一个持久、坚硬的支架，以支撑叶状体吸收阳光。第二个问题是，由于水源已不再近在咫尺，如何从植物下方的沼泽湿地吸取水分成了难题。

木质组织的进化解决了这两个问题，它既扮演了植物支架的角色，又起到了将水分输送至叶片的作用。岩石记录突然为大量沼生木本植物所充斥，其中不乏大型植物，包括大型树鲜类、树蕨类和巨型木贼类植物等。

随着岁月的流逝，形形色色的动物物种也紧随植物物种的脚步，离开水域走上陆地。其中有唇足类动物和多足类动物，有最原始的昆虫，与古代帝王蟹和海蝎子有种间关系的物种也在其中。它们演化成了最早的蜘蛛和蝎子。不久，脊椎动物也加入了它们的行列。一些早期的昆虫拥有极为庞大的体型，这一时期的一些蜻蜓翅展达到29英寸。

这些分属不同纲目、族属的新物种，以各式各样的方式改造自己，使自己拥有了呼吸空气的本领。在此之前，所有动物呼吸的都是溶解在水里的空气，事实上它们仍然不得不如此。但现在动物王国正在通过种种办法，获取供给自身所需水分的能力。

即使到了今天，一个人的肺部要是干透了，他也会窒息而死。人的肺部表面必须保持湿润，这样空气才能穿过那里进入血液。为拥有呼吸能力而进行的改造不外乎两种：要么进化出一层膜，覆盖旧式的鳃，以阻止水分蒸发；要么在身体深处进化出呼吸管或其他新的呼吸器官，并依靠带水分的分泌物来保持器官湿润。原始脊椎鱼类的呼吸器官是旧式鱼鳃，上岸后便无法适应了。在这种情况下，这部分鱼类的鱼鳔演化成了新的、深藏体内的呼吸器官——肺。

被归为两栖类生物的动物（如今天的蛙和蝾螈），最初是生活在水中并用鳃呼吸的。后来，它们的鱼鳔以类似于许多鱼类的方式，进化出了肺，接管了呼吸功能。肺是从喉部生长出来的，外表呈袋状。它们登陆后，鱼鳃开始缩小，鳃裂消失（只有一道衍生为耳朵、鼓膜通道的鳃裂除外）。这种动物如今只能生活在空气中，但每逢产卵、繁殖时，它们至少必须回到水边去。

在这个沼泽与植物的时代，所有呼吸空气的节肢动物均属于两栖类生物。它们在外形上几乎都与今天的蝾螈存在着关联，其中一些体型相当可观。它们确实是陆生动物，只不过是必须生活在潮湿沼地及其周边的陆生动物。这个时期的大型树木也都具有两栖生活习性。它们都还没结出能够落地，且单靠雨露带来的水分就能生长的果实和种子。看起来如果它们能发芽的话，就必须在水中传播芽孢。

比较解剖学是一门充满魅力的学科。为满足在空气中生存的需要，生物必须经历一段适应的过程，追溯这段复杂而精彩的历史，正是比较解剖学最吸引人的地方之一。所有生物，无论是动物还是植物，最初都是水生生物。例如，所有比鱼类高等的脊椎动物（包括人类在内），在胚胎期或是出生前就有了鳃裂，当它们出世时鳃裂便会消失。鱼类的眼睛裸露在外，浸泡在水中，它们得到的保护较为高级，即眼睑和分泌水分的腺体。耳膜则是出于感应相对微弱的、在空气中传播的声音振动而存在的。我们发现，生物身体的几乎每个器官都做了类似的改变、调整与修补，以适应暴露在空气中的环境。

石炭纪时代是属于两栖动物的时代，当时的地球生命有的生活在沼地和潟湖里，有的生活在环水的低矮河岸上。远古生物的生存范围就这样得到了扩展。山区和高地依旧一片荒芜，毫无生机。生物的确已经学会了呼吸空气，但它们的根仍然在水里，那是它们的故乡；每到繁殖时，它们依然必须回到水中。

6　爬行动物时代

物种繁荣的石炭纪时代结束后，继之而来的是一系列漫长、干燥、寒冷的时代。堆积如山的砂岩及其他的沉积物，是它们在岩石记录上的象征。这段时期的化石相对较少，地球气温的变化幅度很大，冰冷刺骨的日子长得望不到尽头。在许多地区，先前满目皆是的沼泽植物纷纷死亡，然后被新的沉积物所覆盖，开始了压缩和矿化的过程。当今世界上的大部分煤藏就是这么来的。

然而，正是在这个变化的时代，地球上的生命经历了一次最为迅速的改变。它们在艰难困苦中学到了最为宝贵的经验。我们发现，随着环境的回暖和回潮，一批新的动物和植物物种诞生了。记录显示，剩下的卵生脊椎动物并没有孵化成必须在水中生活一段时间的蝌蚪，而是在孵化前就已发育到接近成熟的阶段。因此，幼崽从独立存在的第一刻起，就有了在空气中生存下去的能力。鳃完全消失，鳃裂仅在胚胎阶段出现。这些不曾经历蝌蚪阶段的新生物便是爬行动物。

与此同时，植物界进化出了结种种类，它们不需要沼泽或湖泊的帮助就能传播种子。外表似手掌的苏铁植物和众多热带针叶树已于此时出现，但开花植物和草类植物至今仍未见踪影。蕨类植物为数众多。当时昆虫的种类亦有所增加。甲虫已经出现，蜜蜂和蝴蝶却尚未来到世间。不过，真正的陆生动植物新种类的基本形态，都是在这一漫长、严酷的时期固定的。只需给这些新生的陆生生物一个机会，提供良好的生长环境，它们就会茂盛、蔓延起来。

经历了一个又一个大变动的世代，温和的时代终于到来。依旧无法计数的地壳运动、地球自转轨道的变形、轨道与极点的共同倾角角度的加大与减小，在这些因素的共同作用下，地球在很长一段时间内到处温暖如春。据推测，这一时期的持续时间总计超过2亿年。它被命名为“中生代”，为的是把这个时代与前面那几个漫长得多的古生代和无生代（总计14亿年），以及介于最近与当今之间、新物种辈出的新生代区分开来。由于爬行动物在这个时代的优势大得令人吃惊，种类也多得令人吃惊，所以中生代又被命名为“爬行动物时代”。这一时期结束于8000万年前。

在当今的世界，爬行动物的种类相对较少，分布范围也非常有限。但比起曾在石炭纪时代统治地球，如今却所剩无几的两栖动物，爬行动物的种类委实还算丰富。蛇、海龟和乌龟（都属于龟鳖纲）、短吻鳄、鳄鱼、蜥蜴至今仍存于世。除了某些例外，终年温暖的环境对于这些生物来说是不可或缺的。当暴露在寒冷之中时，它们是无法坚持下去的，或许中生代的爬行动物也都遭遇过类似的限制因素。这是一群生活在温室植物群中的温室动物，经不起霜冻的折磨。但世界上终究出现了一批真正脱离水域而存在的陆生动植物，它们与之前的生物全盛期的泥地和湿地动植物是截然不同的。

今天我们所知的爬行动物物种，比起那个年代具有象征性的物种要丰富得多，如巨型海龟和乌龟、大鳄鱼、为数众多的蜥蜴和蛇等。但除此之外，当时尚有一些令人惊奇的物种，如今已在地球上完全绝迹。其中就包括各种各样的恐龙。植物有芦苇和成丛的蕨类植物等，此时它们正全面占领地球的低洼地带。许多食草类爬行动物就以这些漫山遍野的植物为食，它们的体型越来越大，于中生代时期达到顶点。有些爬行兽的个头与鲸鱼不相上下，超过迄今为止存在过的任何一种地球生物。例如，卡内基梁龙从口鼻到尾巴的长度达到84英尺，巨太龙则更胜一筹，达100英尺。一些体型与之相当的食肉恐龙，以吃这些巨兽的肉为生。霸王龙是它们中的一员，它被许多书籍描绘、刻画成爬行类怪兽中的王者。

当这些大块头生物在中生代的蕨叶林和常绿树林中大快朵颐、互相追捕时，另一种爬行动物正在追捕昆虫和同类。这个今天已经绝迹的物种，前肢进化成像蝙蝠翅膀一般，它们起先只是在枝叶间跳来跳去，如今却可以在丛林中展翅飞翔。它们就是翼龙，脊椎动物中的第一种飞行生物。翼龙的出现标志着脊椎动物在力量进化方面取得的新成就。

此外，还有一些爬行动物回到了海里。三种大型游泳生物自祖先到来起就已入侵海洋，它们是沧龙、蛇颈龙和鱼龙。其中的一些再度长到与今天的鲸鱼差不多大小。鱼龙似乎是一种十足的海洋生物，而蛇颈龙则在当今世界上找不到任何一种与之同源的生物，它们身躯硕大、肥胖，用扁平的四肢游泳，在沼泽或浅水水域的底部爬行。其脖颈是蛇形的，大得出奇，远远胜过天鹅的脖颈，但上面悬着的脑袋倒是小得很。蛇颈龙要么在水下游动觅食，像天鹅一样进食，要么潜伏在水下，突袭经过的鱼类或兽类。

在整个中生代，上述生物一直主宰着陆生生物界。按照我们人类的标准，它们比之前的任何生物都要高级。它们的后代在体型、分布范围、力量、活跃程度，以及人们口中的“生命力”上，都要胜过以往世界上的任何一种生物。海洋生物虽没有上述优势，但其中的新物种却如雨后春笋般涌现。

浅海中出现了形形色色的、状若鱿鱼的生物——菊石生物。它们的壳大多为旋转形，内部被分隔成多个空间。菊石生物的祖先自古生代起就在海里生活，但现在是属于它们的荣光时代。时至今日，它们已彻底绝迹，居住在热带水域、形似珍珠的鹦鹉螺与它们的血缘最近。

此外，还出现了一种繁殖力更强的新鱼类。迄今为止，包裹鱼类身躯的鳞片多为片状或齿状，与之相比，这种鱼类的鳞片更亮眼、更好看。自诞生起，它们就成了江河湖海的主人，此后仍是如此。

7　最早的鸟类和哺乳动物

中生代是第一个伟大的生命之夏，我们已经用几段文字将这一阶段的脊椎动物和爬行动物种群兴旺的景象勾勒了出来。恐龙在热带雨林和沼泽平原称王称霸，森林里充斥着翼龙翅膀的拍击声，可能还有它们捕猎在依旧无花的灌木与乔木中吟唱的昆虫时发出的尖叫声与嘶鸣声。但就在此时，一些不那么惹眼，种类也不那么繁多，在琳琅满目的地球生命家族中处于边缘地位的生物却获得了一些本领，学会了一些关于忍耐的经验。当太阳与地球开始收起它们的微笑与慷慨时，这两方面的能力成了这些物种最为宝贵的财富。

一些依靠跳跃前进的小型恐龙，似乎由于竞争和天敌捕猎的压力而灭绝，或是未能适应高山或海边的寒冷环境。在这些不幸的种群中，有几种进化出了一种新型鳞片。鳞片后来逐渐变长，呈羽茎状，如今它们已开始分叉，成为羽毛的天然雏形。这些羽茎状的鳞片彼此重叠，形成了一层覆盖层。

在迄今为止存在过的爬行动物中，这批恐龙身上的覆盖层的保温效果是最好的。因此，它们得以闯入原本一片死寂的高寒地带。在上述变化发生的同时，这些生物开始更加惦念它们生的蛋。很显然，大多数爬行动物对自己的蛋都是漠不关心的，只是把它们丢给太阳与时间去孵化。但一些隶属生命之树新分支的物种，养成了保卫所产之卵，并用体温为它们保温的习惯。

在适应寒冷环境的同时，原始鸟类还发生了一些其他的内在变化，它们成了不用晒太阳也能维持体温的温血动物。这种最早的鸟类似乎以吃鱼为生，前肢并非翼状，而是与企鹅极其相似的鳍状。新西兰的几维鸟就是这样一种奇特的原始鸟类，羽毛是非常简陋的类型，既不会飞，似乎也没有继承祖先的飞行能力。这些鸟类的羽毛比翅膀先进化出来。但当羽毛在进化过程中轻而易举地在鸟类身上铺展开来的时候，它们就不可避免地变成了翅膀。

我们从遗留下来的化石得知，至少有一种鸟类在下颌处生有爬行动物的牙齿，拖着爬行动物的长尾。但它们也像真正的鸟类那样长着翅膀，拥有一定的飞行能力，从而在遍地翼龙的中生代生存了下来。尽管如此，在中生代，这些鸟类无论在种类还是数量上都不算多。如果有人能回到典型的中生代地区，他可能走上几天几夜都无法见到一只这样的鸟，或是听到它们的鸣叫声，但他却能看到许多在蕨树叶和芦苇丛中出没的翼龙和昆虫。

还有一样东西他也可能永远见不到，那就是哺乳动物的踪迹。最早的哺乳动物的存在时间，可能比第一只可被称为鸟类的生物早了数百万年。但它们的个头实在太小，外表太不显眼，栖息的地方也太过偏僻，很难引起注意。

与最早的鸟类一样，最早的哺乳动物也是在生存竞争和捕食者的驱使下过着艰难的日子，并适应了寒冷的环境。它们的鳞片同样变成了羽茎状，并进化为保温层；它们也经历了性质相同的演化，成了无须阳光便能保持体温的温血动物，但在细节上有所不同。它们长出的不是羽毛，而是毛发，它们并不保护、保温和孵化自己的卵，而是把卵细胞留在体内，直到它们即将成熟为止。它们大多是十足的胎生动物，幼崽是以活体的姿态降生到世界上的。甚至在幼崽出世后，它们往往还会继续为孩子提供保护和营养。

今天的大部分哺乳动物都生有乳房，用于给幼崽哺乳，但并非所有的哺乳动物都是如此。有两种延续至今的哺乳动物仍是卵生动物，也没有属于自己的乳房，但它们依靠皮下分泌的营养物质滋养幼崽。这两种动物就是鸭嘴兽和针鼹鼠。当针鼹鼠产下外壳如皮革般坚硬的蛋后，就把它们放进位于下腹部的一个袋子里。如此一来，针鼹鼠就可以一边把蛋带在身边，一边为蛋提供温度和保护，直到它们孵化为止。

然而，正如中生代世界的访客或许要花上几天或几周的工夫才能找到一只鸟一样，除非来访者知道到底该去哪里寻觅哺乳动物的踪迹，否则他的搜索只是白费力气。在中生代，鸟类和哺乳动物在生物界似乎都处于极度边缘、次等、无足轻重的位置。

据今天的人们猜测，爬行动物时代持续了8000万年。如果有某种智商接近于人类的生物，在这段长得不可思议的时间里一直注视着地球，看到的必然是一幅永无止境的太平景象，但见世间阳光明媚、物种繁盛。恐龙无疑将继续沉浸于眼下的繁荣时光，而飞行蜥蜴[1]也将继续漫天翱翔！

然而，宇宙中的某些神秘韵律和不断积聚的力量开始破坏这一近乎永恒的安定局面。地球生命的好运到头了。在接下来的一个个世代、一段段漫长时光里，地球的生存环境变得越来越艰难、极端（尽管中间无疑出现过停滞乃至好转），平原变得面目全非，

---

1 指翼龙。

群山和海洋的分布情况也与以前完全不同了。

漫长、繁盛的中生代进入衰落期后，我们从当时的岩石记录中发现，地球环境发生了持续、稳定、意义深远的改变，生物形态经历了剧烈的变化，一些新奇的物种开始出现。旧有物种则在越来越严重的灭绝威胁下，将自身的变异和适应能力发挥到了极限。例如，在中生代的末章，菊石生物出现了大量令人难以置信的形态。当环境安定时，它们没有创新的动力；它们不但没有进化，就连进化能力都受到了抑制，因为当下的形态已是最为合适的形态。但在新的环境下，普通的菊石生物遭了难，而新物种存活下来并立足于世的机会可能就要大一些。

岩石记录中出现过一次断层，可能代表着数百万年的时光。这一时期的情形依旧模糊不清，甚至把地球生命的历史轮廓都掩盖了。当面纱再度被揭开的时候，爬行动物时代已然宣告终结；恐龙、蛇颈龙、鱼龙、翼龙以及菊石生物的无数属种，统统消失得无影无踪。这些生物的种类多得吓人，但现在均已灭绝，没有留下任何后代。杀害它们的凶手是严寒。它们进化来进化去，终究还是没能适应环境，也始终未曾遇上能让它们生存下来的环境。地球经历了一个生存条件极端恶劣、超出中生代生物承受能力的阶段，导致它们逐渐死去，最后彻底灭绝。翻过这一页后，我们看到了一幕崭新的气象：生命力更强的新生动植物群成了世界的主人。

地球生命的新篇章刚刚揭开的时候，地球仍是一个寒冷刺骨、资源枯竭的世界。苏铁植物和热带针叶树大多为开花植物、灌木，以及为了避免被冬雪摧残而落叶的树木所取代。鸟类和哺乳动物的种类越来越多，开始进入先前充斥着爬行动物的地区，成了后者的“继承人”。

8 哺乳动物时代

地球生命的下一个伟大时代——新生代开始了。那是一个剧变的时代，也是一个火山活动极度活跃的时代。阿尔卑斯山脉、喜马拉雅山脉的巨大山体，以及落基山脉和安第斯山脉的山脊于此时拔地而起。世界地图上开始出现第一处与今天的世界地图隐约相似的地方。据今人估计，新生代的序幕与现代相隔4000万年至8000万年。

新生代之初，地球的气候是十分严酷的。直到新的历史阶段到来，气候才逐渐变暖，而物种也开始繁荣起来。此后环境再度变得恶劣起来，地球经历了一系列极度寒冷的周期，即冰河时代。很显然，今天的世界正在慢慢摆脱它们的影响。

但是，目前我们对气候变化的成因依旧认识不足，无法预测我们是否可能面临又一次气候波动。我们迎来的可能是一个日趋变暖的未来，也可能是又一个冰河期。火山活动和山体隆起可能会越来越频繁，也可能会越来越稀少。我们不知道上述问题的答案，因为目前缺乏足够的科学知识。

随着新生代的开幕，草本植物开始出现，世界上第一次有了草场。先前形态不明的哺乳动物得到了完全的进化，衍生出一些有趣的草食系种类，以及以之为食的肉食系种类。

与前代那些一度繁盛、嗣后绝迹的草食、肉食类爬行动物相比，这些早期哺乳动物最初似乎只有少数特征上的不同。粗心的观察者可能会认为：当时正在揭开序幕的是第二个气候温暖、物种繁盛的时代，这个漫长时代的自然环境不过是第一个时代的重演罢了；草食、肉食类哺乳动物将成为草食、肉食类恐龙的翻版，鸟类将取代翼龙，等等。

但这完全是一种肤浅的对比。宇宙中的物种无穷无尽，它们的进化之路同样是无穷无尽的；历史永远不会自我重复，而真正的翻版物种也永远不会出现。就其意义而言，中生代生物与新生代生物之间的不同之处，也远比它们之间的相同之处更为深刻。

这些不同之处中最为根本的一点，在于两个时代生物的心理生活。这起源于子女与父母之间的长期接触，也是哺乳动物、相对低等的鸟类生物与爬行动物的区别所在。爬行动物往往把蛋丢下，任其自行孵化，鲜有例外。幼崽根本不知道它的父母是谁，这类动物的心理生活从始至终都依赖于自身经验。它或许可以容忍同类的存在，却不会与之交流；它从不模仿，也从不从同类那里学习经验，更无法与同类协作。终其一生，它都是一个孤立的个体。

但新品种的哺乳动物和鸟类以哺乳、抚育子女为特色，如此一来，学习行为就可以通过模仿来实现，交流行为可以通过警示性的叫嚷及其他协作行为来实现，而相互控制和相互指示也有了可行性。一种可教导的物种已经出现在这个世界上。

与更为活泼的肉食系恐龙相比，最早的新生代哺乳动物在大脑尺寸上几乎没有什么优势。但近代的记录告诉我们，脑容量日益增加在任何一种哺乳动物中都是普遍现象。例如我们发现，在较早的历史阶段，有种类似于犀牛的动物出现。一种名为“巨雷兽”的动物，生活在这个时代的发端时期。它的习性与需求可能非常接近于现代的犀牛。但比起现存的后继者，它的脑容量不足前者的十分之一。

一等断奶，早期的哺乳动物可能就会与自己的子女分开，但一旦它们能够互相理解，那么继续保持联系就大有好处。我们如今发现，某些种类的哺乳动物身上体现了真正的社会生活的雏形，它们群居在一起，互相关注，互相模仿，用动作和叫声互相示警。这种现象在脊椎动物中从未出现过。

我们还发现，爬行动物和鱼类无疑是群体动物。它们成批孵化，一起待在相似的环境中。但哺乳动物之所以会成为社会型群居动物，不单单是因为它们外表相似，维持群体的动力来自它们的内心。它们并非只是由于彼此相像才在同一时间、同一地点相聚，而是因为彼此喜欢才在一起。

爬行动物的世界与人类心灵世界之间的区别，似乎是二者之间无法实现心灵共通的原因之一。我们无法用自己的想法，考虑爬行动物的本能动机、欲望、恐惧与憎恨，它们带有快速性、简单性和迫切性。即使用爬行动物的简单思维，我们也还是无法理解它们。因为我们的动机都是很复杂的，带有平衡性，是多方面思考的结果，而非只是纯粹的冲动。

但哺乳动物与鸟类会自我约束，会为其他个体考虑，有形式上与我们相似但水平较低的社会性要求，即自制力。因此，几乎所有种类的哺乳动物和鸟类都能与我们实现心灵互通。它们遭受痛苦时发出的叫声、做出的动作，将会激发我们的同感。在相互认可后，我们能够把它们变成自己的知心宠物。经过驯化，它们可以为我们而自我约束，变成家养动物，也可以受到调教。

大脑体积的反常增大是新生代最重要的事实，标志着哺乳动物个体有了新的沟通方式，建立了彼此依赖的关系，也预示了人类社会的形成，我们很快就会谈到这一点。

随着新生代的开始，那个时代的动植物群与栖息于今日世界的动植物群之间的相似之处变得越来越多。尤因它兽（恐角兽）和雷兽消失了，这些巨大、笨拙的野兽在现存生物中没有与之类似者。另一方面，一系列怪异、呆笨的始祖物种逐渐以稳定的势头，进化为现今世界的长颈鹿、骆驼、马、象、鹿、狗、狮子和老虎。在地质记录中，马的演化轨迹格外清晰。它的祖先是新生代初期的一种形似于貘的小动物，我们拥有一套相当完整的相关资料。另一条进化路线则是关于美洲驼和骆驼的，如今已被准确地拼接起来了。

9　猿猴、类人猿和亚人类

自然学家将哺乳纲分为几个目。第一个是灵长目，包括狐猴、猿猴、类人猿和人类。这种分类最初是基于身体结构上的相似之处，并未将智力因素考虑在内。

灵长动物的历史如今是地质记录中极难破译的一段。它们大多像狐猴和猿猴一样生活在森林里，或是像狒狒一样生活在遍布裸露岩石的地方。它们极少溺死在水里，或是被沉积物掩埋，而且大部分灵长类动物的种类也不是非常多，因此它们的化石数量不像马、骆驼等动物的祖先那么庞大。但我们知道，在新生代刚刚开始的时候（约4000万年前），原始的猿猴和狐猴就已经出现，它们的大脑不发达，不像后代那样拥有各种专门的功能分区。

新生代中期的温室时期最终落下了帷幕。在此之前，地球生命史上还迎来过两次大规模的温室时期，分别出现在石炭纪沼泽时代和爬行动物时代。地球再次进入冰河时期。世界开始变冷，一度变暖之后再度变冷。在气候温暖的过去，河马迈着艰难的步伐，穿行于苍翠繁茂的亚热带丛林中，体形硕大、獠牙如刀的剑齿虎在今天记者们来来往往的伦敦佛里特街一带捕食猎物。

荒凉的日子看不到尽头。大批物种被抹杀、灭绝。适应了寒冷气候的披毛犀，身材高大、身披长毛的象族表亲猛犸象，以及北极麝香牛和驯鹿挺过了这段时期。在接下来的一个又一个世纪，大冰期的严寒杀手北极冰盖缓缓向南延伸。在英国，它几乎扩展至泰晤士河；在美国，它蔓延到了俄亥俄州。在此期间气候也曾回暖过，但仅持续了数千年，世间便又变得天寒地冻起来，且比之前有过之而无不及。

地质学家将这几个寒冷期命名为第一次冰河时期、第二次冰河时期、第三次冰河时期和第四次冰河时期，将间歇期命名为间冰期。拜恐怖的寒冬所赐，今天我们生活的这个世界依然物种稀少，伤痕累累。第一次冰河时期于60万年前到来，第四次冰河时期于约5万年前达到顶峰。到处都是过不完的冬天和铺天盖地的大雪，第一批类人生物就生活在这样的地球上。

到了新生代中期，地球上已经出现了各种各样的类人猿，它们的下颌和腿骨有着许多近似于人类的特点。但我们只有来到与这几个冰河时代相去不远的年代，才能找到我们口中“类人”生物的活动痕迹——不是它们的骨殖，而是它们的工具。我们从来自欧洲的这一时期的沉积物（年代为距今50万年至100万年）中，发现了一些被凿过的燧石和石块，显然是一些能够灵活使用双手的生物有意而为之。这些生物将石头的边缘磨利，为的是把它们作为锤子、刮刀和武器使用。这些物件被命名为“原始石器”。

在欧洲，制作这些工具的生物没有留下骨殖或其他残骸，只有这些物件保存了下来。我们可以确定，它们根本不是人类，而是些聪明的猴子。但在爪哇岛的特里尼尔，人们在这个年代的沉积物中发现了一具头骨，以及各种各样的牙齿和骨头。这些骨头属于某种类人猿，它们的脑壳比现存的任何一种类人猿都要大，似乎是一种直立行走的生物。这种生物如今被命名为“直立猿人”。我们至今仍在想象这些工具的制造者的模样，它们留下的一小托盘骨头，是唯一能够协助我们想象的东西。

直到我们来到一些拥有近25万年历史的沙滩，才能找到亚人类遗留的其他微小颗粒。但那里可以发现大量工具，我们从记录中得知，工具的质量在不断提高。此时这些不再是不顺手的原始石器，而是制作精良、外形美观的工具。它们比后世那些真正的人类制作的同类工具要大得多。

其后，海德堡的一处沙坑内发现了一具类人生物的颌骨，这具笨重的颌骨完全没有下巴部分，比起真正的人类的颌骨分量要重得多，而且更窄一些。因此，这种生物的舌头活动起来可能不太灵便，也就无法发出清晰的声音。凭借这具颌骨，科学家们推断这种生物是一种身体沉重、与人类极为接近的怪物，可能拥有巨大的四肢和双手以及浓密的毛发。他们称之为“海德堡人”。

在我看来，这具颌骨是世界上最能折磨人类好奇心的玩意之一。看到它时，我们就像透过一面有瑕疵的镜子，将目光投向过去，从而得以一瞥那个“东西”模糊、诱人的身影。但见它步履蹒跚地穿过荒凉的旷野，爬上树木以躲避剑齿虎，一边还望着森林里的披毛犀。随后，我们还没来得及仔细观察这个怪物，它就消失了。但它凿制的坚不可摧的工具，却散落了一地。

在苏塞克斯的皮尔丹，人们从沉积物中发现的一具生物遗骸是个更大的谜团，也更具吸引力。有迹象显示，它可能来自10万年至15万年前，但一些专家则认为，这具特殊的骸骨比海德堡颌骨更为古老。这个亚人类生物的头骨很厚，比任何一具现存的类人猿头骨都要大上许多。现场发现的一具颌骨与黑猩猩的颌骨很像，可能属于这具遗骨，也可能不属于它。此外，那里还有一根形似蝙蝠的象骨，上面有一个明显是钻出来的孔。由此我们可以得知，这根骨头显然被精心加工过。还有一根鹿的大腿骨，上面刻着些什么，可能是作为记数之用。这就是人们的全部发现。

这些既能坐下，又能在骨头上钻孔的家伙，到底是一种什么样的生物呢？

科学家们将其命名为“曙人”。它们与自己的同类不同，与海德堡生物或任何一种现存的类人猿的区别也很大。我们没有找到其他类似于曙人的遗骨。但是，在距今时间小于10万年的碎石层和沉积层中，燧石及其他石块工具的出现几率呈递增趋势。而这些工具也不再是粗糙的“原始石器”，考古学家目前已能够从中分辨出刮刀、钻孔工具、刀子、投枪、投石和手斧。

本书已经即将进入人类篇章。在下一章，我们将要描述人类始祖中最奇怪的一种——尼安德特人。它们与真正的人类相差不远，但并不完全相同。

然而，我们也许可以在本章明确声明：没有任何一位科学家认为这些生物（海德堡人和曙人）是人类的直系祖先，它们只是人类的近亲物种。

10 尼安德特人和布罗肯山人

距今约5万年至6万年前，第四次冰河时期尚未达到高峰之际，地球上生活着一种生物。它们与人类何其相似，以至于直到几年前，仍有人认为它们已经是完全的人类。[1] 我们的头骨和骨头与它们的一模一样，它们制作并使用的大型工具堆积如山。它们会生火，会跑到山洞里避寒。它们也许可以将兽皮制成简陋的衣服，然后穿在身上。它们与人类一样，惯于使用右手。

不过，现在人种学者们告诉我们，这些生物并不是真正的人类。它们与人类同属，但不同种。它们的下颌分量很沉，向外突出，前额很低，眼部上方的眉骨十分粗大。与人类不同的是，它们的拇指与食指并不相对；它们的颈部沉甸甸的，因此无法回头，也无法仰头望天。它们在走路时，脑袋可能朝前下倾。它们的颌骨缺少下巴部分，这点显然不像人类，而像海德堡人。它们的牙齿形状与人类截然不同。它们的臼齿在结构上比我们复杂，但数量上并不比我们少。我们的臼齿有着长长的突出部分，它们

1 作者并不认为尼安德特人是真正的人类，因而称之为“它们”。作者在写于1921年的一部短篇小说《怪客》（*The Grisly Folk*）中，虚构了智人和尼安德特人之间竞争的情节。

则不然；这些类人生物也不像普通人类那样生着显眼的犬齿。它们的颅骨容量与真正的人类一样，但其大脑的后半部分比人脑大，前半部分则更显凹陷一些。它们的智力结构与人类也不一样。就谱系而言，它们不是人类的祖先。无论是从心理还是生理角度上讲，它们与人类都不属于同一谱系。

这一已灭绝的人形物种的颅骨和骨头在多个地区都有发现，其中一地名为尼安德特，这些奇特的原始人因此被命名为“尼安德特人”。毫无疑问，它们在欧洲延续了好几百年，甚至数千年之久。

当时，我们的世界的气候、地理条件与现在迥然相异。例如，欧洲南至泰晤士河的部分都为冰层所覆盖，连德国中部和俄罗斯也被波及；英国和法国之间并无海峡相隔；地中海和红海是两个大峡谷，峡谷深处可能分布着一连串的湖泊。巨大的内陆海从今天的黑海延伸而出，穿过俄罗斯南部直达中亚。西班牙和整个欧洲实际上并不是万里冰封的世界，而是一片荒凉的高地地区，那里的气候比拉布拉多半岛更严酷，只有到达北非，才能遇到较为温和的天气。毫无疑问，每到春天，猛犸象、长毛犀、巨大的牛和驯鹿等耐寒动物就穿过天寒地冻的南欧草原地带，一路追逐当地稀稀落落的植被向北行进，秋天则向南返回。

在这样一个世界里，尼安德特人一边漂泊，一边尽其所能地采集小型猎物、水果、浆果和植物根茎，用于维持生计。它们可能以素食为主，嚼食嫩枝和根茎。它们的牙齿是平的，且结构复杂，表明它们的饮食大多由素食构成。但我们在它们居住的山洞中也找到过大型动物的长髓骨，它们将骨头砸开，榨取骨髓。如果与大型野兽正面冲突，尼安德特人的武器发挥不了太大的作用，但人们猜想它们会在湍急的渡口攻击野兽，甚至制造陷阱用于捕捉。它们可能追踪兽群，一旦兽群成员在搏斗中死去，就成为它们的猎物。它们也可能扮演剑齿虎的爪牙，后者在那个年代仍然存在。或许是因为冰河时期的环境太过艰苦，这种生物在长期适应素食后，转而开始袭击动物。

我们无法想象尼安德特人的外貌。它们可能是一种多毛生物，看起来与人类完全不相像。甚至它们究竟是不是一种直立行走的生物都值得怀疑，它们或许用肘部和足部来支撑自己的身体。它们可能独来独往，也可能以小型家庭为单位出行。根据它们的下颌结构，我们可以得出结论：它们说不了我们能够听懂的语言。

在数千年的时光里，这些尼安德特人一直都是欧洲地区出现过的最高级的动物。其后，在距今约3万年或3.5万年的时候，气候开始转暖，一种更为聪明、知识面更广、会集体交流和集体协作的同类生物从南方到来，无意中闯进了尼安德特人的世界。它们把尼安德特人从山洞和蔽身所驱逐出去；它们搜集的食物与尼安德特人一模一样；它们可能向那些可怕的原住民开战，把它们杀得一个不留。

这些来自南方或东方的新来者（直到现在我们仍不清楚它们的来源地在哪）最终彻底灭绝了尼安德特人，它们是我们的血亲，即第一代真正的人类。它们的头骨、拇指、颈部和牙齿在结构上与我们相同。在克鲁马努和格里马尔迪的两座洞穴内，人们发现了一些骷髅，是迄今已知的真正人类的遗迹中年代最早的。

就这样，我们的种族开始出现在岩石记录中，人类的故事揭开了序幕。

随着时间的推移，世界变得与今天的地球越来越像，但气候依然严酷。在欧洲，冰河时期形成的冰川正在倒退；法国和西班牙的驯鹿此时已被数量庞大的野马所取代，原因是草原地带的草资源越来越丰富。南欧的猛犸象数量日益稀少，最终全部迁往北方。

我们不清楚真正的人类的最初起源地究竟在哪。但1921年夏，有人在南非的布罗肯山发现了一枚非常有意思的头骨，以及几块骨骼碎片。[1] 这些似乎是第三种人类的遗迹，这种人类的特征介于尼安德特人和人类之间。头骨的大小表明，与尼安德特人相比，它们的大脑显得前大后小。它们的颅骨笔直地悬在脊椎上，这点同人类一样；牙齿和骨头与人类相比，也像同一个模子刻出来的。但它们的面部无疑类似于类人猿：眉骨粗大，颅骨中央有一道脊状隆起。这种生物尽管长着一张类人猿和尼安德特人的脸，但可以说它已经属于真正人类的范畴了。相较于尼安德特人，布罗肯山人显然更接近于真正的人类。

我们发现的亚人类物种遗物，或许可以列成长长的一串清单，而布罗肯山人的颅骨在清单中也许只能位居次席。自小冰河时期起，直到亚人类的共同后裔（或许是它们的共同灭亡者），即真正的人类出现为止，这些亚人类在地球上生活了很久很久。布罗肯山人的颅骨的历史或许不是非常久远。直到20世纪初，它的大概年龄仍无法准确测定。南非的这种亚人类生物可能直到近期才灭亡。

1 该出土地点位于今赞比亚的卡布韦，出土头骨的时间距今约15万年。

11 第一批真正的人类

科学界已知的，与我们有着不容置疑的血缘关系的人类的活动痕迹和遗迹，最早的要数在西欧，特别是在法国和西班牙发现的那一批。据推断，在这两个国家发现的骨殖、武器、骨头，以及岩石上的划痕、雕刻过的骨头碎片、山洞和岩石表面的壁画的历史可追溯到3万年前乃至更早。在最早的人类真正祖先的遗迹拥有量方面，目前排名世界第一的国家是西班牙。

当然，如今我们的收集行动只能算是个开端，我们希望未来能有足够多的研究者，对一切可能的遗迹来源进行彻底的考察，希望考古学者们能对那些目前无法进入的国家进行细致的勘探。时至今日，还没有一位既对这些感兴趣，又受过专业训练，而且能自由自在地踏上探险之旅的观察家，踏足过非洲和亚洲的大部分地区。因此我们不得不慎之又慎，无法断言真正的人类究竟是西欧特有的居民，还是最早出现在亚非地区。

比起任何已经被人揭开面纱的地区，亚洲、非洲或那些如今已沉入海底的地区拥有的真正人类遗迹要更为丰富，包含遗迹的沉积层的年代也要早得多。我之所以提到亚洲、非洲却没有提到美洲，是因为除了一颗牙齿，那里没有发现任何高等动物（无论是大猩猩、亚种人、尼安德特人还是早期的真正人类）的遗迹。

这段生命演化史似乎只出现在旧大陆的生命演化史中。很显然，当旧石器时代行将终结时，人类才第一次穿过现今已被白令海峡分隔开来的大陆连接处，进入美洲。

我们所知的欧洲最早的真正人类，所属类别似乎非常独特，且至少已经达到两种以上。其中之一是实实在在的超高等物种，个头很高，大脑也很发达。在已发现的这一人种的遗迹中，有一具女性成员的颅骨在容量上超过了现代人的平均值。另一具男性成员的骨骼长度在6英尺以上，体型类似于北美的印第安人。

自从人们在克鲁马努山洞发现第一批骨骼起，这些人就被命名为“克鲁马努人”。他们是原始人，而且是原始人中的高等种族。另一人种即格里马尔迪山洞的遗迹主人的所属人种，带有明显的黑种人特征。现存人种中与之关系最近的是南非的布须曼人和霍屯督人。探索已知人类的起源史是件很有意思的事，这些人类在种族上已被划分为两个主要的类别。有人倾向于认为前一人种属于褐种人而非黑种人，来自东方或北方；而后一人种为黑种人而非褐种人，来自南赤道地区。这一猜测极不可靠。

这些生活在约4万年前的原始人，已经与人类相差无几，他们在贝壳上钻孔，制成项链，在自己的身上涂色，在骨头和岩石上雕刻、刻画。此外，他们还在光滑的山洞墙壁和诱人的岩壁上搞丹青艺术，内容有野兽之类，这些美术作品很粗陋，但时常又具有很高的绘画技巧。他们的工具种类繁多，其规格比尼安德特人的工具小得多，但质量则精良得多。时至今日，他们的工具、雕像和岩画已经大量出现在我们的博物馆里。

最早的原始人是一群猎人。他们的主要捕猎对象是野马，即当时的一种长有胡须的小型矮种马。他们追踪着这些野马，从一片草场来到另一片草场。他们还追捕野牛。他们知道猛犸象的存在，因为这种生物给他们留下了深刻、醒目的印象。从一幅含义极其不明的绘画来判断，他们利用陷阱来捕杀猛犸象。

他们狩猎时用的是矛和投石，似乎没有弓箭，他们是否已经学会驯化动物也是值得怀疑的。他们不养狗。从他们的一尊马头雕像和一两幅绘画作品中，我们可以看到一匹系上了缰绳，全身都是卷曲的皮肤或鬃毛的马。但在那个年代，那一地区的小型马根本无法载人，即使驯服了也只能作为驮马使用。他们是否知道以兽奶为食这种非同寻常的做法，还是一件很可疑甚至不太可能的事。

他们似乎从未修建过任何建筑物，但拥有用毛皮制成的帐篷。他们会用泥土制作雕像，却从未更进一步学会制陶。他们没有炊具，所以烹饪技术无疑处于初级阶段，或是根本不懂得烹饪。他们对耕作一无所知，也不懂得如何编织或织布。除了用兽皮或毛皮制成的袍子，这些原始人不穿任何衣服，而是往自己的身上涂色。

这批已知最早的人类在空旷的欧洲草原上过着狩猎生活，前后可能长达100个世纪。其后，在气候发生变化之前，他们逐渐迁往他处，并改变了生活方式。一个又一个世纪过去了，欧洲的气候变得越来越温和、潮湿。驯鹿退往北方和东方，野牛和野马尾随其后。草原变成了森林，马和野牛消失了，取而代之的是赤鹿。

原始人的工具性能发生了变化，用途也随之改变。在河流与湖泊中捕猎鱼类，成了人类生活极为重要的组成部分，质地精良的骨制工具越来越多。莫蒂莱[1]曾说："这个时代的骨针比后世的

1　莫蒂莱（Louis de Mortillet，1821—1898），法国人类学家，主要研究史前人类，最早提出应按出土工具的复杂程度将石器时代再加以细分。

骨针要好得太多太多，即使历史的车轮已驶入文艺复兴阶段。例如，罗马人的骨针始终无法与这个时代的骨针相媲美。”

近1.2万年至1.5万年前，一个新的种族漂泊到西班牙南部，依靠自己的力量在露天岩壁上留下了一幅幅无比神奇的绘画。他们就是阿济尔人（得名自马多阿济尔山洞）。他们拥有弓箭，似乎头戴羽饰。他们的画风生动鲜明，但他们的画作有时也会简化为某种符号。例如，一根笔直的竖线再加上两到三根横线，就成了一个人的象征。这表明创作理念已经开始萌芽。在描绘狩猎场面的美术作品中，经常出现记数符号一样的记号。有一幅作品表现的是两个人用烟熏蜂窝的场景。

这些人是我们口中的“旧石器时代人类”（因为他们只有凿制的工具）的最后一批。到了距今1万年至1.2万年的时候，一个新的种族开始在欧洲出现，他们不仅学会了凿制石器，还会将其擦亮、磨光。他们开始从事耕种。新石器时代开始了。

有趣的是，不到一个世纪之前，地处世界偏僻角落的塔斯马尼亚依然存在着一个人种。无论是在体格还是智力发育上，这个种族都不如早先那些在欧洲留下活动痕迹的种族。由于地理变迁，塔斯马尼亚人在很久以前就与其他种族相互隔绝，因而也就此与来自外部世界的刺激绝缘，从而失去了发展的动力。他们似乎不但没有进步，反而在退步。当欧洲探险家发现他们时，他们依靠捕捉贝类生物和小型猎物维持生计。他们没有真正的住房，只有简陋的栖身之所。

尽管塔斯马尼亚人与我们一样属于真正的人类，但第一代真正的人类所拥有的灵巧手艺和艺术才华在他们身上是找不到的。

12 原始人的思想

现在，让我们好好思考一个非常有趣的问题：早期人类冒险活动的参与者会有什么样的感受？在人类进入播种、收获的农业时代之前，他们度过了400个世纪的狩猎和流浪时光。在那个古老的年代，人们的思维方式究竟是什么样的？他们又在想些什么？当时离记录人类思想的文献出现还很遥远，这些问题的答案几乎只能靠推论和猜测来得出了。

在尝试重建原始人精神世界的过程中，科学家们使用的素材来自多个不同的渠道。心理分析学本被用于分析孩童那狂热的、以自我为中心的冲动，是如何出于适应社会生活的需要而被限制、压制、缓和或彻底压倒的，近年来这似乎被频繁用在原始社会史的解析上。针对现存的原始人思维和习俗的研究，也为我们提供了大量线索。[1]

此外我们发现，在民间传说以及依然埋藏于现代文明人内心深处的荒谬绝伦的迷信思想和成见中，也存在着某些源自远古时代的思想。最后，我们研究的时代越贴近现代，可用的绘画、雕像、雕刻作品、符号等资料就越多，也就越清楚当时的人们到底

1　可参阅作者的中篇小说《石器时代的故事》（*A Story of the Stone Age*，1897年）。

对什么感兴趣，认为哪些东西值得记录和描绘。

原始人的思想世界可能与孩童的思想世界非常相似，换言之，它是由一系列充满想象力的画面组成的。一个原始人在脑海中勾勒出一幅幅情景，或者说，他的想象代表了他的想法，而在想象过程中激发的情绪支配着这个人的行为。如今的孩子或没受过教育的成年人也会这样做。

在人类的历史上，系统性的思维方式显然很晚才得到发展；直到最近3000年，它才在人类的生活中扮演重要角色。甚至到了今天，能够真正控制、规范自身思想的人仍是极少数。世界上大部分人依旧生活在想象和激情中。

当真正的人类的历史揭开序幕时，最早的人类社会可能是一种小型家庭群体的组合。早先的哺乳动物群落是由一个个哺乳动物家庭组成的，最早的部落可能也是如此。但个体成员的原始思维中包含着以自我为中心的想法，要建立部落，首先必须对这种思想做一定程度的限制。当孩子成人后，他必须继续对父亲保持畏惧，对母亲保持尊敬。家庭成员中的年长者对年轻男性自然产生的嫉妒心理，必须随着后者的成长而有所缓解。另外，母亲将自然而然地负担起教导、保护孩子的职责。孩子们长大以后，在与生俱来的本能的驱使下，他们会离开原来的家庭，组建新的家庭。而开始单独生活后，他们将遭遇种种危险与不利，人类社会就是在这两种彼此矛盾的趋势的作用下发展起来的。

极具才华的人类学家阿特金森[1]在其著作《原始法》中，对原

1　阿特金森（James Jasper Atkinson，卒于1899年），英国人类学家，其代表作《原始法》（*Primal Law*）出版于1903年。

始社会的习惯法（名为“禁忌”，这是部落生活中一个引人瞩目的事实）一一做了介绍。这可被归结为原本和动物一样的原始人为了发展社会生活，而在自身精神层面做出的调整。心理学家们于日后所做的研究，有力地证实了阿特金森对这种可能性的解释。

一些学者利用推测使我们相信，原始人对老者的尊敬与畏惧、对担当保护者的年长女性的情绪反应，会在梦境与幻想中得到夸大和加强，这构成了早期原始宗教和神灵（男女神皆有）观念的重要组成部分。原始人敬重那些强者，敬重那些帮助自己的人，因此当这些敬重对象在去世后出现在他们的梦境中时，他们会觉得又惧又喜。他们很容易就会认为：自己的敬重对象并没有真正死去，而只是被一种更为强大的力量，以他们幻想出的方式转移到了一个偏僻的所在。

孩童的梦境、想象和恐惧感，远比现代的成年人要生动、真实，从某种程度上说，原始人始终是孩子。他们对动物更为熟悉，能够猜到它们有着与自己相似的动机和反应。他们会把动物想象成自己的帮手、敌人和神明。只有保持富于想象的孩童心态，我们才能再一次理解那些奇形异状的石块、木块、树木等物，对旧石器时代的人们有着何等重要的意义，如何成了他们的不祥之兆或他们的朋友。也才能理解他们在梦境和幻想中创造的，与这些东西有关的故事与传说，是如何变得如梦境和幻想所宣称的那般令人信服的。

有些故事很精彩，值得铭记和复述。女人们会把它们讲给孩子听，并把这种做法变成了一种传统。今天那些极具想象力的孩子会创作一些长长的故事，在故事里，某些讨人喜爱的玩偶、动物或奇特的半人生物会被拟人化，成为英雄。原始人可能也会做同样的事，而且他们更容易相信故事里的英雄是真实存在的。

我们已知的早期真正的人类或许十分健谈。这是他们与尼安德特人的不同之处，也是他们强于后者的地方。尼安德特人可能是一种不会说话的动物。当然，原始人类的语言也许只是一堆名词的组合而已，而且种类相当贫乏，必须以手势和记号作为补充。

愚蠢到连因果关系学说都不懂的原始种族是不存在的。但原始人没有以高度批判的眼光看待因果之间的关联，他们很容易就把某个结果与某些风马牛不相及的原因联系在一起。“你们这样做，”他们说，“就会得到这样的结果。”你给了一个孩子一颗有毒的浆果，你就会毒死他；你吃下一个英勇的敌人的心脏，你就会变得强大。这是两段因果关系，一段是对的，一段是错的。我们将原始人的因果价值观称为“迷信”，但迷信是原始时代的简单科学。迷信与现代科学的不同之处在于：它完全没有系统性和批判性，因此出错的几率更高。

在很多情况下，要想把原因与结果联系起来并不困难，在其他情况下，利用经验可以很快地纠正错误的观点。但一旦遇到一系列重大问题，原始人就会坚持不懈地寻找原因和解释，结果得出一些错误结论，但并没有错到不可救药的地步，也没有明显到一眼就能发觉的程度。

对于他们而言，捕得累累猎物或是轻而易举地获取大量的鱼是非常重要的。因此毫无疑问，他们会尝试上千种魔法、咒语和占卜，来确定渔猎活动的结局是否令人满意。生病与死亡也是他们至为关心的事。有时传染病会在大地上蔓延，夺走人们的性命。有时人们会遭到疾病侵袭而死去，或是在没有任何明显原因的情况下变得衰弱。这无疑同样会导致举止轻率、头脑发热的原始人做出许多狂热的行为。梦和基于想象做出的猜测，使得他们将这些归咎于某个人、某只动物或某件东西，或是向它们求助。他们像孩子一样，动不动就会陷入恐惧和惊惶之中。

在小型人类部落刚刚出现的时候，那些较为年长、思想较为坚定的成员尽管也会害怕，也会异想天开。但由于他们比其他成员要强大一些，所以他们无疑会主张自己有权提供建议、制定规则和发号施令。什么事不宜实行，什么事势在必行，什么是吉兆，什么是凶兆，都由他们说了算。

迷信学说的专家和拥有医疗技术的成员成了第一批祭司。他们规劝族人、诠释梦境、发出警告，并表演各种复杂的戏法来趋吉避凶。原始时代的宗教与我们今天所说的宗教不同，既是一种活动，也是一种仪式，早期的祭司掌管的实际上是原始时代的一种随心所欲的实践科学。

13　农耕生活的开始

农耕生活和定居生活究竟是何时开始的？对于这个问题，我们依然知之甚少，尽管近50年来的相关研究和推测可谓汗牛充栋。目前我们唯一能确定的是，约公元前15000年至公元前12000年之间的某个时间段，当西班牙南部的阿济尔人以及早期猎民的残余正在朝北方和东方迁徙时，在北非、西亚或地中海大山谷（今天已被地中海淹没）的某个地方，有人世世代代从事两种至为重要的活动——耕作和驯养牲畜。除了像猎民祖先那样凿制工具，他们还开始用磨光的石头制作工具。他们已经发现，植物纤维可以用来制作编织物和粗糙的纺织物，并开始制作简陋的模制陶器。

他们进入的是人类文明史上的新阶段，即新石器时代，不同于克鲁马努人、格里马尔迪人、阿济尔人等族群所处的旧石器时代。新石器时代的人们缓缓向世界上更为温暖的角落扩张，他们精通各种艺术，懂得如何将动植物为自己所用。他们掌握的技艺，以及对动植物的利用方法，被其他族群模仿和学习，因而得以传播到他们的扩张范围以外的地方。到了公元前10000年，大部分人类都达到了新石器时代的水平。

在现代人看来，犁地、播种、收割、脱谷、研磨是再合理不过的耕种步骤，正好比“地球是圆的”对于一个现代人而言就像老生常谈一样。人们会问："你还能怎么做？"舍此之外，还有别的耕作方式吗？但2万年前的原始人可不懂这些系统化的流程，也无法推断出那些在今天属于无可置疑、不言而喻的东西。他们摸着石头过河，通过无数次的实验与误判，探索行之有效的耕作手段，不切实际、毫无必要的精心钻研和错误的解释，对他们来说都是家常便饭。在地中海的某个地区，小麦是野生的，当人们尚未学会播种的时候，他们可能已经懂得把麦种捣烂、磨碎，充作食物。麦子已经被收割了，种子却还没撒下。

特别值得注意的是，不论在世界的哪个角落，只要存在播种、收割活动，当地就仍能找到来自原始时代的，将播种观念与血祭观念（以人祭为主）紧密联系的痕迹。这两种观念最初是如何纠缠在一起的？相关研究对于那些怀有好奇心的人们很有吸引力。感兴趣的读者可以去找找弗雷泽[1]爵士的不朽名著《金枝》，书中对这一话题有着极为充分的阐述。我们必须牢记：这种纠缠存在于幼稚、爱幻想、爱造神的原始人的心目中，对此无法给予合理解释。

在1.2万至2万年前，每逢播种时节，新石器时代的人们似乎都要举行一场人祭。充当祭品者并非无用或无家可归之人，通常是被选中的少男少女。更多时候，被选中者往往是被人敬重的少男少女，甚至直到被献祭的那一刻，他们依然受到人们的膜拜。他们属于被牺牲的部落之神（王），杀死他们的整个过程已经成为一种仪式，由博学的长者负责指挥，并得到世代积累的惯例的认可。

---

1 弗雷泽（James George Frazer，1854—1941），英国人类学家、民族学家、宗教学家，以其代表作《金枝》（*Golden Bough*）而闻名，该书是研究人类原始信仰、古老习俗及思想观念的一部名著，初版于1890年。

最初，原始人的季节观还很不成熟。因此对他们来说，确定何时举行播种祭以及何时开始播种较为合适，无疑是个难于登天的问题。我们有理由猜想，人类经历过一个早期阶段，那时他们压根没有“年”的概念。最早的年代记用的时间单位是朔望月。有人认为，在圣经族长时代，一年实际上只有一个月。巴比伦人试图将一年分为13个朔望月，以此计算播种时间。

朔望历对历法的影响一直延续到今天。如果我们不是因为已经习惯使用朔望历，而对它不再那么陌生的话，那么我们一定会对一件事深感兴趣：基督教会并没有为耶稣受难日和复活日指定专门的周日纪念日，而是根据月相的变化一年定一个日期。

最早的农学家是否观测过行星，是个值得怀疑的问题。四处迁徙的牧民更有可能是世界上最早的观星者，他们发现利用星星来确定方位十分方便。但人们一旦意识到可以用星辰来确定季节变化，后者对农业就有了非比寻常的意义。在播种时节举行的牺牲仪式，与一些耀眼的行星的南行或北移有关。因此，原始人最后几乎不可避免地走向神化、膜拜它们的结局。

如此一来，那些博学的、精通牺牲仪式和星相学的人，在新石器时代早期的世界将拥有何等重要的地位，也就不难想象了。

人们害怕不洁与玷污，他们需要合理的净化手段，从而为博学的男女们提供了又一个获取权力的渠道。因此，巫女、巫师和男女祭司这几个群体一直存在。实际上，早期的祭司与其说是神职人员，不如说是应用科学家。他们的学识通常来自经验，水平往往令人不敢恭维。他们怀着强烈的猜疑心理，将科学知识作为秘密，不让大众知晓。但这改变不了以下事实：祭司们的主要职责是掌握知识，主要作用则是把所学知识应用于实践。

1.2万年至1.5万年前，凡是气候温暖、水源充足的旧世界地区，当地的新石器时代人类社群都在扩大，社群里有男女祭司阶层和祭祀传统，有耕地、发展中的村庄和带城墙的小型城市。多年来，各个社群之间不断传播、交流思想。艾略特·史密斯和里弗斯将这些最早的农业人群的文化命名为“太阳石器文化”。[1]

“太阳石器”可能并非命名这一文化的最佳用词，但在科学工作者们给我们一个更好的名词之前，只能继续使用它。太阳石器文化起源于地中海和西亚的某些地方，随着岁月的流逝，它逐渐向东方传播，越过一座座岛屿，跨过太平洋，最后可能来到美洲，与来自北方的蒙古人种移民那更为原始的生活方式相互结合。

太阳石器时代的褐种人无论走到哪里，都会把一批古怪的想法和习惯全部（或大部分）带在身边。他们的一些思想实在太过奇怪，以至于必须由心理学家给予解释。他们建造金字塔和巨大的坟堆，还把巨石围成一个个巨大的圆圈，大概是为了帮助祭司进行天文观察。他们把尸体或其一部分制成木乃伊。他们给自己文身，行割礼。他们有种古老的习俗，名为“产翁制”，即在孩子出世时让父亲去卧床休养。举世闻名的万字符是他们的幸运符号。

如果我们制作一张世界地图，然后用圆点表示这些群体习俗残留痕迹的分布范围，必然会形成一条沿着温带和亚热带沿海地区排列的点带。它横跨世界版图，起于英格兰的巨石阵和西班牙，止于墨西哥和秘鲁。但赤道以南的非洲、中北欧和北亚地区则看不到一个圆点，那些地区的族群的发展路线几乎是完全独立的。

1　艾略特·史密斯（George E. Smith，1871—1937），澳大利亚民族学家、解剖学家。里弗斯（W. H. R. Rivers，1864—1922），英国人类学家、心理学家。

14　新石器时代的原始文明

在大致的地理轮廓上，公元前10000年前后的世界与当今的世界如出一辙。横跨直布罗陀海峡的巨大屏障依旧起着堤坝的作用，将来自地中海峡谷的海水拒之门外。然而，它可能就是在那个年代被蚀穿的，而地中海的海岸线或许与今天相差无几。但里海也许比现今宽广得多，它可能与黑海相连，并一直延伸到高加索山脉以北。这片广袤的中亚海洋的周边陆地如今已经变成草原和沙漠，但在当时却肥沃而宜居。一般而言，那里是个潮湿、富饶的世界。在俄罗斯的欧洲部分，沼泽和湖泊的数量比今天多得多。而在亚洲与美洲之间，仍有一片位于白令海峡的陆地将它们连接在一起。

我们如今所知的几大人种，在当时已经有了可供区别的特征。在那个气候比今天更温暖，森林覆盖率也超过现今的世界，奉行太阳石器文化的棕色人种遍布暖温带和沿海地区，地中海地区的绝大部分居民、柏柏尔人、埃及人，以及南亚、东亚的众多族群都是他们的后裔。这个人种的规模很大，自然拥有众多不同的分支。

作为人类的主体族群，棕色人种的分支有伊比利亚人、地中海人、居于大西洋和地中海沿岸的“暗白”人种、包括柏柏尔人和埃及人在内的含米特人、占东印度人口绝大多数的深色人种达罗毗荼人，以及种类众多的波利尼西亚人和毛利人，他们的价值观彼此相异。

在中欧和北欧的森林地带，当地居民的肤色和发色较浅，眼睛则是蓝色的，上述特征随着时间的推移而日益明显。他们是褐种人的主要族群的一个分支，许多成员如今被命名为“北欧人种”。

在更为开阔的东北亚地区，褐种人的另一变种蒙古利亚人种，正在朝着细长斜眼、高颧骨、黑直发的方向发展。在南非、澳大利亚和南亚的众多热带岛屿，生活着早期黑种人的残余。非洲的中部地带已成为人种熔炉。时至今日，非洲几乎所有有色人种似乎都是北部褐种人和黑种人的混血产物。

我们必须记住，所有人种都可以任意杂交，它们可以像云彩那样分离、混合和重组。人类种族的分支与树枝不一样，树枝一旦分叉，就永远不会再次相交。有一点我们必须时时铭记在心：只要有机会，不同人种就会再一次互相混杂。如果我们这样做，就可以避免许多残酷的错觉与成见。人们对“种族”一词的用法极不准确，并以最为荒谬的概括作为它的使用依据。人们会把“英国人”或“欧洲人”定义为一个人种。然而，几乎所有的欧洲民族都是棕色人种、暗白人种、白色人种和蒙古利亚人种的混合体，血统乱得一塌糊涂。

当人类进化到新石器阶段时，蒙古利亚人种首次迁入美洲。显然，他们是从白令海峡进入的，然后向南扩展。他们在美洲北部碰到成群的北美驯鹿，在美洲南部则遭遇了大批野牛。当他们到达南美洲时，那里依然生活着巨型犰狳，以及外表怪异、高大如象、懒惰笨拙的大懒兽。后者虽然体型异常巨大，却异常无能，并可能因此惨遭灭绝。

大多数美洲部落的生活始终遵循着新石器时代的游猎模式，未能更上一层楼。他们从未学会用铁，他们拥有的金属主要是生金和生铜。但在墨西哥、尤卡坦半岛和秘鲁，存在着有利于农耕定居生活的自然条件。公元前1000年前后，那里出现了一些很有意思的文明，它们与旧世界的文明既有相似之处，又有不同之处。与过去那些旧世界文明一样，与播种、收获活动相关的人祭制度在当地社群中呈蓬勃发展之势。

但我们应当看到，在同一时期的旧世界，这类原始思想最终被淡化和复杂化，并被其他思想所覆盖。然而在美洲，它们得到了发展，达到高度完善。这些美洲文明国家实际上是由祭司统治的宗教国度，酋长与统治者受到律法与征兆的严格支配。

在祭司们的努力下，天文科学的精确性大大提高。他们对“年”的了解，比我们即将提到的巴比伦人要深。在尤坦卡半岛，他们已经拥有了一种文字，那就是至为怪异、复杂的玛雅文字。如今我们已经能够将其破译。玛雅文字的主要用途是维持精确、复杂的历法，这是祭司们殚精竭虑取得的成果。

玛雅艺术于公元700年或800年前后达到顶峰。玛雅人的雕刻作品以其凝聚的非凡塑造力和屡见不鲜的魅力，令现代的评论家们惊讶万分。但它们的造型不仅怪诞可笑，而且因循守旧，错综复杂到疯狂、让人无法理解的程度，这又使得评论家们感到困惑。旧世界找不出与此完全相像的东西。古老的印度雕刻与之最为接近，但也只是相对而言，也就是说二者之间依旧区别很大。在玛雅雕塑上，编织的羽毛以及交织缠绕的蛇形图案随处可见。

与旧世界的任何一种作品相比，许多玛雅艺术更像是某种由欧洲收容所的精神病人精心创作的绘画作品。正如玛雅人的精神世界所遵循的发展轨迹与旧世界的人们彼此殊途，在思想转折上也大相径庭一般。按照旧世界的标准，玛雅人的思维一点也不理性。

这些脱离常轨的美洲文明，与一般的精神异常者的思想存在着某些联系，这一点可以在它们对人血那异乎寻常的迷恋中得到证明。墨西哥文明尤为嗜血，每年都要提供数以千计的牺牲者。那些古怪的祭司们的思想与生活被一件事主导着，那就是切开活体牺牲品的身体，把仍在跳动的心脏扯出来。这种诡异而恐怖的做法，是一切公共生活和国家庆典的主题。

在这些社群里，普通人的日常生活与其他原始农耕族群如出一辙。他们的陶艺、编织手艺和染色工艺都十分出色。玛雅文字不仅被刻在石头上，还被写在、画在兽皮之类的物品上。欧洲和美国的博物馆收藏了许多谜一般的玛雅手稿，迄今为止，除日期外被破译出来的内容寥寥无几。在秘鲁，一开始人们同样用文字记事，但后来被结绳的办法所取代。在数千年前的中国，也有类似的结绳记事法。

在公元前4000年或公元前5000年以前的旧世界，出现了一些与美洲文明并无二致的原始文明：宗教成为立国之本，血腥的人祭大量存在，祭司阶层庞大而狂热。但在旧世界，这些原始文明相互影响，并朝着现代世界的方向发展。而在美洲，原始文明始终停留在原始阶段。每个文明都是一个自我封闭的小世界。欧洲人来到美洲之前，墨西哥人似乎对秘鲁知之甚少甚至一无所知。马铃薯是秘鲁人的主食，而墨西哥人却不知它为何物。

千百年过去了，这些人生活、敬神、祭神、死去。玛雅艺术不断升华，演化出高水准的装潢之美。人们彼此爱恋，部落相互攻伐。匮乏时代与充裕时代、疫病横行的时代与百病不生的时代交替上演。在漫长的岁月里，祭司们一直在精心设计历法与牺牲仪式，却极少推动其他事物的发展。

15 苏美尔、早期埃及和文字书写

旧世界的舞台比新世界更宽广，也更为多姿多彩。至公元前6000年或公元前7000年，已经有一些与秘鲁几乎处于同一水平线的半文明社群，在亚洲的各个肥沃地区和尼罗河谷出现。当时的波斯北部、中亚和阿拉伯半岛南部要比现在更肥沃，因此也存在着早期人类社群的痕迹。

最早的城市、庙宇、系统性的灌溉工程以及当时的社会组织，已出现在下美索不达米亚和埃及，而不再仅仅是原始村镇存在的证据。那个年代的幼发拉底河和底格里斯河分别从各自的河口汇入波斯湾，苏美尔人就在两条河流之间的地区建立了第一批城市。[1] 而埃及的伟大历史也在大约同一时间（年代记中的相关记录依旧模糊不清）揭开了序幕。

这些苏美尔人似乎是褐种人，鼻子又高又挺。他们使用的文字已经被破译，他们的语言如今也已被弄懂。他们懂得用铜器，并用晒干的砖块修建雄伟的塔状庙宇。这个国度的黏土质地十分优良，人们用它制成写字板，从而使苏美尔文字保留至今。他们饲养牛、绵羊、山羊和驴子，但不养马。他们徒步战斗，作战时

---

1 两河流域最早的城市出现于公元前3500年前后。

装备长矛和皮盾，排成密集的队形。他们身上穿的是羊毛制的衣服，头发剃得精光。

通常情况下，每座苏美尔城市似乎都是一个独立王国，拥有自己的神明和祭司。但有时一座城市会建立起针对其他城市的统治地位，并强迫当地民众纳贡。在尼普尔发现的一段十分古老的铭文，将苏美尔城市埃雷克称为“帝国”，这是第一个有文字记载的帝国。从波斯湾到红海的土地，皆为帝国的神明和兼任祭司的君王所支配。

最初，文字只是图形记录的简化版。在新石器时代之前，人们就开始使用文字了。我们之前提到过阿济尔山洞中的美术作品，其中就体现了书写进程的开始。许多绘画记录了狩猎和远征的情形，大多数作品中都可以清楚地看到一些人形图案。但在一些作品中，画手没有费心给画中人安上脑袋和四肢，只是用一道竖线及一两道横线来代表一个人。

从这种手法到传统象形文字的转变过程非常轻松。在苏美尔，文字是用木棒写在泥土上的，不久之后，笔画便模糊难辨，一点也不像它们所代表的事物了。但在埃及，人们将象形文字用颜料涂在墙上或莎草纸（最早的纸）纸片上，因而我们今天仍能看出它们与被临摹对象的相像之处。由于字体呈楔形是苏美尔人的呆板文字的特征，因而苏美尔文字被命名为“楔形文字”。

当图形不被用于指代描绘对象本身，而是用于指代某些类似的东西时，人类便朝书写阶段迈出了重要的一步。时至今日，深受适龄儿童喜爱的图形猜谜仍沿用这种做法。如果我们画出一片营地，营地里有几顶帐篷和一座钟，孩子们会高兴地猜到，谜底是苏格兰人名“坎贝尔”。[1]苏美尔语的单词由多个音节组合而成，与同时期的某些美洲印第安语非常相似，它可以用这种排列音节的办法，把图形无法直接表达的意思轻轻松松地表达出来。

埃及文字经历的发展历程与之类似。有些国家的语言的音节表达效果不如苏美尔语，后来，当那些国家的人们开始学习、使用这些图形文字后，对它做了进一步的修改和简化，使之最终发展为字母文字。后世所有真正的字母系统皆源自苏美尔楔形文字与埃及象形文字（祭司所用文字）的混合体。中国于日后发展出一种约定俗成的象形文字，但它始终不曾进化到字母拼写阶段。

文字的发明对于人类社会的发展有着极其重要的意义。有了它，协议、法律和戒律就能记录在案。有了它，国家就可以扩张，而不再只是昔日的小小城邦。有了它，历史意识的延续就有了可能。祭司或国王的命令和印章，就可以到达他们视线所不及的地方，并在他们死后继续保存下来。

值得注意的是，在古代苏美尔，印章得到广泛的应用。无论是国王、贵族还是商人，都有自己的印章，而且往往是极具艺术价值的雕刻作品。任何一份用黏土制成的文件，只要是受到上述人等认可的，他们都会盖上自己的印章。

如此说来，早在6000年前，人类文明就拥有了接近于印刷术的技术。当黏土变干、发硬后，上面的内容也就固定下来了。我们必须记住：在漫长的岁月里，美索不达米亚大陆上的所有文字都是写在相当坚硬的泥板上的。也正因如此，我们才有了一大笔

---

1 “营地”英文为camp，“钟”英文为bell，“坎贝尔”英文为Campbell，正是二者的组合。

失而复得的知识财富。

青铜、黄铜、黄金、白银以及属于稀世珍宝的陨铁，很早就被苏美尔和埃及的人们所知。

不论是在埃及，还是在苏美尔，旧世界最早的城市地区的日常生活无疑如出一辙。但除了驴和牛在街道上行走，3000年至4000年后的玛雅城市的生活必然又是另一番光景。在和平时期，大多数人都忙于灌溉和耕作——宗教节日除外。他们没有钱，也不需要钱，只是偶然来几次小规模的物物贸易。独拥大笔财富的贵族和统治者们也很少与人交易，交易时一律使用金条、银条和宝石。

当时，宗教支配着人们的生活。在苏美尔，寺庙雄伟壮观、高耸入云，庙顶乃是观星之所；埃及的寺庙高大宏伟，但仅有一层。在苏美尔，统治国家的祭司是国内最伟大、最耀眼的人物。但在埃及，有一种人的地位要高于祭司，他们就是埃及主神在人间的活体化身——诸神之王“法老”。

那个年代的世界鲜有变化，人们头顶烈日，过着艰辛劳苦、一成不变的日子。偶尔会有几个陌生人闯入这里，他们对这种生活感到不适应。祭司根据古老的律法指导人们的生活，他们观测星象，以决定什么时候播种，评估牺牲仪式中显示的预兆，解释梦境带来的警告。人们劳作、爱恋、死去，他们并不痛苦。原始时代的历史已被遗忘殆尽，人们对本民族的未来也漠不关心。

有些统治者为人宽厚仁慈，统治埃及达90年之久的佩皮二世（Pepi II）就是这样的君主。有些统治者野心勃勃，征民众之子为兵，把他们派往邻近城邦作战、劫掠，或是打发他们去做苦工，修筑一栋栋高楼大厦，例如在吉萨营建巨型陵墓“金字塔”的胡夫、哈夫拉和孟卡拉。[1] 最大的一座金字塔高450英尺，所用石料重达488.3万吨。所有的石料均以船装载，沿着尼罗河顺流而下运送而来，然后再拉到目的地去（此时依靠的主要是人力）。修建金字塔带来的消耗比一场大规模战争更甚，埃及人无疑被折腾地筋疲力尽。

1　胡夫（Khufu）、哈夫拉（Khafre）、孟卡拉（Menkaure），均为埃及第四王朝法老，希腊人分别称之为奇阿普斯（Cheops）、希夫伦（Chephren）、迈瑟林诺斯（Mycerinus）。

16　原始游牧民族

在公元前6000年至公元前3000年间的若干个世纪里，不仅只有美索不达米亚和尼罗河流域的人们在致力于从事农业、建立城邦。凡是在有可能实现灌溉及全年稳定的粮食供应的地区，人们都会抛弃朝不保夕、艰辛困苦、四处迁徙的狩猎生活，而转向稳定的定居生活。被称为亚述人的民族，在底格里斯河上游地区兴建城市；在小亚细亚的谷地和地中海的海岸及岛屿，一些小型聚落逐步发展，走向文明。在印度和中国的某些条件良好的地区，人类生活可能也已经有了同步的发展。

在欧洲的许多地方，湖泊里储藏着丰富的鱼类资源，那里的人们很早便开始了定居生活，他们把房屋建在立于水中的木桩之上，形成了一个个小型聚落。这些人依靠捕鱼和狩猎，弥补农业产出的不足。但在旧大陆的大部分地区，这样的定居模式根本没有存在的可能性。对于只能依靠那个时代的工具和科技立足的人类而言，那些地方要么地势过于崎岖，要么森林太过茂密，要么土壤过于干燥，要么气候变化太过无常。

在原始文明的环境下，人类要过上定居生活，持续不断的水、温暖和阳光供应是不可或缺的。在无力满足上述需求的地区，人们可以当个暂住客，或是追逐猎物的猎人，或是按季节逐水草而居的牧人，却无法成为定居者。从狩猎生活到游牧生活中间的过渡期异常缓慢，在随野牛群或野马群（在亚洲）迁移的过程中，人类产生了将它们变为自身财产的想法，学会了把它们赶进山谷里圈养起来，为保护它们而与狼、野狗及其他食肉野兽搏斗。

因此，当原始农耕文明在以大河流域为主的地区发展起来的同时，持续不断地从冬季草场到夏季草场来回迁徙的游牧生活，这种截然不同的生活方式也在发展。相较于农耕民族，游牧民族在吃苦耐劳方面拥有绝对优势。他们不像农耕民族那样多育，人口也没那么多；他们没有固定的庙宇，也没有高度组织化的神职群体；他们的生产工具也比较少。

但是，我们千万不要因为这些缘故，就想当然地以为他们的生活方式要更落后些。从很多方面来说，这种无拘无束的生活方式都比农耕者的生活方式更完美。他们的个体更为自立，不像农耕文明那样只是群体的螺丝钉。首领的作用更加重要，而巫医则没那么不可或缺。

足迹踏遍万水千山的游牧民，其生活视野要更开阔些。他们来到各个定居民族的居住地，在边境线上与其居民互相接触，因此他们对异族人司空见惯。为了与其他部落争夺草场，他们必须运筹帷幄、折冲樽俎。由于他们经常翻山越岭，进入岩石地带，所以他们比农耕地区的人们更了解矿物质，掌握的冶金技术也更强一些。炼铜技术可能就是游牧民族的发明，冶铁技术更是如此。在远离早期文明地带的中欧地区，出土过一些世界上最早的铁器，是用铁矿石冶炼而成的。

另一方面，定居民族也拥有自己的纺织品和陶器，还会制作许许多多抢手的东西。当农耕与游牧这两种生活方式出现分化以后，一定数量的劫掠和贸易活动便将不可避免地在两种文明之间产生。尤其是在沙漠与季节性国家并存的苏美尔，牧民与农民比邻而居，同他们做生意，盗窃他们的财物，为他们修补器具（就像今天的吉普赛人那样），无疑都是些稀松平常的事（但母鸡不在他们的盗窃物品之列，因为这种以印度原鸡为祖先的家禽，直到公元前1000年前后才被人类驯化）。他们带来了宝石、金属制品和皮革制品。如果他们是狩猎民族的话，带来的就是毛皮。他们用这些东西换取陶器、珠串、玻璃、衣服，以及诸如此类的手工制品。

在文明初诞于苏美尔和早期埃及的遥远年代，半流浪半定居民族主要有三种，他们的主要活动地域也有三片。在遥远的欧洲森林地带，生活着白肤金发碧眼的北欧日耳曼人，这个以狩猎和游牧为生的民族是个低等种族。在公元前1500年之前，原始文明与这个种族鲜有接触。在遥远的东亚草原地带，形形色色的蒙古人种部落即匈奴人正在驯养马匹，并养成了一种广为流行的习惯：随着季节的变换，在夏季和冬季营地之间来回迁移。

在那个年代的俄罗斯，沼泽、湖泊星罗棋布。由于俄罗斯的沼泽与当年更为辽阔的里海的存在，那时的北欧人和匈奴人或许依旧天各一方。在现今日趋干燥的叙利亚和阿拉伯沙漠，肤色呈暗白色或褐色的闪米特人驱赶着成群的绵羊、山羊和驴子，往来于一片片草场。这些闪米特牧民与来自波斯南部、肤色更为黝黑的埃兰人，是第一批与早期文明产生密切接触的游牧民族。他们以贸易者和劫掠者的身份到来。最后，他们中间出现了几位想象力更为大胆的首领，于是他们成了征服者。

公元前2750年前后，雄才大略的闪米特人首领萨尔贡

（Sargon）征服了苏美尔全境，从波斯湾至地中海皆成为其版图。[1]他是个不识字的蛮族人，但他的部民阿卡德人学会了苏美尔文字，并将苏美尔语作为官员和学者的语言。萨尔贡建立的帝国于两个世纪后衰落下去，埃兰人如洪水般席卷而来。

此后，一个新的闪米特部族亚摩利人，逐渐建立了对苏美尔的统治。他们定都巴比伦，该城此前一直是一座位于上游的小城。亚摩利人的帝国被命名为"巴比伦第一帝国"。帝国在一位名为汉谟拉比（Hammurabi）的雄主手中得到了巩固，他制定了迄今已知的历史上第一部法典。[2]

游牧民族对狭窄的尼罗河流域的侵略，不像他们对美索不达米亚的侵略那般频繁，但在汉谟拉比统治时期前后，闪族人成功地侵入埃及，建立了喜克索斯王朝（又名"牧羊王朝"），其法老世系持续了数个世纪。这批闪米特征服者从未被埃及人同化，他们始终被当成外国蛮族，遭到敌视。公元前1600年前后爆发的一场民众暴动，最终将他们逐出埃及。

但闪米特人对苏美尔的占领却是一劳永逸的，两个民族彼此同化，无论在语言还是特征上，巴比伦帝国都闪米特化了。

1　据最新研究，萨尔贡的征服发生在公元前24世纪至公元前23世纪。

2　《汉谟拉比法典》的颁布时间为公元前1754年前后。

17　最早的航海民族

可以肯定，最早的船只是在约2.5万年至3万年前投入应用的。人们可能用一段圆木，或是一张膨胀的兽皮，来帮助自己在水上行进，这一做法一直持续到新石器时代初期。我们认知中的埃及和苏美尔历史甫一拉开序幕，当地人就已经用上以编织法制成、外覆兽皮且经过填充处理的小舟了。直到今天，上述地区以及爱尔兰和威尔士仍在使用这种船。在阿拉斯加，依旧可以看到人们划着用海豹皮制成的小艇横渡白令海峡的情景。造船工具得到改进后，人们开始将圆木挖空，作为载具。后来，小舟和真正的船只也顺理成章地出现了。

诺亚方舟的传说或许保存了某些历史记忆，与人类在造船领域取得的早期成就有关。正如那些在世界各地广为流传的大洪水故事，可能来自地中海盆地的洪水传说一样。

人类驾船出没于红海之上的时间，比他们修建金字塔的时间要早得多。到了公元前7000年，地中海和波斯湾的海面上也出现了船舶的影子。这些大多是渔船，但有些船只已经开始从事贸易和劫掠活动。据我们对人类作为的了解，可以很有把握地猜想，最早的水手不管走到哪，能抢就抢，不到万不得已，他们绝不会与人交易。

最早的船舶只在内陆海冒险，那里的风时断时续，一连多日风平浪静更是常有的事。因此不论怎么发展，航海活动一直居于次要地位。直到最近400年，配备优质船帆的远洋帆船才被发明出来。古代世界的船只实际上是靠船桨推动的，它们贴着海岸航行，天气一有变坏的迹象，便立刻驶入海港。随着船舶技术的发展，大型桨帆船开始出现，将战俘发配到船上充当奴隶的现象也随之出现。

我们已经注意到，闪族人以四处漂泊的游牧民族的身份，出现在叙利亚和阿拉伯地区，并记录了他们征服苏美尔，建立阿卡德第一帝国，后又建立巴比伦第一帝国的过程。在西面，进军海洋的也是这些闪族人。他们沿着地中海东部海岸，建立了一连串海港城市，其中泰尔和西顿拥有重要地位。

到了汉谟拉比统治巴比伦的时候，以商人、流浪者和殖民者面目登场的闪族人，已将他们的活动范围扩展至整个地中海地区。从事航海活动的闪族人被称为“腓尼基人”。许多腓尼基人迁入西班牙，逼得生活在伊比利亚半岛的古老的巴斯克民族步步后退。他们还向沿海地区派出远征队，穿过直布罗陀海峡，在非洲北部海岸建立了一些殖民地。其中一座腓尼基城市名为“迦太基”，我们在后面会更加详细地介绍这座城市。

但腓尼基人并不是第一个驾驶桨帆船出现在地中海海域的民族。在地中海的岛屿和沿海地区，已经有了一批属于另一个民族的城镇和城市。这个民族就是爱琴人，从血统和语言上说，他们与西面的巴斯克人以及南面的柏柏尔人和埃及人有着亲族关系。

我们可千万不能把这些人和希腊人搞混，后者还要过好长一段时间，才会出现在我们的故事里。他们是前希腊人，但他们的一些城市位于希腊和小亚细亚，如迈锡尼和特洛伊，他们在克里特的克诺索斯修建了一座繁华的巨型城市。

直到最近50年，经过考古学者的发掘，爱琴人的势力范围和文明才为我们所知晓。克诺索斯被考察人员翻了个底朝天。幸运的是，日后出现的城市都没有大到足以摧毁克诺索斯遗迹的地步。因此，它就成了这个几乎一度被遗忘的文明的主要信息来源。

克诺索斯的历史与埃及的历史一样久远。公元前4000年的时候，两国之间的跨海贸易相当活跃。公元前2500年（其时正值萨尔贡一世统治期与汉谟拉比统治期之间），克里特文明达到了顶峰。

克诺索斯与其说是一座城市，不如说是一栋供克里特君王和民众居住的巨型宫殿。它连防御设施都没有。只是后来由于腓尼基人的实力日渐强大，再加上新出现的、更为可怕的希腊海盗开始经海路从北方袭来，克诺索斯才增设了防御工事。

“米诺斯”（Minos）是克里特君主的头衔，如同“法老”是埃及君主的头衔一样。他们坐镇王宫，统治国家，宫中配有自来水、浴室，以及类似的我们从未在其他古代遗迹中见过的便利设施。他们在那里举办盛大的庆典和演出。宫中的斗牛表演，与今天仍存在于西班牙的斗牛活动几无二致，就连斗牛士的服饰都非常相像。那里还举行体育表演。妇女的服饰极具现代风格，她们身穿紧身衣和饰有荷叶边的裙子。出自这些克里特人之手的陶器、纺织品、雕刻艺术品、绘画作品、珠宝、象牙、金属制品和镶嵌制品，往往精美得令人吃惊。他们拥有一套文字系统，但至今仍未破译。[1]

这种幸福、快乐、文明的生活持续了几十个世纪。公元前2000年前后的克诺索斯和巴比伦人口稠密，环境舒适，教化大行，人们可能过着十分愉快的生活。他们举行各种表演，并拥有自己的宗教节日。他们用家奴照顾自己的生活起居，用奴工为自己创造利润。对于这些人而言，生活在克诺索斯似乎是十分安全的，这里阳光普照，蓝色的海洋四面环绕。

当然，那时的埃及无疑是一个由半野蛮的希索克斯王朝统治的衰落国度。对政治感兴趣的人必然会注意到，闪族人似乎正在把自己的触角伸向四面八方。他们统治着埃及和远方的巴比伦，在底格里斯河下游修建了尼尼微城，自海路向西前往赫拉克勒斯之角（直布罗陀海峡），在遥远的沿海地区建立了一个个殖民地。

克诺索斯的人们思维活跃，求知欲旺盛。后世的希腊人讲述过关于一个名叫代达罗斯的克里特籍能工巧匠的传说，此人试图制造某种飞行器（可能是一种滑翔机），结果因解体而坠海。

值得注意的是，克诺索斯人的生活与我们的生活既有不同之处，又存在相似之处。对于2500年前的克里特绅士来说，铁是一种从天而降的稀有金属。这是一种奇怪的玩意，但毫无用处。因为到那时为止，人们只知道陨铁，而无法利用铁矿石炼铁。相比之下，如今的铁则随处可见。另外，在克里特人看来，马根本就是一种传说中的动物，是一种生活在荒凉的北方大地和遥远的黑

1　在希腊克里特岛发现的泥版残片上的文字有两种形式，被称为线形文字A和线形文字B。线形文字B于1952年被英国人文特里斯（Michael Ventris）破译，为希腊语的一种早期方言，使用于迈锡尼文明时期。而线形文字A至今仍未破译。

海彼岸的巨型驴子。

在克里特人眼里，文明主要存在于希腊的爱琴海部分和小亚细亚地区，在那里，吕底亚人、卡里亚人和特洛伊人过着与自己相似的生活，而他们的语言可能也与自己差不多。西班牙和北非定居着一些腓尼基人和爱琴人，但按照他们的想象，那是些远不可及的地方。意大利仍是一片荒无人烟、为密林所覆盖的大陆，褐色皮肤的伊特鲁里亚人尚未从小亚细亚迁往那里。

或许会有那么一天，这位克里特绅士来到港口，看到一个战俘，然后就被吸引住了，因为那个战俘皮肤白皙，生着一对蓝眼睛。我们的克里特先生试图同那人交谈，但得到的只是莫名其妙、令人费解的回答。这个人来自黑海彼岸的某处，看上去根本就是个愚昧无知的野蛮人。但事实上他是个雅利安部落民，对于他的民族和民族文化，我们很快就会加以详述。他说的那些古怪的、含义不明的语言，将于日后分化为梵语、波斯语、希腊语、拉丁语、德语、英语等，世界上大部分主流语言均在其中。

这就是黄金时期的克诺索斯人，他们聪明睿智、勇于进取、欢快活泼、生活幸福。但灾难于公元前1400年前后到来，可能是以非常突然的方式降临到这座繁华的城市的。米诺斯的宫殿化为一片废墟，至今没有得到重建，也没有人居住。

我们不知道灾难是如何发生的。挖掘记录显示，现场似乎有零散的劫掠、纵火痕迹。但人们同样发现了极具破坏性的地震留下的痕迹。克诺索斯可能只是毁于自然灾害，也可能是先遇到地震，之后又遭到希腊人的毒手。

18 埃及、巴比伦和亚述

埃及人从未心甘情愿地屈服于闪米特人建立的希索克斯王朝的统治，公元前1600年前后发生的一场轰轰烈烈的爱国运动，把这帮外来人赶了出去。其后，埃及进入了一个新的历史阶段（或者说是恢复期），这一时期被埃及学家们称为“新帝国”时代。

在希索克斯人入侵之前从未被紧密整合在一起的埃及，如今成了一个统一的国家。经历了异族征服和本族起义后，埃及人充满了尚武精神。法老成了侵略成性的征服者。埃及人现在有了战马和战车，那是希索克斯人传入的。到了图特摩斯三世（Thothmes III）和阿蒙诺菲斯三世（Amenophis III）统治时期，埃及的统治范围已扩展至亚洲，一直延伸到幼发拉底河畔。

现在，我们开始论述一场持续了千年的战争，交战双方是昔日全无交流的美索不达米亚文明和尼罗河文明。最初埃及占了上风。埃及第十七王朝和第十九王朝雄主辈出：前有图特摩斯三世、阿蒙诺菲斯三世、阿蒙诺菲斯四世和伟大的女王哈特谢普苏特（Hatshepsut），后有在位67年的拉美西斯二世（Rameses II，有人猜测他就是摩西时代的那位法老）。

这两个时代的埃及处于高度繁荣的上升期。但两个王朝之间存在着一段低潮期，当时的埃及先是被叙利亚人征服，接着又被来自南方的埃塞俄比亚人征服。而美索不达米亚先是受到巴比伦人的统治，嗣后又被赫梯人和大马士革的叙利亚人短暂支配。叙利亚人一度占领过埃及，尼尼微的亚述人的运气则时高时低。有时尼尼微惨遭攻陷，有时亚述人又统治巴比伦，进军埃及。

我们的篇幅有限，无法将埃及军队与小亚细亚、叙利亚、美索不达米亚的各个闪族政权大军的交锋情况一一记录在案。这些军队已经配备了大量战车，因为当时马匹已经从中亚传入这些文明古国，但依然只能作为军事装备和荣耀的象征。

在那个朦胧的远古时代，一个又一个伟大的征服者接连登场和消逝，如攻占尼尼微的米坦尼国王图什拉塔（Tushratta），以及征服巴比伦的亚述国王提格拉特·帕拉沙尔三世（Tiglath Pileser III）。亚述最终成为那个时代最强大的军事政权。公元前745年，提格拉特·帕拉沙尔三世攻陷巴比伦，建立了被史学家称为“新亚述帝国”的帝国。[1]

此时，铁也从北方传入文明古国。亚美尼亚人的祖先赫梯人率先得到它，并把它的用法传给亚述人，亚述僭主萨尔贡二世用铁器来装备自己的军队。亚述遂成为第一个用实际行动阐述“铁血主义”[2]的国家。

萨尔贡之子辛那赫里布（Sennacherib）率军挺进埃及边境，结果遭到败绩，击败他的不是敌国的军事力量，而是一场瘟疫。辛那赫里布的孙子亚述巴尼帕（Assurbanipal）——他还有另一个

1　据最新研究推测，提格拉特·帕拉沙尔三世登上王位的时间为公元前744年，于公元前729年成为巴比伦国王。

2　由普鲁士王国首相俾斯麦（Otto von Bismarck，1815—1898）在1862年的演讲中首次提出，指利用军事手段来实现国家的目标。

名垂青史的希腊名字“萨丹纳帕卢斯”（*Sardanapalus*）——于公元前670年真正征服了埃及。但当时埃及已经是一个被征服的国家，处于埃塞俄比亚人建立的王朝的统治下。萨丹纳帕卢斯不过是取代了另一个征服者罢了。

这段漫漫时光的历史跨度长达10个世纪，如果把这一时期的政治形势制成系列地图，那我们将看到埃及如显微镜下的变形虫一般时张时缩。我们还将发现，形形色色的闪族政权你来我往，巴比伦、亚述、赫梯、叙利亚，时而吞并对方领土，时而又被迫吐出。在小亚细亚以西，坐落着几个由爱琴人建立的小国，如首都位于萨迪斯的吕底亚和卡里亚。

但在公元前1200年前后（可能还要早一些），一批新的名字出现在古代世界的地图上，来自东北方和西北方。这些名字将成为某些装备铁制兵器、使用马拉战车的野蛮部族的族名，将成为爱琴文明和闪族文明的北疆大患。他们使用的语言皆为变体，过去无疑同属印欧语系。

与此同时，米底人和波斯人来到黑海和里海的东北部一带。当时的文字记录把他们与斯基泰人、萨尔马提亚人混为一谈。亚美尼亚人自东北方和西北方，辛梅里安人、弗里吉亚人，以及今称“希腊人”的希腊部落自西北方彼岸穿过巴尔干半岛，迁徙而来。

一座座城市遭到这帮雅利安人的突袭、洗劫，无论是东面的城市还是西面的城市都不能幸免。他们彼此都有血缘关系，长相也差不多，这些坚忍的游牧民族喜欢干打家劫舍的勾当。在东面，他们仍只是定居在边境地带，搞搞突然袭击；但在西面，他们已经开始攻取城池，驱逐文明化的爱琴海居民。

饱受压迫的爱琴人不得不跑到雅利安人所不能及的地方，寻觅新家。一些人打算在尼罗河三角洲定居，结果被埃及人赶跑；一群伊特鲁里亚人经海路（他们似乎是从小亚细亚出发的），前往荒无人烟、密林覆盖的意大利中部地区，在那里建国。还有一些人在地中海的东南部海岸建立了属于自己的城市，他们后来被史书称为“腓力斯丁人”（Philistines）。

这批雅利安人就这样以粗暴的姿态，出现在古代文明的舞台上，我们将在后面的段落中对他们进行较为详细的论述。这里，我们只对发生在古代文明世界的动荡和迁徙做个简单的记录。公元前1600年到公元前600年，来自北方森林和荒原的雅利安蛮族掀起了持续而渐进的进军潮，从而引发了这些动荡和迁徙。

在下一章中，我们还将谈到一个规模很小的闪米特族群——希伯来人。腓尼基人和腓力斯丁人住在沿海，而希伯来人则住在二者后方的山区。这一时期行将结束的时候，他们开始为世界做出贡献。他们创作的一部文学作品，对日后的历史有着无与伦比的重要意义。这就是《圣经·旧约》，一部集律法、历史、诗歌、智慧书、先知著作于一体的典籍。

在公元前600年之前，雅利安人的到来并未对美索不达米亚和埃及造成任何根本性的改变。对于埃及和巴比伦的公民而言，别说爱琴人被希腊人赶跑一事，就连克诺索斯的毁灭，似乎也只是远在天边的骚乱而已。在这些文明国家的摇篮，王朝更迭循环往复，但人类生活的总体进程从未中断，并随着世代的更替，慢慢朝着精致化、复杂化的方向发展。

在埃及，古时垒建而成的纪念性建筑金字塔已有3000年历史，但展示给游客的面貌却宛然如新，而且增添了一批巍峨壮观的新伙伴，尤其是在第十七和第十九王朝时。卡纳克和卢克索的宏伟神庙，就是在这一时期建成的。尼尼微的主要纪念性建筑，包括巨大的神庙、长着翅膀的人头牛身像、描绘国王与战车及猎狮场景的浮雕，都是在公元前1600年至公元前600年之间完成的，这一阶段也涵盖了巴比伦的大部分辉煌时光。

如今，我们已经有了大量来自美索不达米亚和埃及的公共记录、账本、故事、诗歌和私人信件。我们知道，在巴比伦和埃及属底比斯之类的城市，富人和要人们的生活在精致程度上已经与舒适、富足的现代生活相去无几，在奢华程度上则不相上下。

这些人过的是充满仪式感的有序生活，住的是陈设华美、装潢精美的房子，穿的是锦衣华服，佩戴的是漂亮的珠宝。他们摆宴席，举行庆祝活动，用音乐和舞蹈彼此款待。他们有训练有素的仆役伺候，有大夫和牙医护理。他们不是很经常外出旅行，即使出门，走得也不是太远，但他们往往会在夏天的时候，享受泛舟尼罗河和幼发拉底河上的愉悦感。他们用驴子驮东西，马依然只能用于拉车打仗和国事活动，骡子仍旧属于新奇物种。至于骆驼，虽然在美索不达米亚已是人人皆知的生物，却尚未传入埃及。

当时，铁器少得可怜，黄铜和青铜仍是金属制品的主流材料。上等的亚麻、棉花织品和羊毛织品一样誉满天下，但丝绸织品尚未出现。当地人已经掌握了制作玻璃的办法，还会给它们涂上美丽的色彩，但玻璃器皿的规格通常都很小。人们制造不出透明玻璃，也不知道如何用玻璃来改善视力。他们用黄金来填充自己的牙齿，却不懂得在鼻梁上架副眼镜。

在古代底比斯人或巴比伦人的生活中是找不到货币的影子的，这与现代人的生活形成了一种奇特的反差。贸易往来大多仍以物物交换的形式进行。在金融方面，巴比伦远比埃及要先进。

金子和银子被用于交易，并被铸成锭块保存下来。

在货币制度诞生之前，当地的银行家们就在这些用珍稀金属铸成的锭块上，印上自己的名字和金属块的重量。商人或旅行家随身携带宝石，当他们要购买必需品时，便将宝石出售。至于仆役和工人，他们大多是奴隶，买东西时用的不是钱而是实物。随着钱币制度的到来，奴隶制度也就没落了。

如果一个现代人拜访这些古代世界最伟大的城市，那他将吃不到两样至关重要的食物：那些地方既没有母鸡，也没有鸡蛋。如果这个访客是个法国厨子，那他会在巴比伦小小地开心一把：当地有些从东方某地引进的食材，引进时间大约是在亚述帝国的末期。

与其他一切事物一样，宗教也大大“精致化”了。人殉早已绝迹，祭品以动物或面包制成的假人代替。（但腓尼基人，特别是大部分定居在非洲的迦太基公民，被后世的人们指控以人为祭。）在古代，那些了不起的大人物死后，人们会按照惯例，在他的墓中杀死他们的妻子和奴隶，损毁一批长矛和弓箭，这样他在阴间就不至于无人照料、赤手空拳。

这种黑暗的传统在埃及得到了保留。埃及人有一种令人愉快的习惯，那就是把房屋、商店、仆人和牛的小型模型与死者葬在一起。这些模型以最为生动的方式，为今天的我们提供了一扇窗口，可以了解3000多年前的古人那平安、文明的生活。

在来自北方森林、平原的雅利安人到来之前，古代世界就是这个样子的。印度和中国的发展与之相似。在上述地区的大型河流流域，由褐种人建立的农业城市国家正在发展壮大。但印度的城市国家的发展与合并，似乎不像美索不达米亚和埃及的城邦那样快。[1]它们的发展水平与古代苏美尔文明或美洲的玛雅文明更为接近。而中国的历史仍有待中国学者以现代的形式加以整理，清除大量带有传说性质的内容。

当时的中国可能领先于印度。在中国，与埃及的第十七王朝在时间轴上相对应的是殷商王朝，王朝的皇帝兼管祭祀事务，统治着一个松散的分封制帝国。举行季节性献祭是早期诸帝的主要职责。商朝的精美青铜器至今尚存，外形精致、工艺精巧。我们不得不承认，中华文明的历史必定比这些青铜器的历史悠久得多。

1　印度的哈拉帕文化的年代约为公元前2250年，与美索不达米亚和埃及的发展进程相当。

19　远古时代的雅利安人

在4000年前（即公元前2000年前后），中欧、东南欧和中亚地区可能比现在更温暖、潮湿，也更为林木繁茂。在地球的这些角落，一群群部落到处流浪，部落民以白皮肤、蓝眼睛的北欧人种为主。[1] 他们只需使用某种从莱茵河到里海通用的语言的变体，便能充分实现彼此间的交流。当时他们或许还不是一个人口极众的民族，无论是被汉谟拉比以法治之的巴比伦人，还是在那个年代初尝外国征服的苦涩滋味的文明古国埃及，都未意识到他们的存在。

这些北欧人注定要在世界历史上扮演极其重要的角色。他们是来自草原和森林的民族，起初他们没有马，但有牛。他们在迁徙时，就把帐篷和其他工具放在简陋的牛车上。当他们停下来暂住时，就用编条和泥巴搭建小屋。部落要人去世后，他们会把尸体火化，而不像那些褐种人那样予以隆重安葬。如果死者是个地位较高的首领，他们就将他的骨灰盛在瓮里，然后垒起一座巨大的圆形坟堆，把骨灰瓮埋在里面。这些名为"圆坟"的坟堆，在

1　"雅利安人"的概念因纳粹德国的滥用而变得臭名昭著，作者此处描述的族群现在被划分为多个不同的族群，"雅利安人"则专指征服古印度的族群。

北欧各地均可见到。他们的祖先褐种人倒不实行火葬，而是把死者摆成坐姿，埋葬在名为“长坟”的长方形坟堆内。

雅利安人种植小麦，用牛耕地，但他们可不会因为种庄稼而过起定居生活。当庄稼收割完毕后，他们就又上路了。他们懂得使用青铜，在公元前1500年前后的某个时段，他们又学会了用铁。炼铁的方法可能也是他们发明的。大约也是在这个时期的某个时段（确切时间不清楚），他们有了马，一开始他们只用马来拉货物。他们的社会生活，并不像环地中海地区的那些定居民族那样以宗教为中心，他们的首领就是纯粹的首领，不兼任祭司。他们的社会是贵族社会，但不是教权社会，也不是王权社会。从很早起，他们就把某些家族划分为统治家族和贵族家族。

雅利安人是个擅长歌唱的民族。为了让漂泊不定的生活充满生气，他们会举办酒宴。宴席上，众人喝得酩酊大醉，而名曰“吟游诗人”的特殊人物则一面歌唱，一面吟诵诗篇。在与文明民族接触之前，他们没有文字，这些吟游诗人的回忆就是生动的文学作品。语言之所以能够成为一种优美的表达工具，作为娱乐节目的诗歌朗诵起到了很大作用。而雅利安语系的一些分支，之所以得以于日后成为世界上的主流语言，部分功劳无疑也应归于诗歌朗诵。每个雅利安民族都有属于自己的、以吟诵形式表达的传奇历史，它们的名称各不相同，如史诗、萨迦[1]、吠陀[2]等。

这些民族的社会生活以首领的家族为中心。当他们暂时定居下来的时候，酋长的宅第往往以木材搭建，极为宽敞。毫无疑问，

1　古代北欧民间的传说故事，主要包括神话故事和英雄传奇。

2　古印度的宗教文学作品，是印度最古老的文献，分为四部。

在他们的住地还有供牧民居住的小屋和位置偏僻的农业建筑。但大多数雅利安人的住所均以酋长宅第为中心，那里是部落全体成员赴宴、欣赏吟游诗人表演、参与游戏和讨论的地方。牛棚和马棚环绕四周。酋长与家眷睡在一座高台上，或是上层的走廊上；普通成员则随便睡在哪都可以，就像今天的印度家庭一样。除了武器、饰品、工具等个人财产，其他东西均属于部落实行的族长共产制的分配范畴。酋长以部落成员共同利益为名，占有家畜和放牧用地，而森林和河流则是无主之物。

雅利安民族的风俗即是如此，当伟大的美索不达米亚文明和尼罗河文明蒸蒸日上时，他们在中欧和中亚、西亚的广袤土地上繁衍生息。我们发现，公元前2000年的时候，他们开始在世界各地压迫太阳石器民族。他们进入法兰西、不列颠和西班牙，先后掀起了两波西进潮。第一批人装备的是青铜兵器，他们抵达不列颠和爱尔兰，在布列塔尼的卡纳克、英格兰的“巨石阵”和埃夫伯里建起巨石遗迹的当地民族不是被消灭，就是被征服。来到爱尔兰后，这些人被称为“伊戈德尔凯尔特人”。第二批人与第一批人是近亲，不过可能混合了其他民族的血统。他们带来了铁，并将其传入大不列颠，这些人被命名为“布立吞凯尔特人”。威尔士人的语言即源自他们。

这几拨彼此有血缘关系的凯尔特民族皆向南进入西班牙，他们不仅与依旧占据此地的、奉行太阳石器文化的巴斯克人发生接触，也与沿海的闪族系腓尼基殖民地发生接触。一批意大利部落结为亲密同盟，取道前往意大利半岛，当时那里仍是一片荒凉的森林地带。他们并不总是扮演征服者的角色。公元前8世纪，罗马开始在历史上出现，这是一座坐落于台伯河畔的贸易城市，在此定居的是隶属雅利安语系的拉丁人，但统治他们的贵族和国王则是伊特鲁里亚人。

在雅利安人势力范围的另一端也发生了一起南进事件，实施者是前述部落的同族，其过程也大体相似。一批说梵语的雅利安人从西面进入印度北部，此时离公元前1000年还有很长一段时间。他们与当地的原生文明，即由褐种人建立的达罗毗荼文明发生接触，学到了很多东西。其他雅利安部落似乎朝中亚的茫茫群山进军，其活动范围一直延伸到他们今天的势力范围的东面。至今仍有白肤蓝眼的北欧部落定居在中亚，但如今他们讲的是蒙古语。

在公元前1000年之前，居住在黑海与里海之间的古赫梯人就已被亚美尼亚人击败并“雅利安化”。亚述人和巴比伦人已经意识到，东北部边境存在着一批新到来的、强大而好斗的蛮族部落。他们中的佼佼者仍是斯基泰人、米底人和波斯人。

然而，当雅利安部落首次大举进入旧世界文明的腹心地带时，走的却是穿越巴尔干半岛的路线。离公元前1000年尚有许多个世纪的时候，他们就已经南下，并越界进入了小亚细亚地区。第一批抵达的部落中，最引人注目的是弗里吉亚人。接着，伊欧里斯人、爱奥尼亚人以及讲希腊语的多利安人相继到来。到了公元前1000年，他们已将希腊大陆和大部分岛屿上的古老爱琴文明摧毁殆尽。迈锡尼和梯林斯被夷平，克诺索斯几乎被人遗忘。公元前1000年还未到来，希腊人便已进军海洋。他们在克里特岛和罗兹岛定居，并仿照分布于地中海海岸的腓尼基商业城市的风格，在西西里岛和意大利南部建立了一批殖民地。

就这样，当提格拉特·帕拉沙尔三世、萨尔贡二世和萨丹纳帕卢斯一边统治亚述，一边同巴比伦、叙利亚和埃及交战时，雅利安人学会了文明民族的行为方式，并对意大利、希腊和波斯北部的文明进行了改造，以满足自己的目的。从公元前9世纪起，雅利安人发展自身力量，壮大自己的事业，并最终征服包括闪族文明、爱琴文明和埃及文明在内的整个古代世界的过程，就成了长达六个世纪的历史画卷的主题故事。雅利安人获得了形式上的彻底胜利，但在思想和行为方式层面，雅利安民族、闪米特民族和埃及民族之间的斗争，在雅利安人成为统治者之后依旧持续了很久很久。

事实上，这种斗争贯穿了日后的历史阶段，从某种程度上说，它一直延续到今天。

20 最后的巴比伦帝国与大流士一世的帝国

前文已经提到过亚述人是如何在提格拉特·帕拉沙尔三世和僭主萨尔贡二世的领导下，成为一个伟大的军事政权的。“萨尔贡”并不是其人的本名，他之所以采用这个名字，是为了讨好被他征服的巴比伦人，使他们想起古代阿卡德帝国的建立者萨尔贡一世，两人所处的时代相差达2000年。

尽管巴比伦是一座被征服的城市，但它的人口规模和重要性均高于尼尼微。因此，巴比伦的主神贝尔·马尔杜克（Bel Marduk）以及商人、祭司，都受到礼待。在公元前8世纪的美索不达米亚，那种城市陷落后必遭洗劫、屠戮的野蛮时代早已过去。征服者们试图通过抚慰人心的办法，来达到征服的目的。在萨尔贡去世后，新亚述帝国维持了一个半世纪。此后，如前文所述，萨丹纳帕卢斯至少占领了下埃及地区。

然而，亚述的国力和凝聚力衰退得很快。法老普萨姆提克一世（Psammetichus I）在位时期，埃及通过努力，摆脱了外国人的统治。到了尼科二世（Necho II）统治时期，他试图发动一场战争，征服叙利亚。此时亚述正忙于对付眼前的敌人，虽有抵抗的能力，但很微弱。来自美索不达米亚西南的闪族族群迦勒底人，与来自美索不达米亚东北的雅利安族群米底人、波斯人联合起来进攻尼尼微，并于公元前606年攻陷该城。自此以后，年代记的记录开始变得精确起来。

亚述作为战利品遭到瓜分。在它的东北部，米底帝国拔地而起，统治者是基亚克萨雷斯（Cyaxares）。它的首都是埃克巴坦那，尼尼微亦是帝国领土。帝国东临印度边界，南邻新建立的迦勒底帝国，即第二巴比伦帝国。后者的国土呈巨大的新月形，在尼布甲尼撒（Nebuchadnezzar，即圣经中的尼布甲尼撒）统治时期，财富和国力增长到蔚为壮观的地步。巴比伦最伟大的时代，也是最后的伟大时代就此揭开序幕。两个帝国暂时和平共处，尼布甲尼撒大帝的女儿还嫁给了基亚克萨雷斯。

与此同时，尼科二世轻而易举地征服了叙利亚。在公元前608年的美吉多战役中，他击败并杀死了犹太王国国王约西亚（Josiah）。犹太王国是个小国，我们很快就会再度提到它。当尼科二世的大军推进到幼发拉底河的时候，他遇到的不是衰败的亚述帝国，而是新生的巴比伦帝国。迦勒底人与埃及人展开激战。尼科二世一败涂地，并被赶回埃及。巴比伦将边界推进到古埃及的疆界处。

从公元前606年到公元前539年，第二巴比伦帝国虽处于不安定的环境中，却发展得欣欣向荣。只要它能与实力更强的北方邻居米底帝国保持和平，就能继续繁荣下去。在这76年间，这座古老的城市不仅人丁兴旺，在文化上也硕果累累。

即使是在亚述帝国君主，特别是萨丹纳帕卢斯统治时期，巴比伦也出现过伟大的学术运动。萨丹纳帕卢斯尽管是个亚述人，却已完全巴比伦化。他建造了一座图书馆，里面不仅有纸质书籍，还有泥板文书。自苏美尔时代起，泥板就在美索不达米亚被用于书写。他的收藏已经出土，这或许是世界上最珍贵的史料库存。迦勒底系巴比伦君主中的最后一人那波尼德（Nabonidus）对文化事业更为热衷。他资助古文物学者的研究，研究者们考证出萨尔贡一世的即位日期后，他将相关史实铭刻在石碑上，加以纪念。

然而，众多迹象表明，那波尼德的帝国当时已四分五裂。他将一批种类各异的地方神灵引入巴比伦，并在当地为其修建神庙，试图以此实现中央集权。这个办法在后世的罗马十分奏效，但在巴比伦，这激起了那些大权在握的，侍奉贝尔·马尔杜克（巴比伦人的主神）的祭司的妒忌。他们考虑用他人取代那波尼德，波斯人居鲁士（Cyrus）成了他们的选择，他是邻国米底的君王。小亚细亚东部有个吕底亚王国，那里的国王克罗伊斯（Croesus）富甲一方，居鲁士打败了他，因而已是天下闻名。

居鲁士发兵巴比伦，战斗在城外展开，但城市的大门却已向他敞开（这件事发生在公元前538年）。他的士兵兵不血刃，进入城内。据圣经描述，当那波尼德之子伯撒沙（Belshazzar）王子正在大宴宾客时，一只手突然出现，用火焰在墙上留下了一些字母，构成了几个神秘的单词：“*Mene, Mene, Tekel, Upharsin*”。

先知但以理被召来解读这个谜题，他的解释是：“神已计算过您的王国的寿命，并决定终结它；他将您的王国放在天平上称量，发现分量不足；您的王国因而被赏给了米底人和波斯人。”[1]贝尔·马尔杜克的祭司可能知道某些关于墙壁上字迹的信息。圣经记载，当夜伯撒沙被弑，那波尼德沦为阶下囚。城市被和平占领，对贝尔·马尔杜克的祭祀从未中断过。

---

1 引自《旧约·但以理书》，V.25-28。

就这样，巴比伦帝国和米底帝国合二为一。居鲁士之子冈比西斯（Cambyses）征服了埃及。但他后来精神失常，意外身亡。不久，米底人大流士（Darius）继承王位，成为大流士一世。他的父亲是希斯塔斯帕斯（Hystaspes），居鲁士的首席顾问之一。

大流士一世的波斯帝国，是雅利安人在古文明所在地建立的第一个新帝国，也是迄今世界上最庞大的帝国。整个小亚细亚和叙利亚地区、昔日的亚述帝国和巴比伦帝国全境、高加索和里海地区、米底、波斯均被囊括其中，帝国的领土延伸到印度境内，直至印度河。

这样一个帝国之所以能够存在，是因为当时马匹、骑手、双轮马车和人工道路已经传播到世界各地。到那时为止，驴子、公牛和应用于沙漠的骆驼提供了最快捷的运输方式。波斯君王修建大型道路干线，用以维持他们的新帝国，驿马无时无刻不在等候着帝国信使，或是拥有官方许可的旅人。

此外，当时世界上已经开始使用金属货币，极大地促进了贸易与交流。但巴比伦不再是这个辽阔帝国的首都。从长远来看，那帮侍奉贝尔・马尔杜克神的祭司并没有因背主而得到半分好处。巴比伦的地位依旧重要，但已走向没落，波斯波利斯、苏萨和埃克巴塔纳成为帝国的大都市。帝国首都则位于苏萨。尼尼微已遭废弃，沦为一片废墟。

21 犹太人的早期历史

如今我们可以谈一谈希伯来人了。他们是闪族的一员，在那个时代，他们对世界历史的影响还不像日后那么大。当历史的指针离公元前1000年尚有很长一段距离的时候，他们就在犹地亚定居了，此后他们便定都耶路撒冷。他们的故事与东面的那几个大帝国、南面的埃及，以及北面相继更迭的叙利亚、亚述和巴比伦帝国的故事彼此交织在一起。他们的国土是北方政权与埃及之间相互往来的必经要道。

希伯来人对于世界的影响，应归于这样一个事实：他们创作了一部书面文学作品，一部世界史，一部集法律、编年史、赞美诗、智慧诗、诗歌、小说和政治言论于一体的著作，它最终以《旧约》（又称《希伯来圣经》）之名为基督徒所知晓。这部文学作品的出现时间为公元前4世纪或公元前5世纪。

这部作品的首次汇编工作，可能是在巴比伦进行的。前文已经提到过，当亚述人为了生存，而与米底人、波斯人和迦勒底人大战的时候，法老尼科二世侵入了亚述帝国境内。犹太国王约西亚试图阻挡他，结果于公元前608年兵败被杀。犹太王国成了埃及的附庸国。

迦勒底血统的巴比伦新主尼布甲尼撒将尼科赶回埃及后，他试图在耶路撒冷扶植几个傀儡君主，从而控制犹太王国。但他的试验失败了，巴比伦官员被犹太民众成批屠杀。尼布甲尼撒随即决意彻底摧毁这个长期挑动埃及与北方帝国相斗的蕞尔小国。耶路撒冷遭到洗劫和焚烧，幸存的犹太人沦为战俘，被带往巴比伦。

此后，他们便滞留巴比伦，直到居鲁士于公元前538年夺取这座城市为止。他将犹太人聚集起来送回故国，让他们重新定居在那里，重建耶路撒冷的城墙与庙宇。

在这之前，犹太人的文明程度似乎不算太高，也不是一个统一的民族。在他们中间，掌握读写能力者或许寥寥无几。按照他们的历史，从未有人听过别人阅读过圣经的最初几卷；直到约西亚在位时期，其中一卷才首次被提及。在沦为巴比伦战俘的岁月里，他们变得开化、团结。他们重新开始解读圣经，重新变成一个极具自我意识和政治意识的民族。

在当时，《摩西五经》（即我们所知的《圣经·旧约》的前五章）似乎就是圣经的全部内容。此外，诸如《历史书》《诗篇》和《箴言》等许多经典，在与《摩西五经》一道被编入《希伯来圣经》的现有版本之前便已独立成书。

在圣经的开篇部分中，关于创造世界以及亚当、夏娃和大洪水的记载，与巴比伦的同类传说如出一辙。这些似乎是全体闪米特人共同信仰的一部分。而摩西（Moses）与参孙（Samson）的故事，也与某些苏美尔和巴比伦的传说极为相似。但亚伯拉罕（Abraham）的故事及之后的内容，则更具有犹太民族的特有色彩。

亚伯拉罕与巴比伦的汉谟拉比可能是同一个时代的人物，他是族长制时代的闪米特牧民。在《创世记》一卷中，我们可以找到他漂泊流浪的故事、他的子孙后代的故事，以及他们一家成为埃及人俘虏的故事。据圣经故事记载，当亚伯拉罕路过迦南时，上帝许诺将这片令人愉悦的土地以及附属的繁华城市，赐给了他和他的子孙。

亚伯拉罕的后代曾长期寓居埃及，接着又在摩西的带领下，在荒野流浪了50年。当摩西成为12个部落的领袖后，便从东方的阿拉伯沙漠侵入迦南地区。这件事可能发生在公元前1600年至公元前1300年之间的某个时间段。就当时的埃及文献而言，关于摩西或迦南的记录中找不到半点可供佐证这个故事的材料。但无论如何，除了占领一些位于这片应许之地后方的丘陵地带，他们没有取得任何战果。

沿海地区当时并不在迦南人的手里，而是在新到来的、隶属爱琴民族的腓力斯丁人手里，他们的城市加沙、迦特、阿什杜德、阿斯卡隆和雅法成功地顶住了希伯来人的进攻。许多年过去了，亚伯拉罕的子孙始终是一个窝在偏僻山区的部落，与腓力斯丁人以及那些和他们有血缘关系的摩押人、米甸人一起。在《士师记》卷中，我们能找到一些关于双方之间的战争，以及这一时期发生的灾难的记录。从很大程度上来说，这一卷就是对亚伯拉罕后裔所遭受的灾难与失利的坦率记录。

在那个年代，希伯来人大多数时候都处于被统治状态，大小事务均由长者推选出的祭司裁决。但当历史的车轮即将驶入公元前1000年的时候，他们终于选出了一位名叫扫罗（Saul）的国王，来带领他们作战。然而，祭司的指挥能力太过拙劣，纵使是扫罗也无力回天。基利波山一役中，扫罗倒在了腓力斯丁人的漫天箭雨中。他的铠甲被送进腓力斯丁人的维纳斯神庙，尸体被钉在伯珊城的城墙上。

扫罗的继任者大卫（David）要更精明一些，也更成功一些。

希伯来民族历史上唯一一段空前繁荣的历史，正是在大卫手中开启的。希伯来人与腓尼基城市泰尔之间建立了密切的同盟关系，而上述繁荣期正是建立在这一关系的基础上。

泰尔的国王海勒姆（Hiram）似乎是个聪明绝顶、雄心勃勃的家伙。他想开辟一条经由希伯来人控制的山区，通往红海的贸易航线。以往腓尼基人通常经埃及前往红海做生意，但如今埃及已陷入大乱。此外，还有一些因素妨碍着腓尼基商人使用这条航路。

无论如何，海勒姆与大卫和他的儿子兼继承人所罗门（Solomon）建立了异常亲密的关系。在海勒姆的保护下，城墙、宫室和庙宇在耶路撒冷拔地而起；作为回报，海勒姆修造的船舶得以驶向红海。无数贸易业务经由耶路撒冷流向南、北两个方向。所罗门为他的人民带来了前所未有的繁荣与富强，他甚至娶了法老的一个女儿。

但我们最好记住，小泥鳅终究是翻不起大浪的。即使在荣耀的顶峰时期，所罗门也只是一个微不足道的附庸国国王，他所统治的亦不过只是一座小城市罢了。他的权势如流星一般转瞬即逝，以至于他死后没几年，埃及第二十二王朝的第一任法老示撒（Shishak）就攻占了耶路撒冷，将城中财富几乎洗劫一空。关于所罗门的庞大财富的记载来自《列王记》和《历代记》，很多批评者对此提出质疑。他们声称，后世作家出于爱国自豪感，在记录中添油加醋，夸大事实。

然而，倘若我们把圣经细细读上一遍就会发现，其中的内容根本不像初读时那么夸张。如果我们测量一下所罗门神殿的体积，就能得出结论：它只容得下一座小小的郊区教堂。当我们从一块亚述纪念碑上得知，所罗门的继承人亚哈（Ahab）曾赠送

2000辆战车给亚述军队时，所罗门的1400辆战车也就无法再给我们留下深刻印象了。

此外，圣经的记载明明白白地告诉我们：所罗门把心思都花在搞排场上，对百姓则课以重税，并强迫他们负担沉重的劳役。他去世后，王国北部与耶路撒冷断绝关系，成为独立的以色列王国。耶路撒冷仍旧是犹太王国的首都。

希伯来人的好日子是短暂的。海勒姆去世后，泰尔不再支持耶路撒冷。埃及再度强大起来。以色列王国和犹太王国的历史变成了两个小国的历史，它们夹在北方诸国（先是叙利亚，然后是亚述，再之后是巴比伦）和南方的埃及之间。两国的历史就是一段关于祸患与解祸（仅能暂缓祸患而已）的传说，一段关于蛮族国王统治蛮族民众的传说。

公元前721年，以色列王国被亚述人扫平，以色列人尽数沦为阶下囚。从此，这个王国就在历史上彻底消失了。犹太王国如前文所述，苦苦支撑到公元前604年，也遭遇了同样的命运。《士师记》之后的希伯来历史中的一些细节，极易招致他人的批评。但总体而言，圣经的记载显然是真实的，与近百年来我们从埃及、亚述和巴比伦的出土文物中所获知的信息也是相符的。

滞留巴比伦时，希伯来人将本民族的历史片段整合在一起，并发展出了属于自己的传统。当他们奉居鲁士之命返回耶路撒冷后，他们在精神状态和知识面上都与沦为战俘时大不相同了。通过学习，他们已经成了文明人。在希伯来人特有的民族性格的形成过程中，一些人起到了极大的作用，这种新类型的人被称为“先知”，如今我们必须对他们加以注意。这些先知标志着某些在人类社会稳定发展阶段出现的引人注目的新力量。

22 犹太祭司与先知

亚述与巴比伦的陷落只是个开始，接下来闪米特人还将遭受一连串灾难。公元前7世纪，整个文明世界似乎即将被闪米特统治者支配。他们统治伟大的亚述帝国，征服埃及；亚述、巴比伦、叙利亚全都成了闪米特人的国家，人们操着彼此相通的语言。全世界的贸易尽皆落入闪米特人之手。西班牙、西西里和非洲的腓尼基殖民地终于得到了扩张，但它们已被自己的宗主城泰尔和西顿所抛弃。

建成于公元前800年以前的迦太基，人口已增长至100万以上，其规模一度居于世界之首。迦太基船队驶往不列颠，进入大西洋，可能到过马德拉群岛。如前所述，海勒姆与所罗门合作，在红海建造船只，用于阿拉伯地区（可能还有印度）的远洋贸易。法老尼科执政时期，一支腓尼基探险队绕非洲航行了整整一圈。

在那个年代，雅利安人仍是一群野蛮人。只有希腊人在他们制造出来的废墟上重建新文明，至于中亚的米底人，按照一篇雅利安铭文的说法，变得越来越“令人生畏”。公元前800年的时候，没人能预言闪米特人的王国会在公元前3世纪之前，被操着雅利安语的征服者彻底毁灭，世界各地的闪米特人会沦为他人的臣属和附庸，或是被彻底打散。游牧生活是闪米特人古老的生活方式，在萨尔贡一世及其属下的阿卡德人征服苏美尔后，只剩下阿拉伯北部的贝都因人还在一成不变地过着这种生活。但他们却从未被雅利安统治者们所征服。

在那动荡不安的五百年间，凡是文明化的闪米特民族，不是被击败，就是领地遭到蹂躏。只有一个民族同心协力，坚持自己的古老传统，那就是人丁稀少的犹太人，他们被波斯的居鲁士送回去建设自家的耶路撒冷。他们有能力做到这一点，因为他们在巴比伦时已经将他们的文学作品圣经进行了整合。

与其说是犹太民族创造了圣经，不如说是圣经创造了犹太民族。有一些贯穿于圣经之中的思想，与周边民族的思想大相径庭，具有极强的催人奋进、坚忍的效果，在充满艰辛、冒险与压迫的2500年里，犹太人注定要将这些思想坚守到底。

在这些思想中，最重要的一点是：犹太人的神祇是不可见的，他居于天边一座并非人工建造的庙宇之内。神祇虽无形无影，却主持着人世间的正义。其他民族的民族之神同样居住在庙里，但他们却以偶像的形式得以体现。倘若偶像被捣毁，庙宇被夷平，则神灵也将随之消亡。但犹太人创造了一个新观念：他们的神明位于天堂之中，而天堂是高于祭司与神庙的存在。

犹太人相信，他们是被亚伯拉罕之神特意选中的民族，肩负着光复耶路撒冷，并将其变成世界正义之都的使命。这种共同的使命感，造就了犹太民族的崛起。当他们结束在巴比伦的战俘生活，返回耶路撒冷后，每个人都对这一信念深信不疑。

在那个充满覆亡与征服的年代，众多操着实际相同的语言，拥有无数共通的风俗、习惯、喜好和传统的巴比伦人、叙利亚人等（后来腓尼基人也加入进来），被这种激动人心的信仰所吸引，试图成为其中的一员，与他们共同起誓，这根本不是什么奇迹。泰尔、西顿、迦太基和西班牙的腓尼基城市沦陷后，腓尼基人就突然从历史上消失了。

此后，我们出乎意料地发现，不仅是在耶路撒冷，在西班牙、非洲、埃及、阿拉伯地区乃至东方，但凡腓尼基人到过的地方，都出现了犹太人团体。不论在哪个团体，人们都依靠圣经、阅读圣经，紧密地团结在一起。从一开始起，耶路撒冷就只是名义上的首都，圣经这部“万书之书”才是犹太人真正的首都。

这是历史上的一种新现象。从某种意义上说，种子在很久以前就已播下，即苏美尔人和埃及人开始将象形文字变成真正的文字的时候。犹太人是一个新的民族，他们没有国王，眼下也没有庙宇（因为正如我们所知，耶路撒冷于公元70年被夷为平地）。他们仅仅依靠书面文字的力量，不但实现了自身团结，还实现了不同民族的融合。

犹太民族的这种精神融合，并不在祭司和政治家们的计划之中，他们根本没有预料到会是这样，更不用说参与其中了。随着犹太民族的发展，走进历史的不仅有新型团体，还有一种新型人物。在所罗门的时代，希伯来人似乎与当时的其他小民族一模一样，聚居区以宫殿和神庙为中心，由贤明的祭司统治，由野心勃勃的国王领导。但我们可以从圣经中得知，这种“新型人物”先知显然已经出现。

希伯来人分裂后，遇到的麻烦越来越多，先知的重要性随之与日俱增。

这些先知是什么人？在出身上，他们有着天壤之别。先知以西结（Ezekiel）属于祭司阶层，先知阿摩司（Amos）则披着牧羊人的山羊皮斗篷，但所有先知都有一个共同点：他们只效忠于主持公义的神，且直接与人们对话。他们既没有从业许可，也不曾接受过圣职任命，他们时常挂在嘴边的一句话是："主降旨于我。"他们有着强烈的政治倾向。他们劝说人们起来反对埃及（他们称之为"压坏的苇杖"）或亚述、巴比伦，谴责祭司阶层的怠惰，或是君王们犯下的可憎罪行。

他们中的一些人将注意力转向我们今天称之为"社会改革"的事业。富人们"压榨穷人"，他们夺走孩子们的口中食，用于奢侈享乐。有钱人与外国人交朋友，并学会了他们的恶习，把自己打扮得珠光宝气。先知们认为，这是亚伯拉罕之神耶和华所痛恨的，他一定会惩罚这片土地上的人们。

这些声色俱厉的谴责，得到了记录、保存和研究。犹太人走到哪里，就把它们带到哪里，并将新的宗教精神传播到当地。他们带领普通民众抛下祭司、神庙、宫廷和国王，指引他们面对正义的裁决。这就是他们在人类历史上起到的至关重要的作用。在彪炳千古的《以赛亚书》中，先知的言论升华为一个气势磅礴的预言：全人类将在同一个神明的领导下，实现团结与和平。这是犹太人预言的绝唱。

并不是所有先知都能说出这么伟大的话来，理解力强的读者在阅读先知书时，会发现他们身上存在着诸多仇恨与偏见，其中的许多内容还会使他们想起那个年代的丑恶事物与宣传文学。尽管如此，"巴比伦之囚"时期前后的希伯来先知，依旧标志着一股新力量在世界上的出现。这是一种个人的道德诉求，是从偶像崇拜、奴性忠诚这些至今仍束缚着人类的枷锁中，将人类的道德心解放出来的诉求。

23 希腊人

所罗门（公元前960年前后在位[1]）的统治结束后，彼此分裂的以色列和犹太王国先后灭亡，犹太人遭到放逐。当他们一边在巴比伦当战俘，一边发展本族传统时，另一股人类思想层面的伟大力量正在诞生，那就是希腊传统。希伯来的先知们建立的是一种崭新而直接的道德责任感，介乎人类与永恒、普世的正义之神之间。与此同时，希腊的哲学家们正在利用一种新的办法和知识层面的冒险精神，培养人类的思想。

正如前文所述，希腊部落是雅利安语系部落的一个分支。在离公元前1000年还有几个世纪的时候，他们来到爱琴海沿岸的城市与岛屿。当法老图特摩斯尚未开始在已征服的幼发拉底河对岸猎取大象时，他们可能就已经南下了。因为在当时，美索不达米亚有大象，而希腊也有狮子。

克诺索斯可能是在希腊人发动的一次突袭中被焚毁的。然而，尽管希腊传说中记录了米诺斯和他的宫殿（迷宫），以及克里特的能工巧匠的手艺，却没有记录这场胜利。

同大部分雅利安人一样，希腊人也有自己的歌手和吟诵者，

1　据最新研究，所罗门的在位时间为约公元前965年至公元前925年。

他们的表演是一种维系社会关系的重要方式。拜他们所赐，在希腊民族尚未开化的起始阶段诞生的两部伟大史诗得以流传下来。《伊利亚特》讲述了希腊部落联盟围攻、占领和洗劫小亚细亚的特洛伊城的故事；《奥德赛》是一个长篇冒险故事，讲述了贤明的希腊首领奥德修斯从特洛伊返回自己治下岛屿的故事。这两部史诗创作于公元前8世纪至公元前7世纪的某个时候，当时希腊人已经从文明程度较为发达的邻邦那里，学会了使用字母系统。但据推测，这两部史诗的存在时间要远早于此。

之前的看法认为，它们的作者是一个叫荷马（Homer）的盲诗人。人们猜想，这个有些特别的人物是坐着创作这些史诗的，就像弥尔顿（John Milton，1608—1674）创作《失乐园》那样。博学之士们喜欢就“这位诗人是否确有其人”“他究竟是这几部史诗的原作者，还是只是它们的记录者和润色者”等问题展开争论，但我们不需要关心这些。

在我看来问题的关键在于，这两部希腊史诗创作于公元前8世纪，它们既是希腊人的共有财产，也是连接各个希腊部落的纽带，给予希腊人一种共同抵御异邦蛮族的战友意识。这群有着血缘关系的人，先是依靠口头文学，后来又依靠书面文学结合在一起，对于勇气和个人行为，他们的理念彼此相同。

史诗中的希腊人是一个没有铁、没有文字，且尚未住进城市的未开化民族。最初，他们似乎居住在开放式的村庄中，这些村庄位于被他们摧毁的爱琴海沿岸城市的废墟外围，村里的小屋皆环绕首领住的会堂而建。后来，他们有了自己的城市，修筑围墙，并从被他们征服的民族那里接收了修建神庙的观念。据说，原始文明的城市是围绕着用于供奉某些部落之神的祭坛发展起来的，然后才有了城墙。

但在希腊人的城市中，城墙的出现时间要早于神庙。他们开始与外界贸易，并派出一批又一批的殖民者。到了公元前7世纪，一批新的城市已经在希腊的谷底和岛屿逐渐形成。而先于它们出现的爱琴海城市，其文明却已被人遗忘。其中比较重要的城市有雅典、斯巴达、科林斯、底比斯、萨摩斯和米利都。而在黑海海岸、意大利和西西里，也已经有了一批希腊人的定居点。意大利的“靴尖”和“后跟”部分被命名为“大希腊地区”。马赛则是一座在前腓尼基殖民地的遗址上拔地而起的希腊城市。

此时，一些地处大平原和以幼发拉底河或尼罗河等大江大河为主要运输渠道的地区，开始出现结合、统一的倾向。例如埃及和苏美尔的一些城市，就被并入同一个政府的管理之下。但希腊人的居住地被岛屿和山谷切割地支离破碎，希腊城邦和“大希腊”地区均属多山地带，这些地方的倾向就完全不一样了。

当希腊人出现在历史上时，他们散居于众多小型城邦中，城邦与城邦之间全无合并迹象。即使在种族上，他们也彼此相异。有些城邦的公民以某个希腊部落（如爱奥尼亚人、伊欧里斯人或多利安人）的公民为主，有些城邦的公民则融合了希腊人与前希腊时代的“地中海”民族的血统。在一些城邦中，血统纯正的希腊自由公民将被征服民族（如斯巴达的“黑劳士”[1]）贬为奴隶，骑在他们头上作威作福。有的城邦中，只有古老的雅利安统治家族的成员才能成为贵族；也有的城邦中，全体雅利安公民都能享受

1　黑劳士（helot），又译作希洛人，古斯巴达农奴，来自被斯巴达人征服的部落民，属于归城邦所有的奴隶。

民主。一些城邦中出现了依靠推选乃至世袭上位的国王，另一些城邦则出现了僭主。

同样的地理条件，保证了希腊城邦的分散化与多样化，也注定了它们的小型化。即使是最大的城邦，其规模也比不上英国的许多郡。可曾有任何一座希腊城邦的人口超过33万？恐怕得打上个问号。就连5万人以上的城邦都是凤毛麟角。一些城邦曾出于利益和相互支持的目的而彼此联合，但城邦合并却从未发生过。不过，为贸易而组建的城市联盟和同盟越来越多，一些小城邦将自身置于大城邦的保护之下。

然而，能以团体意识将全体希腊人凝聚在一起的媒介只有两个：一是史诗，二是按照惯例，每四年在奥林匹亚举办一次的竞技比赛。它虽然无法阻止战争与纷争，却能在一定程度上缓和城邦战争带来的野蛮氛围，凡是前来参加运动会的旅客，在往返途中都能得到休战协定的保护。随着时间的推移，人们对这一共同传统的感情越来越深，参加奥林匹克运动会的城邦也越来越多。直到最后，不光是希腊人，就连与希腊人有着近亲关系的北方国家伊庇鲁斯和马其顿派出的竞争者也都获得了参赛资格。

公元前7世纪至公元前6世纪，希腊各城邦的商业在不断发展，地位在不断提高，文明程度也在稳步提升。在社会生活方面，它们与爱琴海文明及河谷文明有着许多很有意思的不同之处。城中虽建有富丽堂皇的神庙，但希腊人的祭司不像旧世界城市的祭司那样，是一个伟大而传统的团体、无所不知的知识库和思想宝库。希腊人虽有自己的领袖和贵族家族，却没有近乎神的君主，也没有簇拥在君主身边的、精心设计的宫廷组织。更确切地说，他们的政治集团实际上就是贵族集团，集团成员来自各个统治家族，社会秩序由其共同维持。

至于希腊人所谓的“民主”，也只是贵族的民主而已。尽管每个公民都拥有参与公共事务、参加民主集会的权利，但并非人人都是公民。希腊式的民主与人人都有投票权的现代民主不同。许多实行民主制的希腊城邦的公民仅有数百或数千人，但奴隶、自由人等无权过问公共事务的群体，其人数却达到成千上万。

通常情况下，希腊城邦的事务掌握在由要人组成的团体手中。国王和僭主或是当众选举而来，或是篡位而来；他们与法老、米诺斯或美索不达米亚的君主不同，不是什么近乎神的人间监督者。在某些现实条件（如希腊人对昔日的文明一无所知）的作用下，希腊人的思想和政治制度是无拘无束的。他们将北方草原的游牧民族的个人主义和主观能动性带到了城邦中。他们是历史上第一批起到重要作用的共和主义者。

我们发现，当希腊民族在残酷的战争环境中逐渐成形时，某种新生事物开始在他们的精神世界中显现出来。那些并非祭司的人们正在探索、记录知识，调查关于生命和生物的未解之谜。从某种程度上说，这在当时仍是神职人员的高贵特权，或是君王们的御用消遣手段。我们发现在公元前6世纪，当以赛亚（Isaiah）可能还在巴比伦布道的时候，就已经出现了诸如米利都的泰勒斯（Thales）和阿那克西曼德（Anaximander），以及以弗所的赫拉克利特（Heraclitus）这般的人物。

这些被今天的我们称为“独立绅士”的人物，专注于提出一些敏锐的问题，它们与我们生活的世界有关：世界的真实本质是什么？它从何而来？它的未来命运如何？他们拒绝一切现成或避实就虚的答案。对于希腊思想家提出的关于宇宙的问题，我们在稍后的希腊史篇章中还会再次提到。公元前6世纪时，这些希腊提问者的名气开始变得响亮起来，他们是世界上最早的哲学家、最早的“爱智者”[1]。

现在我们应当注意到，公元前6世纪在人类历史上是何等重要的一页。因为正是在这个世纪，希腊的哲学家们开始研究关于宇宙，以及人类在宇宙中地位的明确概念；正是在这个世纪，以赛亚将犹太人的预言提升到伟大的高度。不仅如此，我们之后还将谈到，释迦牟尼、孔子和老子分别于这一时期，开始在印度和中国教化众生。

从雅典到太平洋，人类的思想世界像开了锅一样沸腾不止。

1 爱智者（philosophos），希腊文原义指“爱智慧的人”，为“哲学家”一词的来源。在希腊哲学史上，毕达哥拉斯（Pythagoras）第一个自称“爱智者”。

24 希波战争

在希腊、意大利南部和小亚细亚的希腊城邦，希腊人开始天马行空的求知活动，最后一批希伯来先知在巴比伦和耶路撒冷为人类建立不受拘束的道德责任感。与此同时，米底人和波斯人这两个富有冒险精神的雅利安民族，成了古代世界的文明民族，缔造了一个伟大的帝国——波斯帝国。

就国土面积而言，它比有史以来任何一个帝国都要辽阔得多。居鲁士在位时期，巴比伦和富饶的文明古国吕底亚被纳入波斯人的统治之下。黎凡特的腓尼基城市，以及小亚细亚的所有希腊城市，都成了波斯人的附庸。冈比西斯迫使埃及俯首称臣。当波斯帝国第三任帝王，米底人大流士一世登基时（公元前521年），他发现自己似乎成了世界之王。从达达尼尔海峡到印度河，从上埃及地区到中亚，皆处于他的号令之下。

的确，欧洲地区（意大利、迦太基、西西里和西班牙的腓尼基定居点）的希腊人并不是波斯人的臣民，但他们以慎重的态度处理己方与波斯的关系。给波斯人带来严重困扰的，只有那些袭扰帝国北部和东北部边疆的斯基泰人，他们是俄罗斯南部和中亚的古代游牧民族的后裔。

当然，伟大的波斯帝国并不是只有波斯人。波斯人只是这个庞大帝国的征服者，人数很少，在总人口中所占比例也很小。其余的人口在波斯人到来前的远古年代就在这里定居了，只是波斯语成了帝国行政部门的官方用语而已。贸易、财政在很大程度上依旧由闪米特人掌控，泰尔和西顿仍是地中海的重要海港，而闪米特人的船只也依旧定期往来于海上。

但是，许多闪米特商人在辗转各地的过程中发现，以希伯来传统和《希伯来圣经》为载体的希伯来历史，既能引起他们的共鸣，也便于他们与希伯来人交流。一个新的元素迅速在帝国内部形成，那就是希腊元素。希腊人正在成为闪米特人强劲的海上对手，客观的态度和出众的智慧，使他们成为一群能干、公正的官员。

由于斯基泰人的缘故，大流士一世侵入了欧洲。他想推进到俄罗斯南部，那里是斯基泰牧民的故乡。他率领一支大军越过博斯普鲁斯海峡，穿过保加利亚，进军多瑙河，然后以舟作桥，渡过河流，继续向北推进。以步兵为主的波斯军队吃了很大的苦头，骑着马的斯基泰人从四面八方出现，切断波斯军队的补给线，击杀每一个掉队者，却从不与对方短兵相接。大流士被迫不体面地撤军。

大流士返回苏萨，但他在色雷斯和马其顿留下一支部队，马其顿向他投降。大流士败绩后，亚洲的希腊城邦立刻发动叛乱，欧洲的希腊人随之卷入这场纷争。大流士决心征服欧洲的希腊人。由于他拥有一支由腓尼基人组成的舰队，因此他得以一个接一个地降服希腊各岛屿。公元前490年，他终于对雅典发动了总攻。一支庞大的舰队从小亚细亚和地中海东部的港口出发，远征军在雅典以北的马拉松登陆。在那里，他们与雅典人相遇，并吃了一场举世瞩目的败仗。

就在这段时间里，发生了一个奇迹。斯巴达是雅典在希腊的头号对手，但现在雅典开始向斯巴达求救了。他们派去一个信使，恳求斯巴达人不要坐视希腊人成为蛮族的奴隶。此人是个飞毛腿，后来成为全体“马拉松”长跑选手的榜样。他只用了两天不到，就在这个地表支离破碎的国度跑完了100多英里的路程。斯巴达人立刻给予慷慨的回应，但是当斯巴达军队于三天后抵达雅典时，他们能做的只有参观战场和败军士兵的尸体了。波斯舰队已返回亚洲。波斯人对希腊的第一次进攻就这样结束了。

接下来的情况给我们留下的印象要深刻得多。兵败马拉松的消息传来后不久，大流士便去世了，此后，他的儿子和继承人薛西斯（Xerxes）厉兵秣马四年，打算发动一场踏平希腊的战争。一时之间，人心惶惶，希腊人抱成了团。毫无疑问，就规模而言，薛西斯的军队是前无古人的。这支大军是一个多民族的集合体。公元前480年，他们踏着舟桥横渡达达尼尔海峡。当陆军前进时，一支同样成分复杂的舰队携带补给，沿着海岸行驶。

在温泉关的隘道上，一支1400人的小队伍在斯巴达国王列奥尼达（Leonidas）的统领下，抵挡这支百万雄师。尽管他们在战斗中展现出无可比拟的英雄气概，但最后还是被彻底打垮了。没有一个人得以生还。但他们给波斯人造成了巨大的损失，薛西斯的军队涌向底比斯[1]和雅典，打算好好惩罚一下希腊人。底比斯打出白旗，并与波斯人签订了协议。雅典人放弃了雅典城，致使它被焚毁。

希腊似乎已是征服者的囊中之物，可令人大跌眼镜的是，希腊人再度突破重重困难，取得了胜利。希腊舰队的兵力尽管不到波斯海军的三分之一，但还是在萨拉米斯湾主动出击，击溃了后

1　希腊城市，与埃及城市底比斯同名。

者。薛西斯发现，自己麾下的大军断了补给，于是丧失了勇气。他率领半数兵力撤回亚洲，留下的半数兵力在普拉提亚战役（公元前479年）中被击败。与此同时，波斯舰队的残部在小亚细亚的米卡尔被希腊人追及，惨遭歼灭。

波斯人带来的危机结束了。亚洲的大部分希腊城市重新获得了自由。世界上第一部历史著作，希罗多德（Herodotus）的《历史》以异常详细、生动的笔触，完完整整地记述了这场战争。公元前484年前后，希罗多德出生于小亚细亚的爱奥尼亚城市哈利卡尔那索斯，他曾前往巴比伦和埃及，寻找历史事实的精确细节。米卡尔战役结束后，波斯的统治集团麻烦丛生，帝国陷入一片混乱之中。公元前465年，薛西斯被人谋杀，叛乱在埃及、叙利亚和米底爆发，这个强大的帝国的内部秩序没能维持多久便崩溃了。希罗多德的《历史》着重描写了波斯的虚弱。

事实上，这部历史著作就是我们今天所说的宣传作品，宣传希腊人团结起来击败波斯的故事。希罗多德塑造了一个名叫阿利斯塔哥拉斯（Aristagoras）的人物，他带着一张已知世界的地图前往斯巴达人处，对他们说：

> 这些野蛮人在战斗时的表现并不英勇。而你们却已经学会了最为高超的作战技巧……他们所拥有的财富，世界上没有任何一个国家能与之相比，金银、青铜、刺绣衣裳、牲口和奴隶，应有尽有。如果你们对这些垂涎三尺的话，可以把它们尽数据为己有。

25 希腊的辉煌

击败波斯后的一个半世纪时光，是希腊文明辉煌时光中的一段。的确，雅典、斯巴达和其他城邦之间为争夺霸权而展开的殊死搏杀（公元前431年至公元前404年的伯罗奔尼撒战争），将希腊弄得四分五裂。公元前338年，马其顿人成为希腊事实上的主人。但即便如此，在这段时期，希腊人的思想创造冲动和艺术冲动依旧达到了很高的程度，以至于在接下来的历史长河中，他们的成就一直被视为一盏照耀人类发展道路的明灯。

这场精神活动由雅典牵头，这里也是活动的中心。思维活跃、心胸开阔的伯利克里（Pericles）统治雅典达30余年，他将精力投入到重建被波斯人付之一炬的雅典城上。美丽的古城废墟至今仍在为雅典争光，而废墟的主体部分便是这次伟大工程的遗迹。但伯利克里不仅在物质层面，也在精神层面重建了雅典城。

被他召集到身边的，不仅有建筑师和雕刻家，还有诗人、剧作家、哲学家和教师。希罗多德来了，目的是朗诵他的《历史》（公元前438年）。阿那克萨戈拉（Anaxagoras）也来了，而且带来了关于太阳与星辰的科学论文的开篇部分。埃斯库罗斯（Aeschylus）、索福克勒斯（Sophocles）和欧里庇得斯（Euripides）前赴后继，将希腊戏剧艺术推向美丽与高贵的至高境界。

伯利克里对雅典人的精神生活起到的推动作用，在他去世后仍在持续，尽管此时希腊的和平局面实际上已被伯罗奔尼撒战争所打破。一场旷日持久、毁灭家园的争斗就此揭开序幕，而起因则是对希腊“霸权”的争夺。事实上，在一段时期内，人们的思想活动似乎并没有因政治领域的黑暗而陷入停滞，反而变得更加活跃。

远在伯利克里时代之前，拜希腊特有的制度性自由所赐，辩论技巧已经有了举足轻重的作用。当时的决定权不在国王或祭司，而是在公民大会或首领集会手中。高谈阔论的雄辩由此成为一种人人向往的技能，诡辩家阶层应运而生，这些人的职责是提高年轻人的辩论能力。但一个胸无点墨的人是上不了辩论台的，因此辩论风潮兴起之后，求知风潮便随之而来。这些诡辩家四处活动，相互较量，自然而然地引发了人们对思维风格、思维方式和论据可信度的严格考察。

伯利克里去世后，一个名叫苏格拉底（Socrates）的人因擅长对不严密的论点提出一针见血的批判而天下闻名，当时诡辩家的很多学说的论点都不够严密。一群有才华的年轻人聚集在苏格拉底身边。最终，苏格拉底因“蛊惑人心”而被判处死刑（公元前399年）。他被迫效仿当时在雅典流行的高贵死法，在自家宅子里，在朋友们的簇拥下，饮下一杯以铁杉木制成的毒药。但是，人心的扰动却没有因苏格拉底被处决而平息。他的青年弟子继承了他的衣钵。

柏拉图（Plato，前427—前347）是这些年轻人中最出众的一位，没过多久，他便开始在一片被称为“柏拉图学园”的小树林中教授哲学。他的学说分为两个主要方向：对人类思想基础和思维方式的考察，以及对政治制度的考察。他是第一个在著作中提出“乌托邦”概念的人，那是一幅社会蓝图，蓝图中的社会不同于现有的任何社会，但要完美得多。

这反映了人类在思想领域的一次前所未有的大胆冒险，迄今为止，这一领域在接受社会传统和习俗方面几乎从未提出过质疑。柏拉图对人们直言不讳：“大多数令你们苦不堪言的社会与政治弊端，其实都在你们的掌控之下，只要有决心和勇气，你就能改变它们。想以更为明智的方式生活吗？没问题，只要你能好好思考一下，然后付诸实践就行了。你们还没意识到自己拥有什么样的能量呢。”

时至今日，人类的共同思想仍为这种至为大胆的学说所浸淫。《理想国》是柏拉图最早的作品之一，书中描写的是一个共和主义贵族的梦想。他的最后一部作品《法律篇》未能完稿，在这部作品中，柏拉图为另一个类似的乌托邦国家设计了一套法律规则。

柏拉图去世后，对思维方式和政治制度的批判由亚里士多德（Aristotle）继续进行。他曾是柏拉图的学生，在吕克昂教学。亚里士多德来自马其顿的斯塔吉拉，他的父亲是马其顿国王的御医。亚里士多德当过马其顿王子亚历山大（Alexander）的老师，此人注定要成就一番伟业，我们之后很快就会谈到。

亚里士多德关于思维方法的著作，将逻辑学推向一个新的高度，此后的1500余年始终未曾动摇，直到中世纪的学者们再度开始探讨古代的问题。他没有设计过乌托邦蓝图。在人类按照柏拉图的教诲，真正掌控自身命运之前，亚里士多德就意识到，他所拥有的知识无论在数量还是在准确性上，都远远不能满足自己的需要。因此，亚里士多德开始系统性地搜集我们今天称之为“科学”的知识。他派遣探险者外出收集真相。他开创了博物学，并为政治学奠定了基础。在吕克昂，他的学生先后考察了158个国家的体制，并将其做了对比。

我们发现，一些公元前4世纪的人物的思想实际上十分现代。梦呓般幼稚的原始思维方式，已被受过训练的思维方式取代，后者对人类生活中存在的种种问题持批判态度。神祇和怪物那奇异、扭曲的象征和形象，以及至今仍在妨碍人类思考的一切禁忌、敬畏和限制，都已被彻底扫除。自由化、精确化和系统化的思维方式已经开始出现。来自北方森林地带的新来者那天马行空的新思想，已强行融入宗教世界的神秘氛围之中，为其带来了一线光明。

26 亚历山大大帝的帝国

从公元前431年一直持续到公元前404年的伯罗奔尼撒战争，使希腊化为一片废墟。与此同时，希腊人的近亲马其顿人建立的国家正在希腊北部缓缓崛起，变得日益强盛和文明起来。马其顿人使用的语言与希腊人类似，马其顿选手曾多次参加奥林匹克运动会。公元前359年，极具能力与野心的腓力（Philip）成为这个蕞尔小国的国王。腓力早年曾在希腊为质，接受的教育完全是希腊式的，他可能听说过希罗多德的观点（哲学家伊索克拉底也提出过同样的观点）：希腊若是统一，就有可能征服亚洲。

腓力首先将精力放到拓展疆域、使国家组织化和改造军队上。一千年以来，冲锋作战的战车兵和近战的步兵一直是左右战局的关键因素。那些骑马的军人同样参与作战，但他们是一群单打独斗的散兵，根本没有受过训练。腓力让他的步兵排成密集的阵型作战，即著名的“马其顿方阵”，他还对他的骑士（又称“伙友”）加以训练，让他们列队作战。

就这样，他发明了骑兵。骑兵冲锋是这位君主在大多数战役中都用过的战术，他的儿子亚历山大同样如此。步兵方阵从正面钳制敌军步兵，与此同时，骑兵自两翼出击，击溃敌军骑兵，然后以排山倒海之势涌向敌军步兵的侧翼和后方。弓箭手射杀敌军战车兵的马匹，使其无法行动。

依靠这支新军，腓力一路对外扩张。他吞并了色萨利，并朝希腊进军。在公元前338年的喀罗尼亚战役中，腓力与雅典人及其盟邦一决高下后，将整个希腊踩在了脚下。希罗多德的梦想终于结出了果实。全希腊城邦会议任命腓力为希腊-马其顿联盟的最高领袖，领导联盟与波斯作战。

公元前336年，他的先头部队越过边境，进入亚洲，开始了这场策划已久的冒险行动。但腓力遭人刺杀，没能随军出征。人们相信这次暗杀是亚历山大的母亲、王后奥林皮亚丝（Olympias）教唆的结果——腓力娶了第二任妻子，令她妒意大发。

但是，腓力异常重视儿子的教育问题。他不仅请来当世最伟大的哲学家亚里士多德担任这个少年的家庭教师，自己也经常与儿子交流想法，还强迫他学习自己的军事经验。在喀罗尼亚战役中，年仅18岁的亚历山大已经是骑兵部队的统帅了。如此一来，这个继位时年仅20岁的年轻人才有可能立即接手父亲未竟的使命，将希腊人在波斯的冒险继续进行下去，并最终获得成功。

由于亚历山大需要两年时间，来建立和巩固自己在马其顿和希腊的地位，于是到了公元前334年，他才率军越过边境，进入小亚细亚。他在格拉尼卡斯河战役中，击败了拥有明显兵力优势的波斯军队，攻占了一批小亚细亚城市。

他沿着海岸继续向前推进。他必须在进军途中占领所有沿海城镇并派兵驻守，因为波斯人控制着泰尔和西顿的舰队，从而掌握着制海权。只要他在后方留下一座敌方港口，波斯军队就可能在此登陆，袭击他的交通线，切断他的补给。

公元前338年，亚历山大在伊苏斯与一支由大流士统领的规模庞大、成分复杂的波斯军队相遇，并将其击溃。同一个半世纪之前薛西斯统领的那支越过达达尼尔海峡的军队一样，这支波斯军队是拼凑起来的，缺乏凝聚力，且为大批宫廷官员、大流士的后妃和众多随营人员所拖累。西顿向亚历山大投降，但泰尔坚决抵抗。最后，这座伟大的城市被攻陷、洗劫，最终被夷平。加沙亦被攻取。公元前332年年末，这位征服者进入埃及，从波斯人手里接管了统治权。

他在埃及的亚历山大勒塔和亚历山大港分别修建了一座宏伟的都市，两地都可以从陆路进入，这样就杜绝了发生叛乱的可能性。与腓尼基城市的贸易转到了这两座城市。地中海东部的腓尼基人突然从历史上消失了，而犹太人则突然出现在亚历山大港和亚历山大建立的其他贸易城市。

公元前331年，亚历山大离开埃及，进军巴比伦。在他之前，图特摩斯、拉美西斯和尼科已经这样做过。但亚历山大选择取道泰尔。在距尼尼微（此时这已是一座被遗忘的城市）遗址不远的阿贝拉，他与大流士相遇，决定性的一战爆发了。波斯战车冲阵失败后，马其顿骑兵突破了成分复杂的波斯大军的队列，步兵方阵得以彻底奠定胜局。大流士带头撤走。他没有再尝试着抵抗入侵者，而是北逃至米底地区。

亚历山大进入了巴比伦，这座城市在当时依旧十分繁华、重要，而后进军苏萨和波斯波利斯。他在波斯波利斯设宴庆祝，结果喝得酩酊大醉，然后一把火将“万王之王”大流士的宫殿烧毁。

之后，亚历山大把中亚变成了自己的阅兵场，率军队开往波斯帝国的极边之地。最初他转向北面，追击大流士。当他于拂晓时分追上这位波斯皇帝时，后者已经遭到手下的谋害，倒在御车上奄奄一息。当希腊军先锋找到他时，他还活着，但没等亚历山大到来就已经死了。亚历山大绕过里海，翻越中亚西部的山区，经由赫拉特（由他下令修建的城市）、喀布尔和开伯尔山口进入印度。

他在印度河畔与一位名叫波鲁斯（Porus）的印度君主大战一场，在这里首次遭遇象兵（此说法不实，希腊人在阿贝拉就已经与大流士手下的象军交过手），并将其击败。最后，他建造了一批船只，驶向印度河河口，而后经俾路支[1]海岸返航。

公元前324年，在外出征战六年后，亚历山大回到了苏萨。其后，他准备把自己打下的这个帝国统一起来，并将它组织化。他试图获得新臣民的支持。他穿上波斯君主的长袍，戴上波斯君主的冠冕，这引发了他手下的马其顿将领的猜忌，双方冲突频频。他安排这批马其顿军官与波斯、巴比伦女子结婚，即"东西方联姻"。亚历山大没能活到统一事业实现的那一天。在巴比伦参加了一场酒宴后，他发起了烧，于公元前323年去世。

亚历山大去世后，这个庞大的帝国立刻四分五裂。他麾下的将领塞琉古（Seleucus）的地盘从印度河一直延伸到以弗所，覆盖了昔日的波斯帝国的绝大部分；另一个部将托勒密（Ptolemy）则夺取了埃及；安提柯（Antigonus）则得到了马其顿。帝国的其余部分也一刻不得安宁，当地出身的冒险家争斗不休，控制权不断易手。蛮族开始袭击帝国的北部，范围与烈度与日俱增。

最后，正如我们后面将提到的那样，罗马共和国这个新的政权于帝国西部诞生。它将碎片化的帝国领土一一征服，然后将其整合在一起，一个更为持久的新帝国就此诞生。

1　今巴基斯坦俾路支省，位于巴基斯坦、伊朗、阿富汗三国交界地区。

27　亚历山大港的博物馆和图书馆

在亚历山大时代到来之前，希腊人就已经以商人、艺术家、官员和雇佣兵的身份，踏遍了波斯帝国的大部分土地。薛西斯死后，阿契美尼德王朝陷入内部纷争，1万名由色诺芬（Xenophon）统领的希腊雇佣兵，曾在这一时期的历史上留下过属于自己的印记。根据色诺芬作品《远征记》的描述，他们从巴比伦出发，返回希腊的亚洲部分。这部著作是第一部出自一名军事统帅之手的战争故事。

不过，亚历山大的征服以及他的短命帝国的分裂，对希腊人、希腊语、希腊风俗和文化在古代世界的渗透，依然起到了极大的推动作用。甚至在遥远的中亚和印度西北部，都可以找到希腊元素的传播痕迹，对印度艺术的发展起到了深远的影响。

数百年来，雅典一直是举世闻名的艺术和文化之都。雅典学院实际上一直开办到公元529年，也就是说坚持了近千年之久。但是，学术运动的领头羊如今已不再是地中海地区，而是亚历山大新建的贸易城市亚历山大港。马其顿将军托勒密在该城即位，成为法老，并组建了一个讲希腊语的宫廷。在登基为王之前，他就已经是亚历山大的密友，并深受亚里士多德思想的影响。精力充沛、能力过人的他致力于探索知识，并将其系统化。他还写了一部亚历山大的征战史，但不幸的是这部著作已散佚。

亚历山大曾将大量资金投入亚里士多德的研究中，但托勒密一世才是常年资助科学事业的第一人。他在亚历山大港设立了一个基金会，并正式将其用于资助缪斯神庙（即亚历山大博物馆）。在两三代人的时间里，亚历山大港的科学研究取得了异常卓越的成果，涌现出一批璀璨的明星。

在这批科学先驱中，有测量地球体积并将地球直径精确到50英里以内的欧几里德（Euclid）和埃拉托色尼（Eratosthenes），有《圆锥曲线论》的作者阿波罗尼奥斯（Apollonius），有史上第一张星图的作者希帕克斯（Hipparchus），以及世界上第一台蒸汽机的设计者希罗（Hero）。阿基米德（Archimedes）从叙拉古来到亚历山大港学习知识，并频频与博物馆通信。希罗菲卢斯（Herophilus）是希腊最伟大的解剖学家之一，据说曾进行过活体解剖。

托勒密一世和托勒密二世执政期间，在一代人左右的时间里，亚历山大港的求知之火熊熊燃烧，耀眼夺目，直到16世纪这一幕才得以重现。但这种局面没能延续下去。研究热潮之所以由盛转衰，可能是多种因素共同导致的结果。已故的马哈菲[1]教授指出的一点最为重要：亚历山大博物馆实际上是一座“皇家”学院，学院中的教授及其同事由法老任命，薪水也由法老支付。

托勒密一世在位时期一切情况都很好，因为他是亚里士多德的学生和朋友。但随着时间的推移，托勒密王朝的统治者逐渐埃及化，他们受到了埃及祭司和埃及宗教发展的影响。他们不再继

1　马哈菲（John Mahaffy，1839—1919），英国古希腊史家，剑桥大学古典学教授。

续开辟科学之路，求知精神在他们的控制下彻底被扼杀。博物馆运行了一个世纪后，在学术上便几无建树了。

托勒密一世不仅试图以最具现代色彩的精神，组织发掘新知识的工作，还试图在亚历山大图书馆建立一座包罗万象的智慧书库。这不单是一座书库，有组织的书籍抄写和书籍销售活动亦在此进行。一支抄书员大军被安插于此，手抄本的数量每天都在迅速增长。

到了这个时候，我们至今仍赖以为生的脑力活动终于有了明确的开端，人类终于开始了系统性的知识收集和传播活动。亚历山大博物馆和图书馆的建立，标志着人类历史进入了一个新的伟大时代。现代历史真真正正地揭开了序幕。

此后，知识研究和知识传播事业都遇到了极为不利的因素。巨大的社会鸿沟是绊脚石之一，将身为绅士的哲学家与商人、工匠隔离开来。在那个年代，玻璃工人和金属工人多如牛毛，但他们与思想家之间没有思想交流。玻璃工人可以制作出最漂亮的彩珠、彩色玻璃瓶等，却制作不出一个佛罗伦萨烧瓶或透镜，因为他们对透明玻璃不感兴趣。金属工人可以打造出一件件兵器，却打造不出一台天平。哲学家以高傲的姿态思考原子论（即万物本原说），却从未实际接触过瓷釉、颜料和药物等，因为他们对化学物质不感兴趣。

所以，即使在充满机会的短暂时光里，亚历山大港也没能生产出一台显微镜，或是在化学领域有所建树。尽管希罗发明了一台蒸汽机，却从未用它来抽水、驱动船只，或是其他任何用途。除了医药领域，科学知识几无用武之地。既然没人有兴趣将科学应用于实际，也没有人对此感到兴奋，则推动科学进步的催化剂也就不存在了。

托勒密一世和托勒密二世都曾对科学知识产生过好奇心，但维持科学事业的动力如今已消失殆尽，人们的态度变得冷淡起来。一些鲜为人知的手稿继续记录着博物馆的发明创造，但普罗大众是接触不到它们的，这一状况一直持续到文艺复兴时期，人们对科学的求知欲被重新激发为止。

在书籍制作技术改良领域，亚历山大图书馆同样全无建树。在它所处的那个古代世界，没有用破布纸浆制成的、规格固定的纸张。中国人发明的纸直到9世纪才传到西方世界。在此之前，制书材料只有羊皮纸，以及并排相连的纸草茎条。这些长条的边缘经常卷曲，要想把它们一圈圈缠绕起来，或是加以阅读、查阅，都很不方便。因此，书籍的分页和印刷技术一直得不到发展。

早在旧石器时代，印刷术似乎就已经为世人所知，古苏美尔地区已经出现了印章。但由于纸张的数量并不多，因而印刷技术的优势也难以显现。妨碍印刷技术进步的因素可能还有一个，那就是抄写行业奉行的行会主义。亚历山大港出版的书籍汗牛充栋，但价格都不便宜。在古代世界，知识的传播从未惠及那些不属于富裕阶层和权贵阶层的人们。

因此，得到求知事业的光辉照耀的，始终只是一小撮与聚集在托勒密一世、托勒密二世麾下的哲学家打交道的人。就像一盏提灯，内里的光芒或许耀眼夺目，但由于灯罩漆黑一片，光芒根本无法为旁人所看见，更无法照亮广阔的天地。在世界上的其他地区，人们并不知道科学知识的种子已被播下，终有一天将彻底改变世界。

但在当时，就连亚历山大港也已被偏执带来的黑暗所笼罩。

此后，暗无天日的时光持续达上千年之久，亚里士多德播下的种子始终被深深埋藏。当这段日子走到尽头时，它终于被激活，开始生长。在接下来的几百年间，科学知识与清晰的思想传遍世界各地，至今仍在改变着整个人类的生活。

亚历山大港并非公元前3世纪希腊唯一的学术运动中心。亚历山大的短命帝国已经四分五裂，在呈碎片状的国土上，许多城市都曾有过一段璀璨的求知岁月。例如，在西西里的希腊城市叙拉古，思想与科学的繁荣期长达两个世纪，小亚细亚的珀加蒙也拥有一座宏伟的图书馆。

但辉煌灿烂的希腊世界如今正在遭受来自北方的入侵。新出现的日耳曼系蛮族高卢人，循着希腊人、弗里吉亚人和马其顿人祖先的足迹杀了进来。他们四处袭击、破坏。紧随其后的，是来自意大利的新征服民族——罗马人。他们逐渐征服了波斯帝国和亚历山大帝国广袤领土的西半部分。这是个很有能力的民族，但缺乏想象力。相较于科学和艺术，他们更偏爱法律和利益。

此外，中亚方向也出现了新的入侵者，即被称为“帕提亚人”的骑射民族，他们摧毁、征服了塞琉古帝国，并再一次切断了西方世界与印度的联系。公元前3世纪的时候，他们对以波斯波利斯和苏萨为中心的希腊化波斯帝国采取的政策，与公元前7世纪的米底人、波斯人极为相似。而东北方向亦有一批游牧民族到来，他们不是金发白肤、拥有日耳曼血统的操雅利安语言的民族，而是黑发黄肤，使用的语言属于蒙古语族。我们在后面的章节中还会提到这些人。

28 释迦牟尼的生平

现在，我们必须回到三个世纪以前，讲述一位伟大的导师的故事，他几乎彻底改变了整个亚洲的宗教思想和宗教情感。

此人便是释迦牟尼，他在贝拿勒斯传道授业的时间，与以赛亚在巴比伦向犹太人发表预言，以及赫拉克利特在以弗所研究思考事物本质的时间大体相当。尽管他们是同一时代（公元前6世纪）的人物，但他们并未意识到彼此的存在。[1]

事实上，公元前6世纪是人类历史长河中最为耀眼的一页。一场全新而大胆的思想解放运动，在世界的各个角落展开。中国的情况也是一样，我们之后会提到。无论在何处，人们的精神都不再为王权、神权和血腥的牺牲仪式构成的传统所禁锢，开始提出最为深刻的疑问。人类在经历了2万年的幼稚期之后，似乎开始争相走向成熟期。

印度早期的历史至今仍笼罩在厚厚的迷雾中。情况可能是这样的：公元前20000年前后，一个雅利安语系民族从西北方进入印度，在发动了一次或连续多次入侵后，他们得以将自己的语言和传统扩展至北印度的大部分地区。他们使用的语言是梵语，是

1　乔达摩的生卒年为约公元前563年至公元前483年。

雅利安语言中的一个特殊语种。他们发现，在印度河和恒河流域，存在着一个浅黑色皮肤的民族，他们在活力与意志上有所欠缺，却建立了一个较为复杂的文明。他们似乎不像希腊人和波斯人那样，与这片土地上的原住民充分融合，而是照旧与世隔绝。

当印度历史发展到史学家能够勉强考证的时候，印度社会已分化为数个阶层，每个阶层的成员数量并非一成不变。不同阶层的成员不能一起吃饭，不能通婚，也不能自由自在地交流。由此衍生出的“种姓制度”持续贯穿了印度的整部历史。因此，印度人与欧洲民族、蒙古利亚民族存在着些许差别，后两者社会结构简单，成员可自由自在地与异族通婚。而印度社会实在是一个另类。

乔达摩·悉达多（Siddhattha Gautama，释迦牟尼的俗名）系贵族之子，他的家族统治着一小片位于喜马拉雅山麓的土地。19岁那年，他同自己漂亮的表妹结婚。他时而狩猎，时而嬉戏，时而在由花园和树林构成的阳光世界里到处游逛，时而引水灌溉肥沃的田地。但他对这样的生活感到极为不满。乔达摩之所以烦恼，是因为他头脑灵活，且思维活跃。他觉得统治者的生活并不是真正的生活，而是一段假期，而且是一段已经持续太久的假期。

对疾病和死亡的观感，以及对幸福生活的不安与不满，一齐涌入乔达摩的心头。当他沉浸在这样一种心情中的时候，他遇到了一个流浪的苦行僧。在当时的印度，苦行僧的数量非常可观。他们在严格的戒律下生活，将大量的时间花在冥想和讨论宗教问题上。他们似乎在追求某些更深层次的生活真谛。乔达摩心中萌生了一个狂热的念头：他也要成为这样的人。

关于乔达摩的传说称，当他正在思考自己的计划时，消息传来：他的妻子为他生下了第一个儿子。“这是一道有待挣脱的新羁绊，”乔达摩说。

在族人的欢庆声中，他回到了村庄。为庆祝“新羁绊”的诞生，村里举办了一场盛大的宴会和纳尔屈舞[1]舞会。夜里，精神上的强烈痛苦感使乔达摩惊醒，“就像有个人告诉他，他的房子着火了一样”。他下定决心，一定要立刻抛弃这种幸福但漫无目标的生活。

他蹑手蹑脚地来到妻子房间的门口，借着一盏小油灯发出的光亮打量着她。她睡得正香，身边堆满鲜花，襁褓中的儿子躺在她的臂弯里。他多想在动身前把孩子抱起来，给他一个最后的拥抱啊。但他又怕惊醒妻子，导致计划受阻。最后，他转过身去，来到明亮的月光下，跨上自己的坐骑，驰向外面的世界。

当晚，乔达摩走了很远很远。清晨时分，他已经走出了家族的领地，并停了下来，在河边的沙滩上下了马。他用自己的剑割掉了一头光滑的头发，摘掉了自己身上的全部饰物，然后把这些东西还有自己的马和剑都送回自己家去。他接着赶路，没多久遇到了一个衣衫褴褛的人，两人交换了衣物。就这样，乔达摩摆脱了一切世俗的纠葛，可以自由自在地去追求他想要的人生智慧了。

他取道南方，前往温迪亚山脉的一处险峻之地，隐士和教师们时常来此修养身心。一群智者栖身于几个狭小的山洞中，他们有时会到城里去，获取为数不多的生活物资，同时将他们的知识以口授的形式教给那些愿意前来听讲的人。乔达摩逐渐熟练掌握了那个年代的所有玄学知识。但它们提供的解决方案，并不能让聪慧、敏锐的他满意。

1 古印度一种由职业女性舞者表演的传统舞蹈。

印度人总是相信，力量与知识可以通过一些极端的苦行方式获得，如绝食、不睡觉、自虐等，如今乔达摩将这些想法一一付诸实践。在五名弟子的陪伴下，他走进丛林，然后投身于绝食和可怕的苦修中。他开始声名远扬，“犹如一口悬挂在空中的大钟在振聋发聩一般”。

但他觉得自己并没有悟得真理。有一天，他在林子里来回踱步，试图思考，尽管此时他已处于虚弱无力的状态。突然之间，他失去了知觉。醒来后，他领悟出一个道理：这些近乎巫术的求知方法是荒谬的。

他开始索取凡人的食物，拒绝继续禁欲苦修，把他的同伴骇得目瞪口呆。他已经意识到，不论真理是什么，修行者必须拥有健康的身体，必须为自己的大脑提供营养，这样才能做到最好。这种观念在当时的印度属于彻头彻尾的异端。他的弟子抛弃了他，怅然返回贝拿勒斯。乔达摩则独自流浪。

当人们思考一个大而复杂的问题时，他们将逐步领悟一些东西，但他们几乎觉察不到这一点，直到猛然灵光一闪，于是大功告成。乔达摩的情况正是如此。他坐在河边的一棵大树下进食，此时，他的脑海中冒出一个清晰的想法，就像是生命的真谛明明白白地展现在他眼前一般。据说，他整日整夜地坐在那里，深思熟虑。最后，他站起身来，将自己的想法公诸于世。

他赶往贝拿勒斯，找到了自己的弟子，把他们争取了回来，并把自己的新学说教给他们。在贝拿勒斯的王家鹿园内，他们修建了几栋小屋和一所学校，用于接纳众多前来寻求人生智慧的人。

乔达摩是一个受上天眷顾的年轻人，但他却想不明白：“为什么我并不是太快乐呢？”他在自家学说的开头部分提出了这个疑问。泰勒斯和赫拉克利特在解决宇宙问题时，曾直白地流露出忘我的好奇心，而那些至为尊贵的先知们强加给希伯来人的道义负担，同样要求人们忘记自我。而乔达摩的问题完全不是这样的，它的本质是自省。这位印度导师不仅没有忘记自我，反而更专注于自我，并试图摧毁自我。

按照他的教导，一切痛苦皆源于个人的贪欲。倘若一个人不能战胜自己的欲望，那他的人生将充满烦恼，且终将以悲剧收场。人的欲望有三种主要的表现形式，它们都是邪恶的。第一种是口腹之欲、肉体之欲和一切形式的感官欲望，第二种是对自我永生的追求，第三种则是功名心、物欲和财欲等。只有战胜一切形式的欲望，人生才不会遭受烦恼与失意的困扰。当欲望被战胜后，自我也就彻底消亡了，此时，人的灵魂方能得到平静，而人将进入名为“涅槃”的至善境界。

这就是他的学说的主旨。事实上，释迦牟尼的学说充满形而上学的微妙，远远不像希腊人的学说（主旨在于劝说他人以大胆、合理的方式观察、了解这个世界）和希伯来人的学说（主旨在于要求他人敬畏上帝、实现正义）那样易于理解。即使是释迦牟尼的亲传弟子，理解起来也十分困难。因此，当他的影响力消退后，他的学说立刻被人曲解，变得粗俗不堪，也就不足为奇了。

在当时的印度，人们普遍相信一个说法：每隔一段漫长的时光，智者就会来到世间，某些被选中的人将成为他的化身，这种人被称为“佛陀”。释迦牟尼的弟子宣称自己的老师就是新的佛陀，但没有证据表明释迦牟尼本人接受过这一头衔。在他善终前，有人开始编造一系列与他有关的传说，个个都充满了神奇色彩。相对于道德层面的说教，精彩的故事更具捕获人心的效果，于是释迦牟尼成了一个精彩纷呈的人物。

不过，释迦牟尼依然给这个世界留下了丰富的遗产。即使涅槃说过于高深，超出了大多数人的想象力，即使造神竞赛把释迦牟尼那简简单单的一生过度神化，至少世人仍然掌握了被释迦牟尼命名为“八重法”（又名“雅利安八正道”或“圣道”）的修行法的某些宗旨。它坚定地要求修行者必须正念、正思、正语、正行、正命，意在激发人们的道德感，追求的是慷慨、忘我的境界。

29 阿育王

佛教教义是崇高的，它首次明确指出，人类的至善境界即战胜自我。但在释迦牟尼去世后的几代人时间里，他的教义在世界上一直没有什么市场。不过在那之后，它们成功地征服了一位世所罕见的雄主的心。

之前我们已经提到过亚历山大大帝进入印度，并在印度河与波鲁斯交战的事。据希腊历史学家描述，当时有个名叫旃陀罗笈多（Chandragupta Maurya）的人来到亚历山大的军营，劝说他再接再厉，进军恒河，征服印度全境。亚历山大无法这么做，因为他手下的马其顿人拒绝继续深入一个未知世界。

之后（公元前321年），旃陀罗笈多得到各个山地部族的帮助，在没有希腊人援助的情况下实现了他的梦想。他在印度北部建立起一个帝国，不久（公元前303年），他进攻旁遮普的塞琉古一世，将最后一支残留的希腊势力逐出印度。他的儿子扩展了新帝国的领土。到了公元前264年，旃陀罗笈多的孙子阿育王（Asoka），也就是我们接下来要谈到的那位君主，统治的疆域从阿富汗一直延伸到马德拉斯。

起初，阿育王打算效仿他的父亲和祖父，征服整个印度半岛。

公元前255年，他入侵了位于马德拉斯以东海岸的羯陵伽国。[1]尽管他的军事行动获得了成功，但战争带来的恐怖与惨状令他感到厌恶，于是他放弃了战争——这在征服者中算是独一例。他确实没有再诉诸武力，而是接受了佛教的和平教义。他宣布，从今往后，自己的征服行动将以宗教征服的形式进行。

阿育王的统治持续了25年，这四分之一个世纪是多灾多难的人类历史上最耀眼的一抹亮色之一。他组织人手，在印度挖掘大量水井。他植树造林，给人们带来荫凉。他修建医院和公共花园，还在花园内种植药草。他成立新部门，专门用于处理原住民和低种姓族群的事务。他为女性教育工作的开展做好了准备。

他向佛教团体捐赠大量财物，试图鼓励他们以更积极的态度批判历代的佛教文献。原因在于，那位伟大的导师创立的教义原本是纯洁、朴素的，但如今已经以惊人的速度腐化堕落，变得越来越像迷信思想了。此外，阿育王还将一批批传教士派往克什米尔、波斯、锡兰[2]和亚历山大港。

这就是阿育王，他是世界上最伟大的国王之一，是个远远领先于时代的人物。但他没有留下任何子嗣或组织继续自己的事业，结果，他去世后不到一个世纪，印度便分裂并衰落下去了。而他在位时期的伟大时光，也只能成为一段光辉的记忆。

婆罗门是印度社会最为高贵、最有特权的祭司阶级，对于坦率真诚的佛教教义，他们一直持反对态度，并一点一点地削弱佛

1　据最新研究，阿育王在位时间为公元前273年至公元前232年，入侵羯陵伽的时间为公元前261年。

2　今斯里兰卡。

教在这片土地上的影响力。古老而怪异的神灵和不计其数的印度教团体，重新成为印度的统治者。种姓制度变得越来越严密、越来越复杂。在很长一段时间内，佛教和婆罗门教一同处于繁荣状态，但之后佛教慢慢衰落了下去，而婆罗门教则在各个方面取而代之。

然而，佛教的传播超出了印度的范围，也超越了种姓制度的界限。最后，它在中国、暹罗[1]、缅甸和日本都获得了成功，直到今天，佛教仍是这些国家的主要宗教之一。

1　今泰国。

30 孔子与老子

接下来，我们要谈到另外两位思想巨人——孔子和老子。他们生活在公元前6世纪[1]，那是一个妙不可言的世纪。正是在这个世纪，人类开始步入成熟期。

迄今为止，我们极少提到早期中国的历史。眼下这段历史依旧云山雾罩，我们希望中国探险家和考古学家能够彻底厘清本国历史，就像人们于19世纪彻底厘清欧洲历史一样。最早的中国原始文明历史悠久，它们诞生于一些大河流域，奉行原始的太阳石器文化。

与埃及和苏美尔文明一样，中国文明具有太阳石器文化的普遍特色：城市以庙宇为中心，祭司和兼任祭司的君王组织季节性的献祭仪式。而中国早期城市的生活无疑与六七千年前的埃及、苏美尔城市，以及一千年前的中美洲玛雅城市的生活如出一辙。

即使中国历史上曾经存在过人祭仪式，那也已经在中国历史开始之前就被动物祭祀所取代。距离公元前1000年尚有很长一段时间的时候，某种形式的象形文字便已在中国逐渐成形。

欧洲与西亚的原始文明同沙漠及北方的游牧文明冲突不断，中国的情况也是如此，在中国的北疆，生活着许多游牧民族。一

1　孔子的生卒年为公元前551年至公元前479年。老子的生卒年不详。

些游牧部落在语言和生活方式上彼此相似，先后以匈奴人、蒙古人、突厥人和鞑靼人之名，在中国的史书上留下属于自己的记录。他们改头换面、分分合合，就像北欧和中亚的日耳曼部落，虽然名称发生了各式各样的变化，但族属身份并没有变。

这些蒙古利亚游牧族群拥有马匹的时间，要早于北欧的日耳曼族群，他们可能早在公元前1000年之前，就凭借自己的力量，发现了阿尔泰山脉的铁矿。与西方的同类一样，东方一众游牧民族曾多次实现某种意义上的政治统一，多次征服这个或那个定居民族，多次统治和复兴这片或那片文明地区。

中国最早的文明，很可能与蒙古利亚人毫无关系，就像欧洲、西亚最早的文明与日耳曼人和闪族人毫无关系一样。中国最早的文明很可能是浅黑色人种的杰作，这一点与最早的埃及、苏美尔和达罗毗荼文明是一致的。有文字记载的历史出现之前，中国的浅黑色人种已经遭到了征服，并融合了其他人种的血统。

总之，我们知道，至公元前1750年，中国已经成为一个由小型王国和城邦组成的庞大体系。所有诸侯均奉名曰“天子”的伟大帝王为主（尽管他们的忠诚度并不高），定期多多少少地向他纳贡。这位帝王兼掌祭祀事务，诸侯的封地大小也由他决定。

公元前1125年，殷商王朝灭亡，取而代之的是周王朝。[1] 周王朝维持着一个松散的政治统一体，直到印度历史进入阿育王时代，埃及历史进入托勒密王朝时代。周王朝的统治期很长，在此期间，中国逐渐分裂。连匈奴人也跑来建立了几个小政权，地方

1 据最新研究，商周迭代的时间为公元前1046年。周朝分为西周（前1046—前771）和东周（前770—前256）两个时期。

统治者不仅不再朝贡，而且走向独立。一位中国权威学者宣称，公元前6世纪的时候，中华大地上共有五六千个分立的小国。中国史书称这一时期为“战国时代”。

但即使是在战国时代，中国的智力活动依旧十分活跃。此外，许多地方性的艺术中心及文明生活中心也是存在的。等到我们对中国历史了解得更加深入一些的时候，我们或许就会发现中国也有自己的米利都、雅典、珀加蒙和马其顿。但眼下我们对这一时期的中国史无疑了解还很有限，只能做个概述，因为我们的知识储备尚不足以支撑我们构建一个条理清晰、内容连贯的叙事框架。

正如希腊民族在四分五裂时诞生了一批哲学家，犹太民族在分崩离析、沦为俘虏时诞生了一批先知一样，混乱时期的中国同样出现了一批哲学家和导师。他们身上都体现了一个事实：动荡不安的环境似乎对更优秀的思想起到了催生作用。

孔子出身于贵族之家，曾在一个名为“鲁国”的小国担任要职。在某个与希腊式的冲动如出一辙的想法的作用下，他在鲁国创办了一种用于探索和传授智慧的学校。当时的中国法纪废弛、混乱无序，使他深感忧虑。他构思了一套理念，内容是如何更好地统治，以及如何更好地生活。

孔子周游列国，为的是寻找一名愿意实践他的法制和教育思想的统治者，但他从未找到这样一位君主。尽管他曾经遇到过一位，但该国宫廷的钩心斗角削弱了这位导师的影响力，最终导致他的改革计划归于失败。有趣的是，一个半世纪后，希腊哲学家柏拉图也在寻觅明主，还当过叙拉古（位于西西里）的僭主狄奥尼修斯（Dionysius）的顾问。

孔子是在失望中去世的。他表示：“夫明王不兴，而天下其孰能宗予？予殆将死也。”然而，在他落魄、绝望的日子里，他的学说却展现出超出他想象的生命力，甚至对中华民族的塑造起到了不可估量的影响。孔子思想后与佛家思想、老子思想一起被中国人称为“三教”。

孔子思想的要点在于君子之道。他着眼于个人行为，就像释迦牟尼着眼于进入忘我的平和境界，希腊人着眼于了解外部世界，犹太人着眼于追求正义一样。他是伟大导师中最热心公益的一位。眼下的世界混乱不堪，苦难深重，这令他忧心忡忡。他想让人们高尚起来，从而创造一个高尚的世界。

孔子对个人行为的控制欲，达到了非同寻常的地步，他对日常生活的方方面面都制定了严格的守则。他为自己心目中的“完人”定下了一个永久性的模板：彬彬有礼、热心公益、严格自律，并在中国北方推广他的理想。

老子的学说要比孔子的学说神秘得多，也晦涩难懂得多。他曾长期担任周王朝王家图书馆的管理员。他所宣扬的理念，似乎是号召人们克制自身欲望，淡泊世间的享乐和权力，回归往昔的简朴生活（虽然只是想象出来的）。他的遗稿风格凝练、晦涩难懂，如同谜语一般。他去世后，他的学说与释迦牟尼的学说一样，开始腐化堕落，蒙上了传奇色彩，还有人将一些离奇的规矩和迷信思想与它们嫁接在一起。

中国与印度一样，源自人类幼稚时期的、神秘而古怪的远古传说，总要与当世的新思想一决高下，且最后总能成功地将新思想与一些怪异、荒谬、过时的陈规陋习糅合在一起。当今中国的佛教与道教（其思想大半来自老子思想）都是由僧侣、庙宇、祭司和祭品构成的宗教，它们与古苏美尔和埃及的包含牺牲仪式的宗教仪式即使不在思想上，也在形式上一样古老。但孔子思想却没有遭到这样的命运，因为它的内容很有限，且简单、直白，上述扭曲手段对它是不适用的。

中国北方（即中国的黄河流域）成了儒家思想（即孔子思想）和精神的传播地，南方（即中国的长江流域）则是道家的天下。自从那个年代起，中国的大小事务总能追溯到北方精神与南方精神之间的冲突，如日后的北京与南京之间的冲突，以及代表官方意志、正直、保守的北方与习惯怀疑、风雅、粗枝大叶、重视实验的南方之间的冲突。

公元前6世纪是战国时代最为黑暗的阶段。此时的周王朝日益衰败、声名扫地，对王室感到不满的老子拂袖而去，辞官退隐，过起自己的生活来。

当时主导中国局势的，是三个名义上臣服于周天子的诸侯国，分别是北方政权晋国、秦国，以及侵略性十足的长江流域军事政权楚国。最后，晋国和秦国结为同盟，制服了楚国，并强行缔结了一份关于在中国实行裁军与和平的全面协议。

随着时间的流逝，秦国成了霸主。最后，大约到了阿育王统治印度的时代，秦国君主夺取了周天子的祭器，将祭祀天地的权力抢了过来。他的儿子秦始皇（公元前246年称王，公元前220年称帝）被中国的编年史称为“史上第一个大一统帝王”。

比起亚历山大，秦始皇的运气要更好些，他以国王和皇帝的身份在位达36年之久。在位时期，他积极进取，他的统治标志着中华民族进入了一个统一、繁荣的新纪元。他与来自北方沙漠的匈奴入侵者展开积极的斗争，为了限制他们的入侵，他着手进行一项规模巨大的工程，这就是万里长城。

31　罗马走进历史

接下来我们将会注意到，尽管印度西北部边境的天堑与中亚和印度东部的群山有力地将前文提到的文明一一隔离开来，它们在历史上依旧存在着大体相似之处。首先，数千年来，旧世界所有温暖、肥沃的河流流域均为太阳石器文化所辐射，催生出一批与献祭传统相关的祭祀制度与兼掌祭祀的统治者。显然，这一文化的缔造者通常就是前文作为人类中心介绍的浅黑色人种。

此后，随季节迁徙的游牧民族自季节性草原而来，他们将自己的特征（往往还包括语言）与原始文明融合在一起。他们通过征服和刺激，将不同地区的原始文明打造成各不相同的类型。与此同时，他们自己也在外界的刺激下有了新的发展。

在美索不达米亚，先是埃兰人引发了化学反应，接着是闪米特人，最后是隶属日耳曼人种的米底人、波斯人以及希腊人。在爱琴海民族的居住地，扮演这一角色的是希腊人；在印度则是雅利安语系民族；在埃及，当地政教合一的文明已难以渗透，因而征服者造成的影响相对较浅。在中国，匈奴人尽管成功地打下了自己的地盘，但自己反倒被中原文明吸收同化。之后，新的匈奴部落不断到来。中国逐渐蒙古利亚化，就好比希腊和印度北部逐渐雅利安化，美索不达米亚逐渐闪米特化和雅利安化一样。

游牧民族每到一处，必大肆破坏，但他们也带来了新的自由求知精神和道德革新精神。他们质疑古老的信仰，为原始文明的宗教体系带来了光明。他们也设立君主制，但他们的君王既不掌管祭祀事务，也非神的化身，只是统领诸位首领和同伴的最高领袖而已。

我们发现，在公元前6世纪之后的数百年间，世界各地的古代传统相继崩溃。与此同时，新的道德精神和求知欲望正在觉醒，此后，这种精神在人类历史上的伟大进步运动中再未止步不前。我们还发现，读写成了身为少数群体的统治阶层和富裕阶层普遍有能力掌握的技能，而不再是祭司们全力守护的秘密。由于马匹和道路日渐普及，旅行变得越来越常见，运输也变得越来越容易。铸造货币成了一种新而便利的手段，其目的是促进贸易发展。

现在，让我们将注意力从位于旧世界最东端的中国转向地中海西部。本章我们将提到一座城市的出现，这座城市注定终将在人类的历史上扮演一个极其重要的角色，它就是罗马。

迄今为止，本书对意大利的介绍少之又少。公元前1000年以前，它是一片被群山和森林覆盖的土地，人口稀少。雅利安语系部落闯入意大利半岛，建立了一批小型城镇和城市。半岛的最南端则遍布希腊人的殖民地。宏伟的佩斯顿神庙废墟至今犹存，在一定程度上反映了早期希腊建筑的高贵与壮丽。伊特鲁里亚人在半岛中部修建了这些建筑，他们不属于雅利安语族，可能是爱琴海民族的同族。他们一反历史常态，征服了各支雅利安部落。

当罗马最初登上历史舞台时，只是一座坐落于台伯河浅滩之上的小型贸易城市。罗马的居民属于拉丁语系民族，而统治他们的国王则是伊特鲁里亚人。古代年表将公元前753年定为罗马的建城年份，此时距伟大的腓尼基城市迦太基建立已有50年，距第一届奥林匹克运动会举行已有23年。然而，在古罗马城市广场发掘出的伊特鲁里亚陵墓的年代，却远远早于公元前753年。

公元前6世纪是一个值得纪念的世纪。公元前510年，伊特鲁里亚籍国王遭到驱逐，罗马成为一个贵族共和国。在这个国家，统治阶级由“贵族派”家族组成，“平民派”群体则是被统治阶级。除了使用拉丁语，这个国家与众多希腊贵族共和国没什么不同。

几个世纪以来，罗马的内部历史就是一个漫长的故事，讲述的是平民派为争取自由和政治权利而顽强斗争的过程。我们不难发现，这场斗争与发生在希腊的斗争（即发生在贵族与平民之间，被希腊人称为“民主”的斗争）有着相似之处。最后，旧式贵族家族为保护自身特权而设置的壁垒，大多为平民派所捣毁，初步的平等机制建立了起来。平民派还摧毁了旧式的排外思想，使得越来越多的“外邦人”得到了罗马公民权，将扩大公民权范围变成了一件可行的、令人接受的事。尽管罗马本土的斗争仍在继续，但它的势力范围却已扩展至海外。

罗马的势力扩张始于公元前5世纪。在那之前，他们与伊特鲁里亚人之间的战争往往以失败告终。伊特鲁里亚人的堡垒维伊距离罗马城仅有几英里远，但罗马人始终未能夺取。然而，公元前474年，一场大难降临到伊特鲁里亚人的头上。他们的海军被西西里的希腊城邦叙拉古歼灭。与此同时，来自北方的日耳曼入侵者高卢人，如潮水般向他们涌来。

在罗马人与高卢人的夹击下，伊特鲁里亚人战败，然后从历史上消失了。维伊被罗马人攻占。高卢人扑向罗马，洗劫了这座城市（公元前390年），但未能攻克卫城。他们试图趁夜发动偷袭，但几只鹅的叫声导致他们暴露。最后，入侵者被收买，再度退回意大利北部。

高卢人的侵袭似乎并没有动摇罗马人的意志，反而鼓舞了他们的斗志。公元前3世纪，罗马人只用了短短几年时间，便制服并同化了伊特鲁里亚人，将自己的势力范围从阿诺河扩张至那不勒斯，整个意大利中部尽为其土。他们对意大利的征服，与腓力势力在马其顿和希腊的崛起、亚历山大对埃及和印度的大规模入侵处于同一时期。到了亚历山大帝国崩溃的时候，罗马人的名声已经响彻文明世界的东部。

罗马北面有高卢人，南面则是希腊殖民地大希腊地区，即西西里岛和意大利半岛的脚尖和脚跟部分。高卢人是一个顽强、好战的民族，为了抵御他们，罗马人在边境地带修建了一批堡垒和要塞化的殖民地。南部的希腊城市以他林敦（今塔兰托）和西西里的叙拉古为首，与其说它们是罗马人的梦魇，不如说罗马人才是它们的梦魇。这些城市到处寻求外援，帮助自己抵御这些新的征服者。

在前面的章节中，我们已经提到过亚历山大帝国陷入瓦解，并被他的将领和朋友瓜分的事。在这些冒险家中，有个名叫皮洛士（Pyrrhus）的人，是亚历山大的亲戚。他在伊庇鲁斯建立了自己的基业，他的王国横跨亚得里亚海，背靠靴子状的意大利半岛的脚跟部分。

皮洛士的野心是成为大希腊地区的腓力，成为他林敦、叙拉古乃至整个大希腊地区的保护者和军事统帅。他麾下的军队在当时算得上十分高效、先进。他的步兵以方阵的形式作战，骑兵则来自色萨利，如今他们的能力不亚于当年的马其顿骑兵。此外，他还拥有20头战象。他率军侵入意大利，分别在公元前280年的赫拉克勒亚战役和公元前279年的奥斯库伦战役中击溃罗马人，这两场战役都具有非凡的意义。迫使罗马人退往北方后，皮洛士将注意力转到征服西西里上。

然而，此举为他招来了一个比当时的罗马更可怕的敌人，那就是腓尼基贸易城市迦太基，它可能是当时世界上最大的城市。西西里离迦太基实在是太近了，要是在那里诞生一位新的亚历山大，那可是迦太基人无法接受的，母城泰尔于半个世纪前遭到的命运令他们铭心刻骨。因此，迦太基派出一支舰队，鼓励（或是强迫）罗马人继续作战，还切断了皮洛士的海上交通线。皮洛士再度遭到罗马人的攻击，他朝位于那不勒斯与罗马之间的罗马人大营发动进攻，结果被击退，损失惨重。

此时，高卢人南侵的消息突然传来，皮洛士不得不返回伊庇鲁斯。但这一次，高卢人没有进入意大利。罗马人修筑要塞，派兵守备，把边境线变成了一道高卢人难以攻克的坚固防线。因此，高卢人穿过伊利里亚（今塞尔维亚和阿尔巴尼亚），朝马其顿和伊庇鲁斯而来。由于陆路上被罗马人击退，海路有被迦太基人切断的危险，本土又遭到高卢人的威胁，皮洛士放弃了征服之梦。公元前275年，他返回伊庇鲁斯，罗马乘机将势力范围扩展至墨西拿海峡。

希腊城市墨西拿坐落于海峡的西西里一侧，眼下它已落入一伙海盗之手。迦太基人已经成为西西里的实际统治者，并与叙拉古结盟。公元前270年，迦太基人制服了这批海盗，并派兵驻守此城。海盗向罗马求援，罗马人受理了他们的控诉。强大的商业政权迦太基与新兴的征服民族罗马，就这样成了隔海相望的对手。

32 罗马和迦太基

公元前264年，罗马与迦太基之间爆发了激烈冲突，即布匿战争。那一年，阿育王在比哈尔开始了自己的统治，秦始皇还是个小娃娃，亚历山大港的博物馆仍在贡献着优秀的科学成果，高卢蛮族则跑到了小亚细亚，强迫珀加蒙向自己纳贡。

当时，世界的各个角落依旧被遥不可及的距离隔绝开来。因此，对于这场发生在闪族势力的最后据点与雅利安语族新贵之间的恶战，对于这场持续一个半世纪之久，横跨西班牙、意大利、北非和地中海西部的恶战，人们所能获知的，或许只有一些来自远方的、含糊不清的谣言而已。

这场战争所遗留的问题，至今仍在激荡着这个世界。罗马战胜了迦太基，但雅利安人与闪族人之间的纷争，却成了日后犹太人与非犹太人之间冲突的因素之一。接下来本书将提到一系列历史事件，它们所引发的后果，以及由此衍生的一些被歪曲的传说，尽管早已失去活力，但它们的阴影却依旧笼罩着今天发生的冲突与争论，把问题变得越来越复杂、越来越混乱。

第一次布匿战争始于公元前264年，起因与墨西拿的海盗有关，后演变为对除叙拉古（其国王是希腊人）以外的西西里全境的统治权的争夺。迦太基人起初在海上占据上风。他们拥有一种规格大到前所未闻的巨型桨帆战舰，即“五列桨战舰”（*quinqueremes*），配有五排桨座和一只硕大的撞槌。在两个世纪前的萨拉米斯海战中，参战的头号战舰“三列桨战舰”（*triremes*）只配有三排桨座。

然而，尽管罗马人的海战经验少得可怜，但精力无穷的他们还是想方设法赶超迦太基人。他们组建了一支新的海军，并为它配备了一批以希腊人为主的水兵。他们发明了抓钩战术和登舷接敌战术，用以抵消敌人在驾船技术上的优势。当迦太基战舰试图冲撞或切断罗马人的船桨时，就会被巨大的铁制抓钩钩住，随后罗马士兵便会涌上敌舰。

在迈利海战（公元前260年）和埃克诺穆斯海战（公元前256年）中，迦太基人大败。他们在迦太基附近击退了一支罗马登陆部队，然而随后就在巴勒莫吃到一场惨败，损失了104头大象。当罗马凯旋队伍穿过城市广场时，这些大象装点其中，这在罗马历史上尚属首次。不过之后，罗马军两遭败绩，但都得以恢复。公元前241年，罗马人发起最后一击，在阿加提安群岛海战中击败了迦太基的最后一支海军力量，迦太基求和。除了叙拉古国王希洛的领地，整个西西里都被割让给罗马人。

罗马与迦太基之间的和平持续了22年，因为双方自家的麻烦事都够多了。在意大利，高卢人再次南下，威胁罗马。罗马人恐慌之余，竟将活人献祭给神灵。随后高卢人在忒拉蒙被击溃。罗马人推进至阿尔卑斯山，将自己的势力范围沿着亚得里亚海岸扩展至伊利里亚。迦太基则因本土和科西嘉、撒丁两座岛屿爆发叛乱而损失惨重，元气大伤。最后，罗马发动了一次令人无法忍受的侵略行动，占领并吞并了这两座起事的岛屿。

当时迦太基在西班牙的势力北至埃布罗河，罗马人禁止迦太基人越过这条边界。迦太基人一旦渡过埃布罗河，将被视为针对罗马的战争行为。但罗马新发动的侵略行为激怒了迦太基人，公元前218年，他们终于在一位名叫汉尼拔（Hannibal）的将军带领下，越过了这条河流，此人是人类历史上最优秀的统帅之一。他率军从西班牙出发，翻越阿尔卑斯山，进入意大利。他鼓动高卢人起来反对罗马人，从而在意大利揭开了长达15年的第二次布匿战争的序幕。

汉尼拔在特拉西梅诺湖和坎尼，把罗马人打得一败涂地。汉尼拔在意大利期间，没有一支与他交战的罗马军队能够逃脱灾难性的结局。但一支罗马军队在马赛登陆，切断了他与西班牙之间的联系。汉尼拔没有攻城车，因而无法夺取罗马城。由于努米比亚人在迦太基本土揭竿而起，受到威胁的迦太基人最终被迫回师非洲，保卫自己的城市，一支罗马军队也渡海进入非洲。

公元前202年，扎马战役爆发，主场作战的汉尼拔在大西庇阿[1]手中头一次尝到失败的滋味。扎马战役为第二次布匿战争画上了句号。迦太基屈服了，割让西班牙，交出所有战舰，支付了一笔巨额赔款，并同意将汉尼拔交给罗马人，任其报复。但汉尼拔逃往亚洲，后来，他在面临着落入无情的敌人之手的危险时，选择服毒身亡。

在接下来的56年里，被掠夺一空的迦太基与罗马之间一直处

---

1 即西庇阿·阿非利加努斯（Scipio Africanus，前235—前183），古罗马政治家、军事家，因在扎马战役中打败迦太基统帅汉尼拔而闻名于世，获得“非洲征服者”称号。

于和平状态。与此同时，罗马帝国将自己的触角伸向混乱不堪、四分五裂的希腊。罗马军入侵小亚细亚，在吕底亚的马格尼西亚击败了塞琉古君主安条克三世（Antiochus III）。罗马将当时仍处于托勒密王朝统治下的埃及、珀加蒙和小亚细亚的大部分小国变成了自己的“盟国”——如果按照我们今天的说法，应当称为“保护国”。

与此同时，虚弱无力、且已臣服于罗马的迦太基，正在缓缓恢复昔日的繁荣光景。它的复兴再度激起了罗马人的憎恨与猜忌。公元前149年，罗马以一些最虚伪、最微不足道的理由挑起对迦太基的纠纷，并发兵攻打。迦太基进行了顽强而猛烈的抵抗，经过漫长的围攻，最终于公元前146年陷落。

发生在街道上的战斗（或者说是屠杀）持续了六天之久，城内化为一片血海。当卫城投降时，25万居民中仅有约5万人得以幸存，他们被卖为奴隶。城市遭到焚烧，并被精心地摧毁。然后，罗马人在烧焦的废墟上犁地、播种，这一仪式性的举动象征着迦太基就此消失在历史长河中。

第三次布匿战争就这样结束了。五个世纪前，由闪米特人建立的国家和城市均呈现出一派欣欣向荣的景象。如今，只有一个由土著国王治理的小国仍拥有自由，这就是犹太王国。在本地出身的马卡比王室家族的领导下，它摆脱了塞琉古帝国的统治。

此时，犹太人的圣经已接近完本，一些民族传统正在形成，这就是我们今天所说的犹太世界的特有传统。自然，分布在世界各地的迦太基人、腓尼基人，以及与他们有血缘关系的民族，将会从他们所使用的实际完全一致的语言，和这部充满希望和勇气的作品中找到某种共同的联系。他们中的很大一部分仍是世界各国的商人和银行家。闪米特人的世界不是被取代，而是失去了权势。

耶路撒冷一直是犹太教的象征，而非它的中心。公元前65年，该城落入罗马人之手，此后它几经变迁，时而近乎独立，时而发生叛乱。公元70年，耶路撒冷遭到罗马人的围攻，尽管城中人顽强抵抗，这座城市还是陷落了，圣殿被摧毁。公元132年，起义再度发生。

这一次，耶路撒冷被彻底夷为平地，今天我们所熟知的耶路撒冷是日后在罗马人的支持下重建的。一座神庙在圣殿的遗址上拔地而起，但其中供奉的是罗马人的神祇朱庇特·卡皮托利努斯（Jupiter Capitolinus），犹太人被禁止在城中居住。

33　罗马帝国的发展

公元前2世纪至公元前1世纪，新崛起的罗马政权成了西方世界的统治者。从多个方面来说，它与以往任何一个称霸过文明世界的伟大帝国都不相同。最初，罗马不是一个君主制国家，也不曾诞生过一位伟大的征服者。

事实上，罗马并不是第一个实行共和制的帝国；早在伯利克里时代，雅典人就支配着一批盟国和附庸国。当迦太基和罗马发生最终导致其亡国的战争时，它统治着撒丁、科西嘉、摩洛哥、阿尔及利亚、突尼斯和西班牙及西西里的大部分土地。但罗马却是第一个逃脱了灭亡的厄运，且继续得到新发展的共和制帝国。

过去那些古老帝国的中心，往往设在美索不达米亚和埃及的河谷地带，而这个新政权的中心要更靠西一些。这使得罗马可以将一些从未接触过文明的地区和民族文明化。由于罗马的统治范围已扩展至摩洛哥和西班牙，现在它既可进军西北，越过今属法国和比利时的地区，剑指不列颠，也可将触角伸进东北方向的匈牙利和俄罗斯南部。

但从另一方面来说，罗马再也无法坚守自己在中亚和波斯的领土，因为它们离它的行政中心太过遥远。大批新的日耳曼–雅利安语系民族，以及世界上绝大部分希腊民族，就这样被囊括、并入罗马帝国。但罗马人口中的含米特、闪米特民族，却比以往任何一个帝国都要少。

数百年过去了，罗马帝国没有重蹈波斯帝国和希腊帝国那“兴也勃焉，亡也忽焉”的覆辙，而是一直在发展。米底和波斯的君主只经历了一代人左右的时间，便已巴比伦化。他们在接受“万王之王”的冠冕的同时，也全盘接收了巴比伦人的宗教体系。亚历山大和他的继承人也是如此，被巴比伦文化轻而易举地同化。塞琉古王国的宫廷与行政管理手段，同尼布甲尼撒的宫廷和行政管理手段颇为相似。托勒密王朝的君主成为法老后，就彻底埃及化了，就像先前闪族征服者被苏美尔文化同化那样。

而罗马人将统治中心设在自家的城市，数百年来，他们一直坚持奉行带有自身特色的律法。在公元2世纪至3世纪之前，同罗马人有血缘关系且存在着相似之处的希腊人，是唯一一个能够对罗马人的精神带来巨大影响力的民族。因此，罗马帝国可以说是第一个试图以雅利安文化为主流文化，来统治一个大帝国的政权。

此前，这种统治模式在历史上还未曾出现过。旧式的统治模式，即征服者坐镇一座以农神神庙为中心的都城统治全国的模式，并未被应用于这个扩张化的雅利安共和国。罗马人拥有自己的神祇和神庙，但罗马众神与希腊众神一样，实际上是一群披着神灵外衣的凡人和贵族。罗马人也有自己的血祭仪式，在危亡之际，他们甚至会举行人祭仪式，他们可能是从肤色微黑的伊特鲁里亚人那里学来这些的。但是，当罗马的黄金时代已成为久远的往事时，祭司和神庙仍没能在罗马历史上扮演什么重要角色。

罗马帝国正在扩张，其速度快得出乎人们的意料。罗马人发现，他们在近乎无意识的情况下，成了一场规模巨大的行政管理实验的参与者。这场实验不算成功。最终，他们的帝国彻底分崩离析。一个又一个世纪过去了，这场实验在形式和方法上发生了巨大的变化。它在一个世纪内产生的变化幅度，超过了孟加拉、美索不达米亚和埃及在十个世纪内产生的变化幅度。这是一场变化无穷、永远不会固定下来的实验。

从某种意义上说，这场实验是失败的。从另一层意义上说，这场实验仍未完成。治理国家是一个世界性的谜题，直至今天，欧洲和美洲都还在着手解决这个谜题。但第一个遇到它的是罗马人。

学习历史的学生最好记住，终罗马政权的一生，它的政治体系、社会体系和思想道德体系都在不断经历剧变。罗马人存在着一种强烈的思想倾向，他们不认为罗马的规则是精良的、稳固的、全面的、高贵的、具有决定性意义的。

麦考莱[1]在《古罗马谣曲集》一书中，将“罗马元老院与人民”[2]、老加图[3]、西庇阿家族[4]、尤里乌斯·恺撒（Julius Caesar）、戴克里先（Diocletian）、君士坦丁（Constantine）大帝、凯旋式、罗

1　麦考莱（Thomas Macaulay，1800—1859），英国历史学家、政治家，代表作为《自詹姆斯二世即位以来的英国史》。《古罗马谣曲集》（*The Lays of Ancient Rome*）一书是由其整理、编撰的与古罗马历史相关的流行诗歌集。

2　缩写为SPQR，即罗马共和国与罗马帝国的正式名称。

3　指马尔库斯·加图（Marcus Porcius Cato，前234—前149），罗马共和国时期政治家、作家、演说家，是罗马历史上第一位用拉丁文写作的重要作家。

4　指“非洲征服者”西庇阿（大西庇阿）家族，其子的继子小西庇阿（Scipio Aemilianus，前185—前129）同样以军事才能著称，在第三次布匿战争中最终击溃迦太基。

马人的演说、角斗活动和基督教殉道者糅合在一起，组成了一幅同时透着高端、残忍、高贵气息的画卷。我们必须将这幅画卷中涉及的物事一一整理出来。它们搜集自一段不断变化的历史进程的不同时段，而这段进程的变化程度，比那段将“征服者”威廉[1]时期的伦敦与今天的伦敦划分开来的历史进程更为深刻。

将罗马的扩张史划分为四个阶段，是一种非常方便的做法。第一阶段始于公元前390年，即罗马遭高卢人洗劫之后，一直持续到第一次布匿战争结束（公元前240年）为止。我们可将这一阶段命名为“同化共和国”阶段。这可能是罗马历史上最美好，也是最具特色的阶段。贵族派与平民派之间旷日持久的争斗逐渐进入尾声，伊特鲁里亚人的威胁已经结束，不过豪富阶级和赤贫阶级均不存在，大多数人都有一颗爱国心。这个共和国类似于1900年以前的南非布尔人共和国，或是1800年至1850年间的美利坚合众国的北方各州，即一个自由农共和国。

在这一阶段的初期，罗马还是个几乎不到20平方英里的小国。它的对手是一些作风顽强，但与它有亲戚关系的国家，它的目标不是摧毁那些国家，而是同它们合并。经历了数百年的内部纷争，罗马的子民已经学会了妥协和退让。一些城市被击败后完全罗马化，其公民可以通过投票参与政治。还有一些城邦开始自治化，其公民有了同罗马人贸易、通婚的权利。全部由公民组成的驻军被派往一些战略据点，以及那些位于新征服地区、享有种

1　“征服者”威廉（William the Conqueror，约1028—1087），英国诺曼王朝的首位英格兰国王（1066—1087年在位），原为法国诺曼底公爵，1066年“诺曼征服”后登上王位，称威廉一世。

种特权的殖民地。一条条大道被修建了起来。实行了这样的政策后，整个意大利地区的迅速拉丁化已成为必然的结局。

公元前89年，意大利的全部自由民都成了罗马公民。整个罗马帝国终于在形式上成为一座扩张化的城市。公元212年，帝国境内的全体自由民均被授予公民权。有了公民权后，他们就有了在市民大会上投票的权利——只要他们能够出席会议。

这种公民权的范围扩展至那些被驯服的城市，乃至扩展到整个国家的做法，是罗马特有的扩张策略。过去是被征服地区同化了征服者，如今情况反了过来：罗马征服者依靠自己的办法，同化了被征服地区。

然而，当第一次布匿战争结束，西西里被吞并后，尽管旧式的同化模式仍在继续，新的模式却已同时出现。例如，西西里被视作战利品，被宣布为罗马人的“财产”。当地肥沃的土壤和勤勉的居民被加以利用，给罗马带来了大量财富，其中绝大部分被贵族派和平民派中较有影响力者所占有。这场战争还给罗马带来了众多奴隶。

第一次布匿战争前，共和国人口大多为拥有公民身份的农民。服兵役既是他们的特权，也是他们的义务。在服役期间，他们的农场落到资不抵债的境地。与此同时，隶农群体开始出现，它的规模很大，而且越来越大。农民们回到罗马后发现，产自西西里和本土新庄园、由奴隶生产的农产品，成了自家产品的竞争对象。时代已经改变，共和国的性质也随之改变。西西里成了罗马人的财产，而平民百姓则成了富有的债权人和竞争者的财产。罗马已经迈入它的第二个历史阶段，即“富裕冒险家的共和国”阶段。

罗马农兵为争取自由和政治权利的斗争已经持续了200年，而他们也享受了长达100年的特权。但第一次布匿战争不仅消耗了他们的精力，也剥夺了他们所赢得的一切。

他们所拥有的选举权也已变得毫无价值。罗马帝国的政治团体有两个。第一个，也是较重要的一个，名为“元老院”。它原本由清一色的贵族组成，后来各个阶层的头面人物均可成为元老院的成员。召开元老院会议的权力，最初掌握在某些高官，即执政官和监察官手里，就像英国的上议院已经变成大地主、大政治家、大商人等人的俱乐部一样。不过，与英国上议院相比，罗马元老院的情形更类似于美国参议院。在布匿战争结束后的300年里，它一直是罗马的政治思想和政治目标的中心。

第二个团体是公民大会。它可能是罗马全体公民的集会。当罗马还是个只有20平方英里的小国时，举办这种集会尚有可能，但当罗马的公民权范围扩大到意大利以外的地区时，它便完全不具备可操作性了。朱庇特神庙和城墙上传出的号角声，宣示着会议的召开，但随着时间的推移，它变得越来越像政治投机客和市井无赖的集会。公元前4世纪的时候，公民大会仍是制约元老院的重要因素，很好地代表了普罗大众的诉求与权利。但等到布匿战争结束后，它就成了被压迫人群手中的历史遗物，起不了任何实际作用。再也没有任何因素能够合法制约那些大人物了。

从罗马共和国的政体上，我们看不出半点代议制政府的色彩。没有人考虑过选出一个代表团，来代表公民的意志。学习历史的学生必须抓住一个非常重要的知识点：公民大会从未成为相当于美国众议院或英国下议院的政治机构。从理论上说，它是由全体公民组成的政治机关；但事实上，它已沦落到不值一提的境地。

因此，罗马帝国的普通公民在第二次布匿战争后，沦落到极度贫困的境地。他们囊空如洗，时常失去自己的农场，奴隶生产的农产品利润更高，淘汰了他们的农产品。而他们却不掌握政治权力，无力加以补救。当人们丧失了政治发言权，罢工和起义就成了唯一的诉求表达方式。公元前2世纪至公元前1世纪，罗马本土的起义此起彼伏，但都没能改变现状。

这段历史的篇幅太长，我们无法描述其间发生的错综复杂的斗争，为捣毁庄园、将土地归还自由农而做的尝试，以及旨在全部或部分废除债务的提议等。简而言之，这就是一段由起义和内战构成的历史。

公元前73年，由斯巴达克斯（Spartacus）领导的奴隶大起义，将意大利进一步推向苦难的深渊。起义取得了一些战果，因为参与者中夹杂有训练有素的角斗士。斯巴达克斯在维苏威火山口一带坚持了两年，当时那似乎是一座死火山。这场起义以失败告终，并被罗马人以极其残忍的方式镇压下去。公元前71年，6000名被俘的起义军战士被钉死在自罗马延伸向南的阿庇亚大道旁的十字架上。

在与那些奴役、侮辱自己的势力所做的斗争中，平民从未赢过。但大富豪们（也就是战胜平民的一方）尽管取得了胜利，却也在罗马世界培养了一股凌驾于自己与平民之上的新势力，那就是军队势力。

第二次布匿战争之前，罗马军队由征召而来的自由农组成，他们根据各自的才能，担任骑兵或步兵。在本土作战时，这支军队表现得十分出色；但作战地点若是放到国外，作战时间又特别长的话，他们就没有耐心支撑下去了。此外，奴隶和庄园的数量一天天增加，拥有自由精神的农兵兵源却在一天天减少。

于是，一位名叫马略（Marius）的平民派领袖采取了一项新的政策。迦太基文明被颠覆后，北非就成了一个半野蛮国家努米比亚王国的地盘。罗马政权与这个王国的统治者朱古达（Jugurtha）起了冲突，费尽千辛万苦才制服了他。

马略于群情汹涌之时出任执政官，他招募雇佣军人，对他们进行严格训练，借此结束了这场令罗马颜面尽失的战争。公元前106年，朱古达被戴上镣铐，送往罗马。马略任职期满后，他倚仗自己新组建的军团的力量，继续当他的执政官。尽管这样做是不合法的，但此时的罗马没人能制止他。

与此同时，马略开启了罗马帝国发展进程的第三阶段，即“将军共和国”阶段。雇佣军团的首领们开始争夺罗马世界的统治权，打得不可开交。马略的对手是贵族派成员苏拉（Sulla），他曾跟随马略在非洲征战。两人都曾大肆屠杀过自己的政敌。数以千计的人们被杀死并剥夺公民权，土地被出售。

经历了马略、苏拉之间的血腥争斗和斯巴达克斯起义的恐怖后，卢库鲁斯（Lucullus）、伟人庞培（Pompey）、克拉苏（Crassus）和尤里乌斯·恺撒相继掌握军权，并进而控制政权。克拉苏击败了斯巴达克斯。卢库鲁斯征服了小亚细亚，进军亚美尼亚，最后以一名巨富的身份退休，享受私人生活去了。克拉苏则继续对外扩张，他入侵波斯，结果被帕提亚人击败后杀死。经过漫长的较量，庞培败在恺撒的手上（公元前48年），后来在埃及被人谋杀。恺撒从此独掌罗马大权。

尤里乌斯·恺撒是个能够激发人们想象的人物，而人们在想象这个人时，往往过高估计他的功绩和真正作用。他已经成为一个传奇，一个象征。对于我们而言，他的最高价值是标志着罗马从军事冒险家阶段，过渡到扩张时期的第四阶段，即早期帝国阶段。

尽管罗马的政治和经济乱到了极点，内部干戈四起，社会堕落，但它仍在持续对外扩张，并于公元100年前后达到顶峰。当第二次布匿战争前景未明时，罗马可能经历了一次衰退期。在马略重组罗马军队前，罗马人显然再一次丧失了活力。斯巴达克斯起义则是第三阶段的标志。

恺撒的威望，是他在今属法国和比利时的高卢地区统兵时建立起来的（居住在这一地区的主要部落，与一度占领意大利北部的高卢人、日后入侵小亚细亚并定居下来的加拉太人同属一个民族，即凯尔特人）。恺撒击退了入侵高卢的日耳曼人，将整个高卢地区并入帝国。他还两次横渡多佛海峡，进入不列颠（公元前55年至公元前54年），但并未永久占领这一地区。与此同时，庞培一直打到里海以东，并将自己的战果并入罗马版图。

在当时（公元前1世纪中期），罗马元老院仍是罗马政府名义上的中心，有权任命执政官和其他官员，并授予他们权力。一些政治家极力保护罗马共和国的伟大传统，维护其法律的尊严，西塞罗（Cicero）是他们中的佼佼者。但意大利的自由农阶层日渐衰落，公民精神也已随之消失。如今这片土地上奴隶、穷人遍地，他们既不理解自由，也不渴望自由。

元老院的共和国领袖根本得不到支持，而他们既害怕，又想加以控制的大冒险家们，却拥有罗马军团的支持。克拉苏、庞培和恺撒越过元老院，组成前三头同盟，三分天下。不久，克拉苏在遥远的卡莱被帕提亚人所杀，庞培和恺撒立刻翻脸。庞培站到共和国领袖的一边，元老院通过了审判恺撒的法案，理由是他违反法律及拒绝服从元老院的命令。

如果一名将领率领所部人马踏出辖地，那他就违反了罗马法律。恺撒的辖地与意大利本土之间隔着一条卢比孔河。公元前49年，恺撒越过了这条疆界，他抛下一句“木已成舟”，然后便朝着庞培与罗马进军。

按照罗马过去的惯例，在军事上处于绝境时，罗马人将推选出一位“独裁官”，并授予其几近不受制约的权力，以求度过危机。战胜庞培后，恺撒当选为独裁官，最初任期定为十年，后来（公元前45年）又改为终身制。实际上，他已经成为这个帝国的终身统治者。当时有传言称恺撒欲称王，但自五个世纪前伊特鲁里亚人被驱逐以来，罗马人对国王就厌恶透顶。因此恺撒拒绝称王，但他接受了相当于国王的地位和权力。

击败庞培后，恺撒去了埃及，向埃及女王、托勒密王朝最后一任君主克里奥佩特拉（Cleopatra）求爱。由于她，恺撒似乎彻底改变了心意。他将埃及的神王思想带回罗马。他的雕像被立在神庙中，题曰：“献给无敌的神。”罗马的共和精神在行将消亡之际，突然喊出了最后的抗议之声。恺撒在元老院遭到刺杀，倒在了被他杀害的政敌庞培的雕像脚下。

在接下来的日子里，因个人野心引发的冲突持续了13年。在此期间，雷必达（Lepidus）、马克·安东尼（Mark Antony）、屋大维（Octavian）结为后三头同盟。屋大维是恺撒的外甥，公元前31年，他在亚克兴海战中击败了自己唯一的劲敌马克·安东尼，独掌罗马大权。

但屋大维的性格与恺撒完全不同。他可不会蠢到去当什么神明或国王，也不会心甘情愿地被女王情人迷得神魂颠倒，而是让元老院和罗马人民重获自由。他谢绝成为独裁者。作为回报，感激涕零的元老院授予了屋大维实实在在的权力，而非形式上的权力。他没有正式称王，而是获得了“元首”和“奥古斯都”的头衔，成为罗马第一任皇帝奥古斯都·恺撒（前27—14年在位）。

他的继任者是提比略（Tiberius，14—37年在位），接下来是卡利古拉（Caligula）、克劳狄乌斯（Claudius）、尼禄（Nero）等人，再接下来则是图拉真（Trajan，98年继位）、哈德良（Hadrian，117年继位）、安东尼·庇护（Antoninus Pius，138年继位）、马可·奥勒留（Marcus Aurelius，161—180年在位）。这些皇帝都是由禁卫军拥立的。他们被军人扶上帝位，但其中一些人也是被军人推翻的。元老院逐渐淡出罗马历史，皇帝和他的行政官员取而代之。

帝国的边界缓缓向前延伸，眼下已经到了极限。不列颠岛的大部分土地已并入帝国版图，特兰西瓦尼亚成了帝国的新行省——达契亚省。图拉真越过幼发拉底河。哈德良的创意则让我们立刻想起了旧世界另一端的故事。与秦始皇一样，他修建长城，抵御北方的蛮族，其中一道横亘在不列颠大地上，另有一道栅栏位于莱茵河与多瑙河之间。他放弃了图拉真时代的一些战果。

至此，罗马帝国的扩张落下了帷幕。

萨尔贡一世是阿卡德帝国的开创者，最早统一了美索不达米亚。“萨尔贡”长期被视作古代两河流域的国王称号，直到近年考古发现才证实历史上确有其人［参见第16章］

腓尼基人的船（石棺浮雕，公元2世纪）。腓尼基人自称“迦南人”，是一个生活在地中海东岸（今黎巴嫩一带）的古老民族，以善于航海与经商而著称于世［参见第17章］

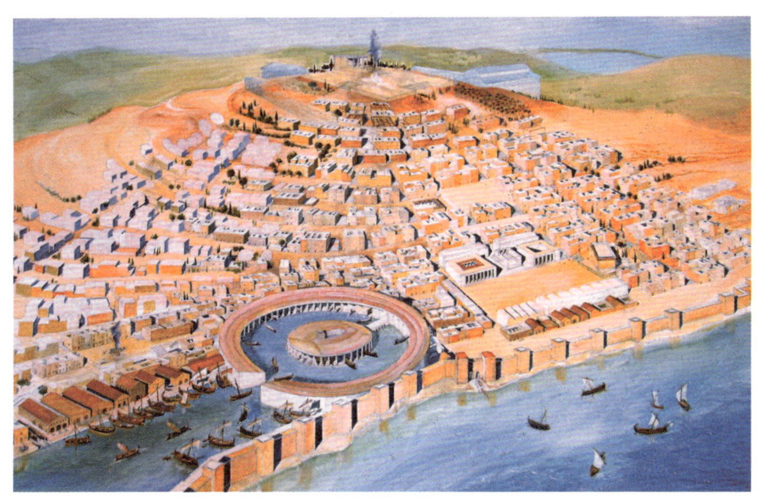

迦太基城复原图（现藏于突尼斯迦太基国家博物馆）。迦太基位于今突尼斯北部，起源于腓尼基人建立的殖民城邦，在布匿战争中败于罗马后被夷为平地［参见第17章］

埃及传奇法老拉美西斯二世的墓葬雕刻，位于帝王谷。作为古埃及历史上最著名的法老之一，他既是一位战无不胜的统治者，也是一位不知疲倦的建设者［参见第18章］

亚述帝国雄主亚述巴尼帕猎狮浮雕（现藏于大英博物馆）。猎狮是亚述的传统活动，国王每年都会亲自狩猎，以炫耀其武功，并命人将猎狮场面刻于墙上［参见第18章］

古希腊奥林匹亚竞技会场遗迹，位于希腊南部平原。首届竞技会于公元前776年在奥林匹亚举行，每4年举行一次，是现代奥林匹克运动会的源头［参见第23章］

《雅典学院》(1511年)是拉斐尔的一幅名作，他打破时空界限，将各个不同学科领域的文化名人汇聚一堂，以纪念古希腊历史上这一思想的“黄金时代”[参见第23章]

《伊苏斯之战》(马赛克镶嵌画，公元前1世纪，出土于意大利庞贝城)。公元前333年，亚历山大大帝在东征过程中，在伊苏斯大败波斯皇帝大流士三世[参见第26章]

公元前326年，亚历山大大帝与印度君主波鲁斯在海达斯佩斯河会战中相遇，波鲁斯的象军令希腊士兵惊惧，但仍未能将其战胜（Nicolaes P. Berchem，17世纪）[参见第26章]

帕提亚彩陶武士像（公元2世纪至4世纪，出土于叙利亚）。帕提亚帝国又称安息帝国，位于伊朗，曾与西汉、罗马、贵霜帝国并立，成为当时的亚欧四大强国之一[参见第27章]

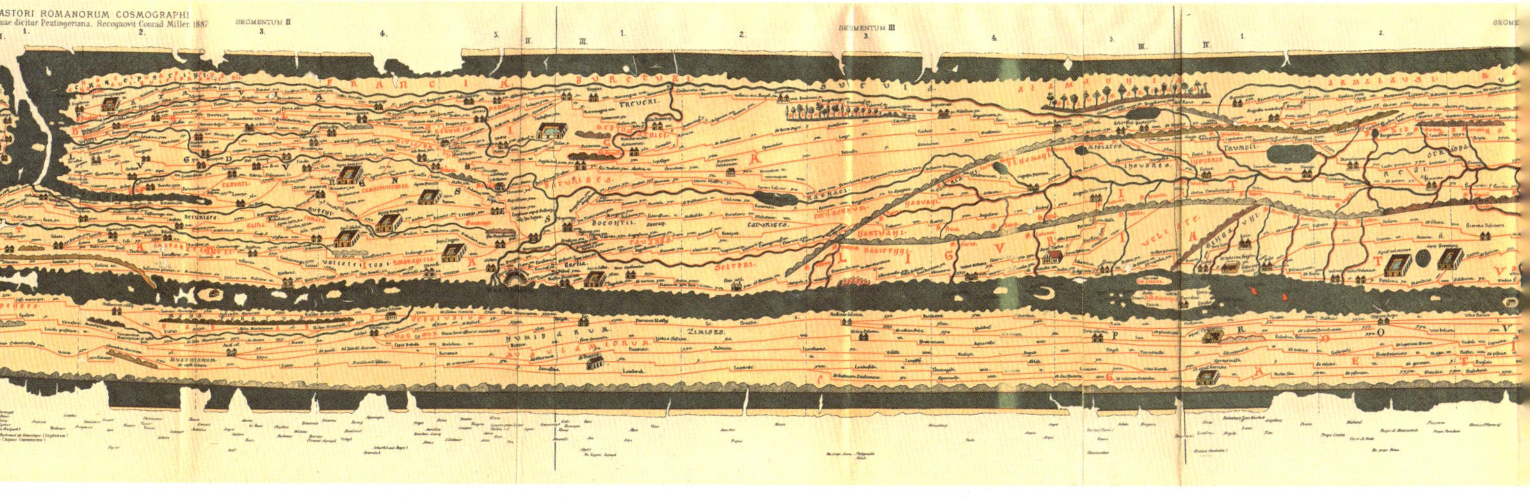

《波伊廷格地图》是现存唯一的罗马帝国交通图，长达6.75米，宽34厘米。原本绘制于公元前1世纪，图为13世纪的复制品，曾长期由波伊廷格家族收藏［参见第33章］

图拉真纪念柱浮雕（局部）。位于罗马图拉真广场，为纪念图拉真征服达西亚而建，柱身上环绕着长达200米的饰带浮雕，表现了罗马军队征战及凯旋的场景［参见第33章］

罗马统治时期祭祀拉–哈拉克提神的墓碑，描绘了古埃及“三位一体”的神奥西里斯、荷鲁斯与伊希斯（公元1世纪至2世纪，现藏于慕尼黑埃及艺术博物馆）［参见第36章］

位于意大利波佐利的古罗马朱庇特－塞拉皮斯神庙，体现了罗马与埃及两种主神信仰的融合（James Graham，摄于约1858年，现藏于苏格兰国立美术馆）［参见第38章］

《阿提拉的盛宴》（Mór Than，1870年）。据记载，西迁的匈人把他们的乐舞也带到了匈牙利平原，本图根据东罗马帝国史学家普利斯库斯对匈人的记录绘成［参见第40章］

公元626年，萨珊波斯、阿瓦尔人和斯拉夫人联军围攻君士坦丁堡（罗马尼亚摩尔达维亚教堂壁画）。最终，这座以易守难攻而闻名于世的名城成功化险为夷［参见第41章］

尼尼微战役（627年）是7世纪初期拜占庭与萨珊波斯战争中的关键一役，战争的失败引发了萨珊波斯的内战（Piero della Francesca，约1452年）［参见第41章］

《张议潮出行图》。敦煌壁画的主题大多是佛教故事，现实题材较为少见，该图描绘了张议潮从吐蕃手中收复沦陷数十年之久的沙州，全军高唱《大阵乐》凯旋［参见第42章］

732年，阿拉伯帝国在征服西班牙后，开始进军法兰克王国，但在普瓦捷战役中被法兰克人击败，征伐西欧的进程也就此止步（Eugene Delacroix，1830年）［参见第44章］

波斯细密画插图（约1560年，现藏于华盛顿弗利尔美术馆），选自中世纪波斯文学经典《七宝座》，由萨法维王子易卜拉欣·米尔扎命人创作［参见第44章］

中世纪阿拉伯天文学可谓成果斐然，拥有大量专业的天文台和专职天文学家。图中的星盘（1291年）由拉苏尔·穆扎法里制作，是献给一位王子的礼物［参见第44章］

公元800年的圣诞节，教皇利奥三世为法兰克国王查理曼加冕，宣布他为“罗马人的皇帝”，但罗马帝国昔日的荣光并未再现（Friedrich Kaulbach，1861年）［参见第45章］

1099年7月15日，十字军经过一个多月的围攻，借助多种攻城器械，终于攻陷了耶路撒冷，这是这座“圣城”第一次被攻陷（Émile Signol，1847年）［参见第46章］

1204年，教皇英诺森三世派使节前往罗斯，以皈依罗马天主教为条件，答应为罗斯王公罗曼·姆斯季斯拉维奇加冕，但遭到拒绝（Nikolai Nevrev，1875年）［参见第46章］

哈隆·拉希德是阿拉伯帝国阿拔斯王朝最著名的哈里发，因与法兰克国王查理曼结盟而蜚声西方，图为拉希德的贡使面见查理曼（Jacob Jordaens，1663年）[参见第46章]

1571年，奥斯曼土耳其帝国海军向欧洲大举进攻，由西班牙、罗马教廷和威尼斯组成的联合舰队在勒班陀海角将其彻底击溃（Andries van Eertvelt，1640年）[参见第48章]

《收复格拉纳达》（Francisco Pradilla Ortiz，1882年）。穆罕默德十二世（天主教徒称之为Boabdil）向阿拉贡国王费迪南和卡斯提尔女王伊莎贝拉投降［参见第48章］

《加泰罗尼亚地图集》中描绘的丝绸之路上向东方行进的商队，绘图者参考了《马可·波罗游记》中的描述，将东方视作富庶之地（Abraham Cresques，1375年）[参见第49章]

1340年的斯鲁伊斯海战为英法百年战争揭开了序幕，法国舰队损失惨重，无法跨越英吉利海峡，因而后续战役大多发生在法国本土（Jean Froissart，15世纪）[参见第49章]

1492年，当哥伦布登上新大陆时，他兴奋地称之为“新世界”，但随即发现自己陷入了一场当地土著居民的争斗之中（John Vanderlyn，1842—1847年）［参见第49章］

“维多利亚”号是唯一一艘在麦哲伦的环球航行中幸存的船只，选自第一部现代意义上的地图集《寰宇全图》中的一幅太平洋地图（Abraham Ortelius，1589年）［参见第49章］

苏莱曼一世。作为奥斯曼帝国在位时间最长的苏丹（1520—1566），苏莱曼将帝国在政治、经济、军事和文化等各方面都带入了极盛时期，被称为“立法者”［参见第51章］

阿兹特克帝国首都特诺奇提特兰地图（Friedrich Peypus，1524年）。1519年，西班牙殖民者科尔特斯率军征服并毁灭了这座岛上城市，今天仅存地下遗迹［参见第51章］

查理五世的葬礼上，仪仗举着撒丁王国的国旗。查理五世对葬礼极有兴趣，不仅喜欢参加他人的葬礼，甚至曾为自己举行过葬礼（Christophe Plantin，1559年）[参见第51章]

《威斯特伐利亚和约》开创了以国际会议解决国际争端的先例，确立了国家主权的原则，对近代国际法的发展具有重要的促进作用（Gerard Terborch，1648年）[参见第52章]

黎塞留是法王路易十三的宰相，也是天主教枢机主教，以强硬手段巩固了王权专制制度，成为将法国改造成现代国家的功臣（Philippe de Champaigne，1640年）[参见第52章]

1704年，在夺取波罗的海门户纳尔瓦之后，彼得一世阻止士兵劫掠当地居民。在此前的大北方战争中，俄军曾在此被瑞典击败（Nikolay Sauerweid，1859年）[参见第52章]

《坎帝诺世界航海图》（1502年）是现存的最早描绘“教皇子午线”的世界地图，也是最早反映大航海时代的先驱葡萄牙人向东西方探索的地图［参见第53章］

1757年的普拉西战役中，克莱武与莫卧儿帝国的孟加拉统治者米尔·贾法尔相互勾结，图为两人在战后会面（Francis Hayman，现藏于英国国家肖像艺术馆）[参见第53章]

路易十六被送上断头台。路易十六喜爱机械，曾经改进断头台，最后却用到了自己身上，他也成为法国历史上唯一被处决的国王（Georg H. Sieveking，1793年）[参见第55章]

1815年的滑铁卢之战中，英军方阵迎战法军胸甲骑兵。拿破仑的最后一战以失败告终，也宣告了拿破仑帝国的终结（Henri F. E. Philippoteaux，1874年）[参见第55章]

20世纪初表现门罗主义的美国漫画。1823年，美国总统门罗在国情咨文中提出，欧洲列强不应再插手美洲国家事务，但对拉美国家而言却成为一句虚假承诺[参见第56章]

1909年7月25日，法国发明家、工程师路易斯·贝莱里奥（Louis Blériot）驾驶XI型单翼机，首次成功飞越英吉利海峡，完成了人类历史上的一次壮举［参见第57章］

1804年，英国工程师特里维西克把瓦特的蒸汽机应用于运输业，制成了世界上第一台可以实际运作的蒸汽机车，为19世纪蒸汽动力机械的发展奠定了基础［参见第58章］

1851年在伦敦举办的万国工业博览会，是第一次真正意义上的世界博览会。作为主会场的水晶宫成为最大亮点，也是维多利亚时期英国强大工业实力的体现［参见第58章］

1781年，康华里将军在约克镇之战失败后投降。这是新成立的合众国政府邀请画家绘制的反映独立战争的爱国题材系列画作之一（John Trumbull，1817年）［参见第60章］

汉普顿罗兹海战是美国南北战争中最著名的一场海战，北军的“莫尼特”号和南军的“梅里马克”号进行了历史上第一次铁甲舰的对决（Kurz & Allison，1889年）[参见第60章]

在普法战争初期的马斯拉图尔之战中，1870年8月16日，罗伊斯侯爵海因里希十七世正在率兵作战，最终普军阻断了法军西退之路（Emil Hünten，1902年）[参见第61章]

1871年1月，德意志帝国宣告成立，普鲁士国王威廉一世在法国凡尔赛宫加冕为帝国皇帝，德意志帝国一跃成为经济总量世界第二的强国（Anton von Werner）[参见第61章]

1889年，英国殖民者塞西尔·罗德斯（Cecil Rhodes）创立了英国南非公司，并于1895年建立了以自己名字命名的“罗德西亚”（包括今赞比亚和津巴布韦）[参见第62章]

1635年，方济各·沙勿略受命成为耶稣会的首批传教士，前往葡萄牙开辟的东方地区传教，在临行时向葡萄牙国王约翰三世辞行（José Avelar Rebelo）［参见第63章］

长崎出岛平面规划图（1824—1825年，现藏于荷兰皇家图书馆）。江户幕府执行“锁国”政策后，荷兰人只能在长崎的扇形人工岛上居住以及设立贸易站［参见第63章］

浮世绘作品中描绘的“黑船”（日本江户时代对来自欧美的蒸汽船的称呼）。1853年的“黑船来航”事件为日本浮世绘增添了一种新题材，即“开化绘”［参见第63章］

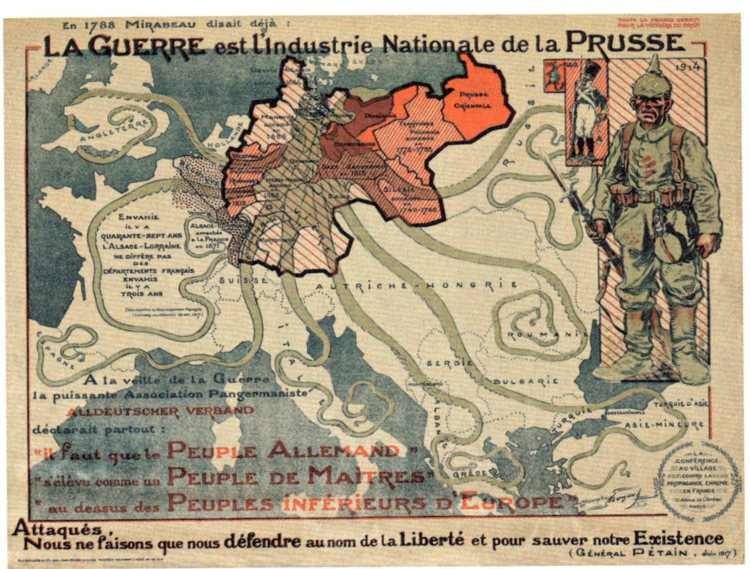

“战争就是普鲁士的国家产业。”第一次世界大战期间法国号召反抗普鲁士（即当时的德国）的宣传画，将其描绘成盘踞在欧洲地图上的一条章鱼（1917年）［参见第65章］

1886年的一幅大英帝国地图。维多利亚时代英国出版的世界地图习惯把大英帝国各领地和殖民地用粉色标出，以展现英国在全球范围内的霸权［参见第64章］

堑壕战是整个“一战”最鲜明的特点，战争期间的每一次交战都是一场消耗战，并演变成一场可怕的屠杀，战壕也由此被士兵们称为“人间地狱”（1916年）[参见第65章]

1917年的国际妇女节这天（俄历2月23日），俄国工人们纷纷走上街头，发动大罢工，揭开了二月革命的序幕，并最终推翻了沙皇的统治（Kevin Murphy）[参见第66章]

1919年6月28日，《凡尔赛条约》在凡尔赛宫镜厅签署，坐在长桌正中央的德国代表贝尔（Johannes Bell）正趴在桌上埋头签字（William Orpen，1919年）[参见第67章]

1920年11月15日，国际联盟召开了第一次全体大会，共有41个国家的代表出席。但国联沦为大国操控国际关系的工具，未能很好地完成自身的历史使命 [参见第67章]

34 罗马与中国

公元前2世纪和公元前1世纪是人类历史进入新阶段的标志。美索不达米亚和地中海东部不再是世界关注的中心。美索不达米亚和埃及依旧是富庶繁华、人口稠密的膏腴之地，但在世界舞台上已优势不再。世界的重心开始向西方和东方转移。如今统治世界的是两个伟大的帝国——新出现的罗马帝国和新兴的汉帝国。

罗马将势力范围扩展至幼发拉底河，但始终未能越过这道界线，因为它实在是太遥远了。在幼发拉底河的另一头，原本属于塞琉古帝国的前波斯、印度领土，落入了一些新的统治者手里。而当时的中国，则是汉王朝的天下。它在秦始皇死后取代了秦王朝，眼下已跨越青藏高原和帕米尔高原，将触角伸入中亚。然而，汉王朝的扩张也已达到极限，再远就鞭长莫及了。

当时的中国是世界上最伟大、组织度最高、最文明的政体。它的疆域和人口都超过了巅峰时期的罗马帝国。这两个泱泱大国虽然同处一个世界，又于同一时代繁荣起来，但它们彼此间或许几无了解。当时的交通手段（无论是陆路还是海路）还很落后而无序，两国之间不可能发生直接冲突。

然而，两国仍以一种非常值得注意的方式影响着对方。不仅如此，它们还对夹在两国之间的地区（即中亚和印度）的命运产生了深刻影响。两国之间存在着一定规模的贸易活动（尽管有如涓滴细流），它们是通过穿越波斯的驼队，以及沿着印度洋海岸和红海海岸航行的船队等实现的。公元前66年，庞培率领的罗马军队循着亚历山大大帝的足迹，前往里海东部海岸。公元102年，一支由班超指挥的汉朝远征军抵达里海，并遣使罗马。但是，还要过上好几百年，欧洲和东亚这两大平行世界才能明确了解彼此、发生直接往来，并进而产生联系。

两大帝国的北部皆为一片蛮荒地带。今天的德国在当时多半为森林所覆盖，这些森林一直延伸到俄罗斯境内，体型硕大的欧洲野牛（公牛的个头比大象小不了多少）以此为家。接下来，沿着巍峨的亚洲山脉一路向北，一片片沙漠、干草原地带、森林地带和冻土地带相继铺展开来。广阔无垠、呈三角状的中国东北地区位于亚洲高原的东部。

上述区域的很大一部分绵延于俄罗斯南部与中亚之间，直达中国东北地区，那里的气候反复无常，无论是过去还是现在皆是如此。几百年来，当地的降雨量变化极大，不适宜人类居住。多年来，那里始终水草丰美，沃野千里，但在接下来的一段时期，当地的空气湿度将一落千丈，周期性的致命干旱即将到来。

这片蛮荒地带的西部，从德国林地以北延伸至俄罗斯南部和中亚，从格陵兰延伸至阿尔卑斯山，日耳曼民族和雅利安语系民族便发祥于此。东部则是蒙古高原的干草原地带和沙漠地带，匈奴人、蒙古人、鞑靼人和突厥人发祥于此，这几个民族在语言、人种和生活方式上彼此相似。

匈奴部落将剩余人口打发到中原的定居民族居住区，或任由他们在此流浪，或让他们袭击、征服当地。与此同时，日耳曼民族似乎不断越过边界南下，向发展中的美索不达米亚文明和地中海沿海文明步步紧逼。每逢丰饶时节，北方地区的人口便会出现增长；而遇到草料短缺、畜疫横行的时候，饥饿、好战的部落民就不得不踏上南进之路。

在这样一段时期内，世界上同时存在两个强悍的帝国，它们有能力阻击蛮族，甚至还能凭借武力，将帝国的边境线向前推移。汉帝国自华北朝蒙古高原持续推进，势头猛烈。汉军如潮水般从长城涌出。农民牵着马，拖着犁，越过这道位于帝国边境的警戒线，把一片片草场化为耕地，将冬季牧场围起。匈奴人袭击、杀戮这些移民，但汉朝频频发动惩罚性远征，使他们无法承受。游牧民们面临着两个选择，要么定居下来，耕田种地，并向汉朝纳税，要么迁徙他处，另觅夏季牧场。一部分人选择了前一条路，于是被同化。另一部分人则朝西方和西北方迁徙，他们越过绵绵群山，进入中亚西部。

从公元前200年起，蒙古高原上一拨又一拨的牧民被迫西迁，将当地的雅利安部落驱而向西，后者则再度逼向罗马。帝国的边境线上一旦出现薄弱环节，便会被伺机而动的雅利安部落加以利用、突破。公元前1世纪，帕提亚人来到幼发拉底河流域，他们显然是一群混有蒙古利亚血统的斯基泰人。他们曾在庞培东侵时与其作战，还击败并杀死了克拉苏。他们取代了波斯的塞琉古王朝，建立了一个由帕提亚君主统治的王朝，即阿萨息斯王朝。

但在一段时期内，对于饥饿的游牧民而言，阻力最小的选择既不是西进，也不是东进，而是经由中亚，而后取道东南方，翻越开伯尔山口，进入印度。当罗马与汉帝国如日中天时，印度正遭受着蒙古利亚人的压力。一群群袭击者与征服者如潮水般涌入，穿过旁遮普，进入大平原，大肆劫掠。阿育王的帝国崩溃了，印度历史从此进入黑暗时期。

由“印度–斯基泰人”（他们也是袭击者之一）建立的贵霜王朝，一度成为印度北部的统治者，维持着一定的秩序。入侵持续了几个世纪。公元5世纪的很长一段时间内，印度一直遭受着嚈哒人（又称“白匈奴”）的侵扰，他们向印度小邦的王公征收贡赋，给印度大地带来了挥之不去的噩梦。这些嚈哒人每年夏天在中亚以西牧马，一到秋天就越过山口南下，使印度陷入一片恐怖之中。

公元2世纪，一场大难同时降临罗马与汉朝，两大帝国抵御蛮族入侵的能力可能因此遭到削弱。这场劫难以瘟疫的形式表现出来，其致命效果史无前例。疫病蹂躏汉朝达11年之久，导致其社会结构严重瓦解。汉朝灭亡，中国从此进入一个充满分裂和混乱的新时代，直到唐朝于7世纪建立，它才得以迅速恢复生机。

这场传染病从亚洲蔓延至欧洲。从公元164年至180年，罗马帝国全境均遭荼毒。显而易见的是，帝国的组织机能一落千丈。从那以后，罗马行省人口锐减的记载开始见诸史书，这标志着罗马政府的活力丧失与行政效率的下降。无论如何，我们现在发现，帝国的边境线不再坚不可摧，而是节节后退。

一个新的日耳曼民族哥特人穿过俄罗斯，迁往伏尔加地区和黑海海岸，他们来自瑞典的哥特兰岛。哥特人随即走向大海，干起了海盗的营生。至2世纪末，他们可能开始感受到匈人西进带来的压力，遂于公元247年发动了一次大规模的陆上突袭。他们越过多瑙河，在今塞尔维亚一带打了一仗，击败并杀死了罗马皇帝德西乌斯（Decius）。公元236年，另一支日耳曼人即法兰克人突破了位于莱茵河下游的边界，在此之前，阿勒曼尼人已如潮水般涌入阿尔萨斯地区。罗马驻高卢军团击退了入侵防区的敌人，但巴尔干半岛的哥特人一次次发动袭击。达契亚行省从罗马的历史上消失了。

罗马人的骄傲与自信已逐渐消失。公元270年至275年，罗马城被皇帝奥勒良（Aurelian）打造成一座要塞。在此前的300年间，这座城市一直对外开放，却始终安如泰山。

35　早期罗马帝国的平民生活

罗马帝国于公元前2世纪建国，奥古斯都执政后，它在和平与安宁中享受了两个世纪的繁荣时光，之后便陷入混乱并最终崩溃。在讲述上述事件之前，我们最好先花些工夫，了解一下这个泱泱大国的各个角落的平民的生活。到现在为止，本书已进入距离我们的年代不到2000年的部分。和平时代（不论是罗马时代还是大汉时代）的文明民族的生活，显然已经开始与其同样文明的现代人后裔的生活越来越相似。

当时，铸币技术已在西方世界得到了广泛应用。在世俗世界，许多人既不当官，也无神职，而是自食其力。随着高速公路和旅馆的出现，人们的出行也比以前更方便了。与过去相比，这个时代的生活环境宽松多了。在公元前500年以前，文明民族的人们一辈子都没去过别的国家或地区，终生都不得不与某种传统牢牢捆绑，不可能有什么大见识。至于做生意、游世界，那是那些游牧民族的专属。

但是，罗马帝国尽管和汉帝国一样领土广袤，却并不是一个大一统政权。各个地区各有特色，彼此差异极大。此外，不同地区的文化也存在着极大的反差和区别，就像英治时期的印度那样。罗马的驻军和殖民地星罗棋布，它们虽然彼此相隔遥远，却信仰同一种宗教（罗马宗教），使用同一门语言（拉丁语）。但那些在罗马人到来前便已存在的城镇和城市，尽管事实上臣属于罗马，却拥有自家事务的处置权。此外，那里的人们至少可以在一段时期内，按照自己的方式膜拜自家神祇。

在希腊、小亚细亚和希腊化的东方地区，拉丁语往往从未流行过。希腊文化在当地的统治地位是不可动摇的。塔尔苏斯的扫罗（后成为使徒保罗）是个犹太裔罗马公民，但他说话、写作时使用的都是希腊语，而不是希伯来语。甚至在千里之外的帕提亚帝国（波斯的塞琉古王朝就是被它推翻的），希腊语也成了宫廷流行用语。

在西班牙和北非的一些地区，尽管迦太基政权已经灭亡，但迦太基语依旧存在了很长一段时间。塞维利亚就是这样一个例子。早在罗马尚未出名之时，它就已经是座繁华城市了，尽管用于安置罗马退伍军人的殖民地意大利卡离此地仅有数英里远，但塞维利亚人依旧世代膜拜闪米特女神，沿用闪米特语。塞普提米乌斯·塞维鲁（Septimius Severus）于公元193年至211年担任罗马皇帝，他使用的就是自己的母语迦太基语。后来他学会了拉丁语，但说起话来总是一副外国腔调。据记载，塞维鲁的妹妹始终没有学会拉丁语，她在罗马主持家务时用的也是迦太基语。

在高卢、不列颠等地区，以及达契亚（与今天的罗马尼亚大致重合）、潘诺尼亚（多瑙河以南的匈牙利领土）等行省，早先并不存在什么大型城市、庙宇和文化，但罗马帝国却将这里“拉丁化”。这使得上述地区第一次沐浴在文明的春风中。罗马人在当地建立市镇，然后先是将拉丁语变成那里的第一语言，再把罗马的宗教、习俗和风尚带到那里。罗马尼亚语、意大利语、法语和西班牙语均为拉丁语的变体，它们至今依然在提醒我们，拉丁语和拉丁习俗曾被广泛运用到何种程度。

拉丁语最终亦成为西北非的主要语言。埃及、希腊以及罗马帝国东部的其余地区则从未拉丁化。从地域文化和地域精神上说，这些地方仍属于埃及和希腊体系。甚至在罗马，那些受过教育的人们也将希腊语视作一门绅士的语言来学习，而人们对希腊文学、学问的喜爱，也大大超过他们对拉丁文学、学问的喜爱。

在这样一个多元化的帝国，做事业和做生意的方式自然也是十分多样化的。定居人群居住区的产业依然以农业为主。我们在前文中已经提到过，早期罗马共和国的脊梁是那些意志坚强的意大利农民，但在布匿战争之后，他们被那些在庄园内劳作的奴隶取而代之。希腊世界的农耕模式形形色色，既有阿卡迪亚式的农耕蓝图（每个自由公民都要用他们的双手辛勤劳作），也有斯巴达式的耕作观念（农活是一种贱役，只有奴隶阶层黑劳士才干）。

但这些都已是老皇历，如今庄园和奴隶群体已遍布希腊化世界的大部分地区。隶农要么是些操着各种语言，彼此无法沟通的战俘，要么生来就是奴隶。他们不懂得团结起来反抗压迫，不享受任何传统权利，既没有文化，也不会读写。尽管他们构成了本国人口的绝大多数，但从未发动过一次成功的起义。公元前1世纪的斯巴达克斯起义的发起者是一群身份有些特殊的奴隶，他们被训练成角斗士。

在共和国时代后期和帝国时代前期，这些奴隶承受的屈辱是难以想象的。他们必须戴着镣铐过夜，或是剃掉半边头发，这样他们就很难逃跑。他们没有妻子，主人可以凌辱、弄残乃至杀害他们，还可以把他们卖给竞技场，让他们去和猛兽搏斗。如果一个奴隶杀死了自己的主人，那么不仅凶手要被钉死在十字架上，这户人家的所有奴隶都要遭到同样的命运。在希腊的一些地区，特别是雅典，许多奴隶的遭遇固然没有这么恐怖，但依旧令人愤怒。在这些人眼里，那些攻破罗马军团防线的蛮族入侵者并非敌人，而是解放者。

大多数产业中都活跃着奴隶的身影，一切可以以集体协作形式进行的劳动，如今也都交给了奴隶。采矿、冶炼、划桨、筑路、修建大型建筑，几乎全都成了奴隶的分内之事。家政服务也基本都由奴隶来完成。不过在城市和农村，也有一些自由人和被释放的奴隶，为了自己或是为了酬劳而工作。他们从事工匠、监工等职业，新出现的工薪阶层与奴隶阶层形成了竞争关系，但我们不清楚他们在总人口中的所占比例分别是多少。相关数字可能随着地域和时代的不同而千差万别。而奴隶制度同样几经变化。最初，奴隶须在夜间披枷带锁，被人用鞭子赶到农场或采石场去。后来，奴隶主发现，让奴隶支付一笔满意的补偿金，然后允许他们像自由人一样种田、做手艺、娶妻，对自己更为有利些。

有些奴隶可以拥有武器。伊特鲁里亚人让奴隶相互厮杀，赢了的人才能活下来，以此取乐。公元前264年，即第一次布匿战争开始之时，这项活动在罗马得以复兴，并迅速流行起来。不久以后，每个罗马巨富都蓄养了一群角斗士充当随从，他们有时会在竞技场内搏斗，但他们的真正使命是充当主人的贴身保镖，为其张声势。

还有一些奴隶颇有学问。共和国时代后期，罗马人征服了希腊、北非和小亚细亚的一些高度文明化的城市，带回许多受过高等教育的战俘。罗马上等人家的子弟的家庭教师，往往就是一个奴隶。富人往往会让希腊奴隶担当自家的图书管理员、秘书和家庭学者。他们还会豢养属于自己的诗人，就像豢养一条用于表演的狗一样。在这种奴隶制度无所不在的氛围下，现代文学和批判主义传统逐渐形成，风格细腻、胆怯，又好争论。一些比较有商业头脑的人会买下一些聪慧的少年奴隶，让他们接受教育，然后出售。奴隶们被训练成抄写员、珠宝匠以及各种专业人才。

然而，以征服为基调的富裕冒险家共和国时代的起始阶段，与大瘟疫之后的大分裂时期相隔时间达400年之久，在这段时间内，奴隶的地位发生了极大的变化。公元前2世纪的时候，战俘要多少有多少，当时的风俗也是野蛮而残忍。奴隶没有任何权利，但凡读者所能想象得到的暴行，那个年代的奴隶几乎全都经受过。然而，到了公元1世纪，罗马人对奴隶的态度已经有了明显改善。原因之一是战俘来源已不再像以前那样充足，奴隶变得更珍贵了。奴隶主意识到，奴隶的自尊心越强，他们从这群不幸的人身上榨取的利益就越多。

但此外还有一个原因，那就是罗马社会的道德水准正在提高，人们心中的正义感开始发挥作用。希腊式的高尚心态缓和了旧罗马式的粗暴风格。过去的残忍做法受到了限制，奴隶主再也不能把奴隶卖给斗兽场，奴隶有权拥有自己的“私产”。作为刺激和鼓励，奴隶可以拿到工资，某种形式的奴隶婚姻也得到了承认。许多农业工作不宜以集体协作模式进行，或是只有在特定的条件下才能以集体协作的形式进行。在奉行此类劳动模式的地区，奴隶往往变成农奴，他们将生产所得的一部分缴纳给主人，或是在特定季节为主人干活。

当我们开始意识到，公元1世纪至2世纪那个操着拉丁语和希腊语的伟大帝国，实际上是一个奴隶制国家，在这个国家，只有极少数人能够自豪、自由地支配自己的人生时，我们就发现了解开罗马帝国衰落、崩溃之谜的线索。

在那里，我们所定义的家庭生活难觅其踪，不爱奢侈、积极思考、主动学习的人家少之又少，自由意志和自由思想无处可寻。尽管罗马人留下的宏伟大道、琼楼玉宇的遗迹，以及法律和权利的传统令后人惊讶不已，但光鲜亮丽的外表掩盖不住对个人意志、才智和欲望的打压、束缚和扭曲。就连主宰着这个充满镇压与约束的大国，以及该国奴隶命运的极少数人，也无法获得灵魂上的安宁与幸福。

在这种环境下，文学、艺术、科学和哲学日趋衰落，因为它们是自由、欢快的思想的产物。虽然这里也有大量的复制与模仿、不计其数的艺术匠人，以及众多奴隶出身、奴颜婢膝的学究，但是整个罗马帝国用了四个世纪做出的贡献，还比不上小小一个雅典城在一个世纪的伟大时光内，通过大胆而崇高的学术运动所创造的成就。当雅典被并入罗马版图后，它就没落了。亚历山大港的科学事业也没落了。而人类的精神似乎也在那个年代走向没落。

36　罗马帝国的宗教发展

基督降生以来的头两个世纪，罗马帝国的子民的灵魂是苦闷而忧郁的。专制与残忍是当时的基调，骄傲与炫耀比比皆是，高风亮节却难觅其踪，安宁、稳定的幸福几近绝迹。不幸之人遭人轻视，命运凄惨；幸运之人缺乏安全感，疯狂地追求欲望的满足。在许多城市，竞技场的血腥节目挑逗着人们的神经，成为城市生活的中心。在那里，人类与野兽相互厮杀，共同经历着折磨与杀戮。圆形大剧场是罗马遗迹中最具特色的。人们的生活就以这样的基调进行着。人心上的动荡不安，在宗教世界的动荡不安中体现无遗，而后者有着深远的意义。

从雅利安游牧民族闯入古代文明世界的第一天起，旧式的宗教体系的命运就注定了：要么经历大规模的改革，要么消亡。经过数百代人的时光，浅黑色人种建立的农耕文明已经形成了以宗教为中心的生活模式与思维模式。宗教仪式、献祭典礼、宗教神秘，以及一成不变的生活被打破的恐惧，主导着他们的思想。

以我们现代人的眼光来看，他们的神祇既骇人又不合理，因为我们生活在雅利安人缔造的世界。但对于那些古人而言，这是他们自己最真实的信仰。在古人的幻想中，这些神祇有着栩栩如生的形象。在苏美尔或早期埃及，一座城邦一旦被别的城邦征服，就意味着这座城邦信仰的天神将被取代，或是更名。但天神崇拜却被原封不动地保留了下来，只是换汤不换药而已。幻想的对象换了，幻想却还是那个幻想，仍在继续。

早期苏美尔的征服者在精神层面与苏美尔人甚为相似，他们在征服美索不达米亚文明后，接受了当地的宗教体系，没有做什么大的改动。而埃及的宗教体系则从未经历过革命性的变化。埃及先后历经托勒密王朝和恺撒的统治，但其庙宇、祭坛实际上仍为埃及风格，祭司阶层也仍以埃及人为主。

只要社会、宗教习惯相似的民族之间的互相征服还在继续，那么不同宗教、地区的神明之间的冲突，就有可能通过分化或同化的方式来弥息。如果两个神在特征上彼此相像，那他们就会被视若一人。按照祭司和大众的说法，有的神尽管名字不一样，实际上却是同一个神。这种神祇“互融”的现象被称为“宗教融合”，公元前几千年间的大征服时代，即是一个宗教融合时代。地方神灵被某个主神取代（或者更确切地说，被合并）的现象随处可见。因此，当希伯来先知最终在巴比伦宣称世界上只有一个主持公义的神时，人们在思想上已经完全做好了准备。

但是，天神之间差异太大，导致无法融合是常有的事。因此，他们被人们以一些看似合理的关系结合起来。女性神会嫁给某位男性神（在希腊人到来之前，爱琴海世界曾狂热地膜拜女性神灵），兽神或星神会被拟人化，动物或天体（比如蛇、太阳或星星）则会变成装饰或象征。战败民族的神祇将扮演恶神的角色，成为光明之神的敌人。在神学的历史中，地方神灵的形象被加以改写、折中和合理化的例子比比皆是。

从城邦时代进化到统一王国时代期间，宗教融合现象在埃及频频上演。奥西里斯（Osiris）可以说是埃及人的主神，这位农神需以牺牲仪式祭祀，据说法老是他在人间的化身。奥西里斯被描述成一个可以不断死而复生的神，人们自然而然地认为，他不仅掌管种子和收获，也掌握着永生之道。他的象征物包括一只将卵反复埋下又挖出的宽翅圣甲虫，以及一轮冉冉上升的耀眼太阳。

后来，人们又认为他就是神牛阿比斯（Apis）。与他产生联系的是女神伊希斯（Isis）。伊希斯又名哈索尔（Hathor），是一位化身为母牛的女神，象征物为新月和海洋之星。奥西里斯死后，她生下一个孩子，名为荷鲁斯（Horus）。荷鲁斯是个化身为鹰的神，主司黎明，当他长大后，就成了又一个奥西里斯。伊希斯的雕像被塑造成怀抱襁褓中的荷鲁斯，脚踏新月的样子。

上述神话不存在任何逻辑关系，而是人类在发展出严密、系统的思维前的想象。但从梦幻角度而言，它们之间存在着一定的连贯性。除了这三人组，埃及神祇中还有一些更为神秘的恶神，如掌管黑夜的狗头神阿努比斯（Anubis），以及与诸神和人类为敌的吞噬者、诱惑者等。

随着时间的推移，每一种宗教体系都逐步适应了人类的灵魂形态。毫无疑问，埃及人有能力从这些不合逻辑乃至粗鄙不堪的象征中，为自己创造出真正的奉献与慰藉之道。埃及人对永生的渴求极为强烈，而埃及的宗教生活又使他们沉迷于这种欲望之中。谈到对于永生的追求，没有哪一种宗教比埃及宗教更狂热。当埃及落入异族征服者之手后，埃及诸神不再具备任何实用的政治意义，在来世获得补偿的欲望就变得更加强烈了。

被希腊人征服后，新建的亚历山大港成为埃及人的宗教生活中心，实际上也是整个希腊世界的宗教生活中心。托勒密一世修建了一座宏伟的神庙，名为“塞拉皮雍”，用于祭祀某些三位一体的神明。他们分别是塞拉皮斯（Serapis，其实就是奥西里斯–阿比斯换了个名字而已）、伊希斯和荷鲁斯。他们不是被视为独立的神，而是被视为同一个神的三个身份，塞拉皮斯被认为与希腊的宙斯、罗马的朱庇特以及波斯的太阳神是同一个神。

这种崇拜模式遍及整个受到希腊文化辐射的世界，甚至印度北部和中国西部亦被波及。在这个世界中，平民百姓的生活是凄惨的、绝望的，他们迫不及待地接受了永生不死和来世获得补偿、安慰的观点。塞拉皮斯被誉为“灵魂拯救者”。当时的颂词是这样说的：“死后，我们依然受到他老人家的眷顾。”伊希斯则吸引了众多狂热的信徒。怀抱襁褓中的荷鲁斯的伊希斯像，以神后的身份屹立于神庙之中。蜡烛在她面前燃烧，祭品陈列于她的足下，削去头发的祭司在祭坛前方服侍，他们献身于神，终身不婚。

罗马帝国的崛起，为西欧世界与这一发展中的宗教信仰的接触创造了条件。塞拉皮斯–伊希斯的神庙、祭司的诵经声、对永生的追求，随着罗马的旗帜一起来到苏格兰和荷兰。但该教在当地竞争对手众多。密特拉教就是一个劲敌。这种宗教源自波斯，其核心为某些已失传的神秘仪式，表现的是密特拉神（Mithras）屠宰仁慈的圣牛一事。

密特拉教的教义似乎比晦涩、复杂的塞拉皮斯–伊希斯教教义更原始，将我们直接带回人类文化史上的太阳石器时代，那个年代的祭祀仪式血腥味十足。密特拉教的纪念碑上有一头公牛，它的躯体的一侧有一道伤口，大量血液源源不断地从伤口流出，新的生命从这道血泉中诞生。这头被献祭的公牛的鲜血，实际上被密特拉教的信徒用于沐浴。他们先是置身于一处支架之下，支架上搁着一头被宰杀的公牛，如此一来，鲜血就会浇到他们身上。

塞拉皮斯-伊希斯教和密特拉教都属于私人信仰，这一点与其他许多试图将早期罗马帝国的奴隶和公民变成自家忠实信徒的异教团体一模一样。它们追求的是自我拯救与永生。那些历史较为悠久的宗教，则不像这么私人化，而是更为社会化一些。在这些古老的宗教体系中，男神和女神首先是国家或城市的守护神，然后才是个人的守护神。而献祭仪式的职能也是公共的，而非私人的。它们关系到我们生活的这个世界的集体性现实需求。但希腊人已将宗教从政治中剥离，如今罗马人也已这么做。在埃及人的引导下，传统宗教已退往另一个世界。

这些以实现长生不老为宗旨的新宗教，在人心和情感上已经彻底夺走了旧国教的地位，但它们并没有真正取代后者。在早期罗马帝国的那些典型城市，无论什么神都有自己的神庙。其中一座神庙可能是用来供奉罗马尊神朱庇特的，还有一座神庙或许是献给现任皇帝的。因为他们已经从法老那里学到一件事：人是可以成为神的。

在这些神庙里，冷漠、庄严、带有政治色彩的祭祀仪式日复一日地进行着。如果有谁要表明自己的忠心，他就得前来参加仪式，献上一份祭品，焚上些许熏香。但这个人如果是因为遇到麻烦，前来寻求建议和安慰的话，那他就得去可敬的神后伊希斯的神庙了。有的城市可能会供奉一些稀奇古怪的地方神灵。例如，塞维利亚就长期受到迦太基人膜拜维纳斯女神的古老传统的影响。在山洞或地下神庙内，必有一座献给密特拉神的祭坛，参与祭祀的是一群军团士兵和奴隶。

罗马的城市里可能还有一座犹太教的教堂，犹太人聚集在此阅读圣经，坚守自己的信仰——那不可见的世间之神。有时，犹太人会因为罗马国教的政治色彩而遇到麻烦。他们坚称，本民族的神善妒，无法容忍任何偶像崇拜行为，因而拒绝参与祭祀恺撒的公共仪式。出于对偶像崇拜的恐惧，他们甚至不肯向罗马的旗帜致敬。

在东方，在释迦牟尼时代的很久以前，苦修主义就已存在，苦修的男男女女们放弃了人生中的绝大部分乐趣，他们拒绝结婚，也拒绝拥有财产。他们追求的是精神上的力量，通过禁欲、痛苦和独居等方式，来逃避现实世界带给他们的压力与屈辱。佛陀本人坚决反对过度禁欲，但他的许多弟子却过着极为严格的苦行僧式生活。

希腊的一些鲜为人知的异教团体也奉行类似的戒律，甚至发展到自残的地步。公元前1世纪的时候，禁欲主义同样出现在犹太王国和亚历山大港的犹太社群中。那里的居民抛弃红尘俗世，沉迷于苦行主义和神秘主义的冥想中。艾赛尼派就是这样一个教派。

整个公元1世纪和2世纪，这种放弃人生之乐的做法几乎扩展到全世界，人们纷纷诉诸此道，以寻求从当下的苦难中获得“拯救”。往昔建立秩序的意识，以及对祭司、神庙、法律和习俗的信任，皆已不复存在。在这个充斥着奴隶制、残忍、恐惧、焦虑、奢侈、炫耀，人人忙于放纵的世界，人们心中的自我憎恨和惶恐不安如传染病般蔓延开来。他们甚至不惜以抛弃世俗之乐、自愿忍受折磨为代价，以极度痛苦的方式寻求内心的平和。这就是为什么塞拉皮雍神庙里挤满了悲泣的忏悔者，也是为什么改宗密特拉教的信徒要走进幽暗、血腥的山洞的原因。

37 耶稣的教义

基督教的救世主耶稣（Jesus），于罗马帝国的首任皇帝奥古斯都·恺撒执政期间在犹太降生。以他的名字命名的宗教即将出现，并且注定要成为整个罗马帝国的官方宗教。

总体而言，将历史与神学分开看待要方便一些。大部分基督徒都相信，耶稣是世间唯一真神的化身，最早承认这一点的是犹太人。任何一位历史学家（倘若他一直是历史学家的话）既不会承认，也不会否认这个解释。因为从物质角度来看，耶稣是以人类形象出现的，因此历史学家必须将他作为一个人来处理。

他于提比略执政时期出现在犹太，是一位先知。他的传教风格仿自早先的犹太先知。他年约30岁，至于他开始传教前是怎么生活的，我们一无所知。

关于耶稣的生平和教义，我们手头的一手资料只有四部福音书。这些共同为我们勾勒出一个异常鲜明的人物。人们不得不承认："这是一个活生生的人，不可能是虚构出来的。"

但是，正如释迦牟尼的形象因后世那种盘膝正襟危坐的镀金偶像的存在而失真、埋没一样，在人们印象里，由于现代基督教艺术将错误的尊崇之情投射到耶稣身上，用种种失实、俗套的传闻对耶稣进行包装，使他那清矍、热忱的形象同样被严重扭曲了。

耶稣是个一贫如洗的导师，他在尘土飞扬、暗无天日的犹太王国四处流浪，靠别人偶尔馈赠的食物为生。但在画像中，他总是干净整洁、头发梳得一丝不乱、身上的衣服一尘不染，他的身板挺得笔直，身边的物体一动不动，仿佛他正从空气中滑翔而过一般。许多人无法将传说故事的核心内容，与那些虔诚的信徒出于美化目的而添加的细枝末节区分开来，对于他们而言，这种独一性让耶稣的形象显得不够真实、难以置信。

如果我们把这些有问题的附加记录去掉，剩下的就只有一个十足的凡人，一个至为虔诚、热情、易怒的人，他所传授的新教义简单而深刻——简而言之，即上帝是位普世而慈爱的父亲，天国有朝一日终会降临人间。说得通俗点，他显然是个有着强大人格魅力的人。他吸引了一批追随者，使他们的心中充满爱和勇气。当他到来后，软弱者得以重新振作，患病者得以恢复健康。但他自己的体格可能很差，因为他被钉上十字架后，没多久就死了。有传说称，耶稣按照当时的惯例，背着十字架前往行刑地，结果当场晕倒。他花了三年时间，周游全国各地，传播自己的教义。来到耶路撒冷后，他遭到控告，罪名是试图在犹太建立一个奇怪的王国。他因此遭到审讯，最后与两个窃贼一起被钉死在十字架上。当那两个窃贼死去的时候，耶稣的痛苦早已结束。

关于“天国”的教义是耶稣最重要的教义，在那些激发、改变人们思想的教义中，这无疑是最具革命性的教义之一。即使当时的世界未能充分理解它的重大意义，或是对它给人类既有的习惯、制度带来的巨大挑战只是一知半解，就惊慌失措地退缩，那也是不足为怪的。因为，正如耶稣在布道时所说，天国的教义无异于一个亟需勇气与坚定意志的要求，它的目的是从里到外彻底地改变、净化我们这个为生存而奋斗的种族的生活。如果读者想充分了解这一惊人的教义，那就必须自己去看福音书，这里只涉及它与旧有思想产生的冲突、碰撞。

耶稣使犹太人相信，上帝是正义的神，也是世间唯一真神。但犹太人也认为，上帝同他们的祖先亚伯拉罕做了一笔对他们十分有利的交易，使得自己最终成为世界的主导。当他们听说耶稣要取消这份被他们视若珍宝的契约，感到又惊又怒。耶稣教导他们：上帝并不是一个交易者，而天国里既没有天选之民，也没有上帝的宠儿。上帝是芸芸众生的父亲，他充满爱心，就像普照世间的太阳那样，绝不会偏爱任何人。大家彼此都是兄弟——连罪人也一样，都是上帝心爱的儿子。

在寓言“慈善的撒玛利亚人”中，耶稣对我们遵循的自然趋向大加嘲弄，他赞美我们的民族，并将其他宗教教义、民族的正义性贬低到无以复加的地步。在关于劳动者的寓言中，犹太人固执地向上帝索取特权，结果遭到耶稣的拒绝。他教导道，凡是被召至天国者，都会得到上帝的关爱；他对任何人都一视同仁，因为他的慷慨是无法估量的。此外，在关于“埋银子的仆人”和“寡妇的捐献”的寓言中，他要求所有人都尽其所能。[1]在天国里没有特权，没有折扣，也没有任何借口。

但是，耶稣抨击的可不仅仅是犹太人那狂热的民族情怀。犹太人是一个对家庭极度忠诚的民族，而耶稣则用潮水般的天父之爱，将那些狭窄、局限性强的家族情感涤荡得无影无踪。整个

---

1 分别引自《新约·路加福音》，X.30-37，XXI.1-4；《新约·马太福音》，XX.1-16，XXV.14-30。

天国将成为一个大家庭，这个家庭由他的信徒们组成。圣经中写道：

> 耶稣还对众人说话的时候，不料，他母亲和他弟兄站在外边，要与他说话。有人告诉他说："看呐，你母亲和你弟兄站在外边，要与你说话。"他却回答那人说："谁是我的母亲？谁是我的弟兄？"就伸手指着门徒说："看呐，我的母亲，我的弟兄。凡遵行我天父旨意的人，就是我的弟兄、姐妹和母亲了。"[1]

耶稣以"人类皆兄弟、皆是上帝之子"为名，抨击爱国主义和家庭纽带，但他所做的事并不止这些。很显然，他的教义对人类社会经济体系的方方面面都采取敌视态度，一切私人财富以及个人利益，都是他的谴责对象。既然大家都是天国的子民，那大家的财产自然也都是天国的财产；对于人类而言，唯一正义的生活就是倾其所有，竭尽全力为上帝的意志服务。耶稣一次又一次地将矛头对准私人财富，以及那些将精力留作私生活之用的人。

> 耶稣出来行路的时候，有一个人跑来，跪在他面前，问他说："良善的夫子，我当做什么事才可以承受永生？"耶稣对他说："你为什么称我是良善的？除了神一位之外，再没有良善的。诫命你是晓得的：不可杀人，不可奸淫，不可偷盗，不可作假见证，不可亏负人，当

1　《新约·马太福音》，XII.46-50。

孝敬父母。”那人对耶稣说：“夫子，这一切我从小都遵守了。”耶稣看着他，就爱他，对他说：“你还缺少一件，去变卖你所有的，分给穷人，就必有财宝在天上；然后拿起十字架来跟从我。”他听见这话，脸上就变了色，忧忧愁愁地走了，因为他的产业很多。

耶稣周围一看，对门徒说：“有钱财的人进神的国是何等地难呐！”门徒希奇他的话。耶稣又对他们说：“小子，倚靠钱财的人进神的国是何等的难呐！骆驼穿过针的眼，比财主进神的国还容易呢。”[1]

此外，在发表天国将把全人类都变成上帝子民的重大预言时，耶稣对正式宗教的那种交易式的正义表达了难以容忍的态度。在他的言论记录中，很大一部分内容都将矛头对准了那些谨慎遵守宗教教规的人。

当法利赛人和抄写员问他：为什么不让信徒遵照古人的传统，用未洗过的手吃饭呢？耶稣对他们说：“以赛亚指着你们假冒为善之人所说的预言是不错的。如经上说：‘这百姓用嘴唇尊敬我，心却远离我。他们将人的吩咐，当作道理教导人，所以拜我也是枉然。’你们诚然是废弃神的诫命，要守自己的遗传。如清洗锅碗，以及你们许多其他类似的事。”他又对他们说：“你们这是彻

1　《新约·马可福音》，X.17-25。

底抛弃神的诫命，你们应遵守自己的传统。”[1]

耶稣所宣扬的不仅仅是一种道德和社会革命；一系列迹象清晰地表明，他的教义中包含一种至为朴素的政治倾向。他的确说过，天国不存在于这个世界，而存在于人们的心中，与君权毫无瓜葛。但有一点同样是肯定的：无论天国在何处建立，或者在人们的心中建立到何种程度，外部世界都将以同样的程度变革，从而诞生一个新的世界。

对于耶稣的说教，无论他的听众因为没看见、没听见而错过多少内容，但很明显，他们并未漏掉他彻底变革世界的决心。那些反对他的理论的人以及他接受审判、被处极刑的情况都表明，他同时代的人认为他似乎明确地提出要改革、融合和扩展人类生活，实际上他也确实提出了这些主张。

那些有钱有势的人从耶稣明确表达的观点中，感到了某种对奇怪事物的恐惧，感到他教导下的世界越发不可捉摸。他们这样一点也不足为怪。他正在把他们通过为社会服务而赚得并存留的一点点私有物产，全部拖到普世的宗教生活之光的照耀之下。他就像一个可怕的道德猎人，把人类从他们迄今为止一直生活的舒适的洞穴里拖出来。在他那光芒普照的天国里，没有资产、没有特权、没有骄傲，也没有优先。除了爱，再没有别的动机；除了爱，也没有别的报酬。这样的强光让人们感到目眩神迷、迷失方向，进而纷纷呼天抢地，极力反对他。他们这样做一点都不足为怪。

1　《新约·马可福音》，VII.5-9。

对于自己的门徒们，耶稣也没有赦免，同样令其接受光芒照射，所以就连他们也都极力反对他。祭司们深刻地意识到，祭司事务与耶稣之间要么你死、要么我亡，别无他法。罗马的士兵们在面对自己难以理解却又威胁到自己行为准则的东西时，只能用狂笑来掩饰自己的感受，并给他戴上荆棘王冠、披上紫袍，视其为冒牌的恺撒大帝。他们这样做一点都不足为怪。在他们看来，对耶稣的主张信以为真，就意味着开始奇异而可怕的生活，意味着放弃原有的习惯，意味着抑制自己的本能和冲动，而这一切只是为了试图获得一种虚无缥缈的幸福。

38 基督教教义的发展

从四部福音书里，我们了解了耶稣的为人和训示，然而对基督教的教义我们仍知之甚少。如果想全面了解基督教的信条，那就要在耶稣最忠实的弟子们所写的使徒书信中找到想要的答案。

基督教教义最主要的创立者是圣徒保罗（St Paul）。他从未见过耶稣，也没有听过耶稣传教。保罗原名扫罗，在耶稣受难以后，他曾因积极迫害耶稣的信徒而远近闻名。后来他突然皈依了基督教，并将自己的名字改为保罗。他思维敏捷，对当时的宗教运动有着极大的兴趣和激情。他精通犹太教和当时的密特拉神教、亚历山大教，并把这些宗教中的思想和用语带到基督教中。

诚然，圣保罗未曾光大和发展耶稣所提出的关于天国的教导，但他教导人们：耶稣是上帝所承认的救世主和犹太人的领袖，耶稣的死是一种牺牲，就像原始文明中那些献祭的牺牲者一样，耶稣的牺牲是为了人类得到拯救。

当若干宗教并存共荣的时候，它们往往互相借用彼此的宗教礼仪和外部表现形式，比如中国的佛教就与老子开创的道教有着差不多同样的庙宇、信徒和仪式。然而，佛教与道教的根本教义，却是大相径庭的。同样，基督教不但继承了亚历山大教和密特拉神教的削发教士、贡品、祭坛、蜡烛、诵经、为神灵塑像等宗教仪式，甚至采纳了它们的某些宗教用语和神学思想，但这并没有为基督教义招来怀疑和耻辱。

这些宗教与许多不怎么兴旺的宗教并存。每一种宗教都在寻找自己的信徒，所以有的人会改变原来的信仰，去皈依其他的宗教。在各教之中，往往有某种宗教受到统治者的特别扶持，但是，与其他宗教相比，基督教是最受猜忌的，因为它的信徒同犹太人一样，不肯对罗马皇帝施礼。姑且不论耶稣本人所倡导的极具变革性的教义精神，单是这一点就足以使它被当成一种具有煽动性的宗教。

保罗要求信徒们牢记一点：同冥神奥西里斯一样，耶稣也是死而后生，会为人类带来永生的神。不久以后，随着基督教的日益兴盛，其内部产生了分裂，原因是信徒对于耶稣和天父的关系这一问题有了极大的分歧。阿里乌斯派认为，耶稣虽然是神，但不是天父，他的地位应在天父之下。塞贝里派则认为，耶稣不过是天父的另一个样子，上帝是耶稣，同时又是天父，正如一个人可以同时是父亲和工匠一样。

而三位一体派的教义则更为玄奥，他们认为神是三位一体的，即同时是圣父、圣子和圣灵。有一段时期，似乎是阿里乌斯派在论战中占了优势。后来经过争论、暴行和战争，三位一体的教义最终成了基督教公认的信条。这在《亚他拿修信经》（基督教三大信经之一）中有详细的介绍。

在此，我们不对这些神学辩论做过多的评述，因为与耶稣本人的教义所产生的影响比起来，它们对历史的影响是微不足道的。耶稣所提出的教义，的确给我们人类的道德和精神生活开始了一个新的时代。耶稣认为，上帝是全天下所有人的慈父，普天之下皆兄弟，每个人的人格都是上帝居住的殿堂，都是无比神圣的。

这些教义对人类后来的社会和政治生活产生了深远的影响。随着基督教地位的确定及其教义的广泛传播，一种人之为人的新的尊严得到了确立。没错，正如反对基督教的批评家指出，圣保罗曾向奴隶们宣扬服从，但福音书中曾明确记载着，耶稣鼓励人们奋起反抗。此外，更具说服力的是：基督教曾极力反对角斗场上那种践踏人类尊严的角斗。

基督死后的200年间，基督教传遍整个罗马帝国，越来越多的人加入这个有着新主张、新思想的宗教团体。各代罗马皇帝对基督教持有的态度不同，有的敌视，有的包容。公元2世纪至3世纪时，基督教这一新的宗教形式开始受到打压。公元303年及之后的岁月里，罗马皇帝戴克里先终于率先发起了大规模的迫害基督徒的运动。基督教会积聚的巨额财富被没收，所有的圣经及各种宗教著作都遭焚毁，教徒不再受法律的保护，大批教徒遭到杀戮。

其中，“销毁书籍”一事尤其值得一提，因为这说明统治者已经意识到：书籍是团结新的信仰的力量。基督教和犹太教都是“有书籍的宗教”，即是教导人的宗教。它们之所以能够持续存在，在很大程度上是因为它们有宗教书籍，人们能够通过阅读而理解其教义思想。以往的宗教却从来没有向它们这样借助人的智慧。在即将发生的野蛮民族入侵西欧的混乱中，保存学术传统的中坚力量正是基督教会。

虽然戴克里先大肆迫害、打压基督教徒，但是基督教的发展并没有停滞。由于大部分居民和许多官吏都是基督徒，所以许多地方对基督教的迫害并没有如愿以偿。公元311年，罗马皇帝伽列里乌斯（Galerius）颁布大赦令。到了公元324年，君士坦丁大帝成了罗马皇帝，他对基督教很友善，临死前受洗礼皈依，成为基督徒。君士坦丁大帝放弃了一切圣号，却在自己军队的盾牌和军旗上加上了基督教的标志。

后来，基督教在短短的几年内就成了罗马帝国的国教，地位更加牢不可破。那些与它一争高下的宗教，要么迅速灭亡，要么被基督教被吸收。公元390年，狄奥多西（Theodosius）大帝下令销毁了位于亚历山大城的朱庇特·塞拉皮斯[1]的巨大雕像。于是从5世纪起，罗马帝国境内就只有一种宗教的神庙和神职人员了，那便是基督教。

1 朱庇特神和塞拉皮斯神的融合。

39 蛮族入侵和罗马帝国的分裂

公元3世纪，罗马帝国逐渐走向社会衰败和道德崩溃，蛮族纷纷大举侵入罗马领土。这一时期的罗马皇帝都是好战的军事独裁者，他们经常根据军事策略的需要而不断迁都。帝国的首都时而设在意大利北部的米兰，时而设在今塞尔维亚的塞米安或尼西，时而又设在小亚细亚的尼哥米底亚。罗马城位于意大利中部，远离战略要地，偏离行军要道，因而不适宜做帝国的军事中心。渐渐地，罗马城日趋衰落。帝国的大部分疆域依旧安宁如昔。人们外出时并不携带武器。军队依然是权威的体现。皇帝倚仗权势，对臣民越来越专横；官僚体系也越来越像波斯等东方国家的君主制。戴克里先头戴珍珠冠冕，身穿金丝长袍，俨然一派东方君主形象。

罗马帝国的疆界大体上沿着莱茵河和多瑙河而设，此时敌人已经从边境各处逼近。法兰克人及其他日耳曼部族纷纷入侵莱茵河流域。在匈牙利北部，有汪达尔人侵扰；在达契亚（今罗马尼亚）地区，有西哥特人侵扰。此外，东哥特人驻扎在俄罗斯南部，阿兰人驻扎在伏尔加河流域。与此同时，蒙古高原民族也向欧洲进军。匈人早就迫使阿兰人及东哥特人进贡，并将其不断向西驱赶。

在亚洲，罗马的领地不断被复兴的波斯帝国蚕食。在萨珊王朝的统治下，波斯帝国势力强大，在此后的300年间一直都是罗马帝国在亚洲的劲敌。

只要浏览一下欧洲地图，我们就可以看出罗马帝国版图的薄弱环节。多瑙河在今波斯尼亚（今属波黑）和塞尔维亚地区向南弯折，形成了一个U字形，从这里到亚细亚海中间只隔了不到320千米的陆地。罗马人从未使本国的海上交通保持良好状态，而这片仅320千米宽的土地，正是连接西方拉丁语世界和东方希腊语世界的交通枢纽。为此，野蛮民族投入了最大兵力进攻这个马蹄形地区，一旦成功将其攻占，帝国势必一分为二。

如果罗马帝国更有实力，它本可以长驱直入夺回达契亚，但此时罗马已经力不从心。诚然，君士坦丁大帝的确是个贤明能干的皇帝，他击退了入侵巴尔干要害地区的哥特人，但没有足够的力量把疆界扩张到多瑙河彼岸。他把大部分精力都投入到解决帝国内部的问题上，试图借助基督教的凝聚力和道德感召力来振兴每况愈下的帝国精神。他降旨在邻近赫勒斯滂海峡的拜占庭建设永久性的首都。后人把新建的拜占庭改名为君士坦丁堡，以此纪念他的功绩。不过，直到他死去的时候，新都仍在建设中。

君士坦丁大帝在位的末期，发生了一件奇特的事情。汪达尔人因为被哥特人压迫，请求迁入罗马帝国。君士坦丁大帝答应了他们的请求，并把潘诺尼亚（今多瑙河西岸的匈牙利）的部分地区赐给他们居住。这样，汪达尔人的战士在名义上也成了罗马军人，但他们依然归自己的军官指挥，帝国未能将他们整编。

在为重建庞大帝国付出的操劳中，君士坦丁大帝离开了人世。不久，边界再次被攻破，西哥特人几乎打到了君士坦丁堡。西哥特人在亚德里安堡击败了罗马皇帝瓦林斯（Valens），然后效仿汪达尔人在潘诺尼亚定居的做法，在现在的保加利亚建立了定居点。他们名义上是皇帝的臣民，实际上却是征服者。

公元379年至395年间，狄奥多西大帝统治罗马。此时的罗马在形式上仍是完整统一的，但意大利和潘诺尼亚的军队的领导权都掌握在汪达尔人斯提里科（Stilicho）手中，而巴尔干半岛上的军队则由哥特人阿拉里克（Alaric）统率。4世纪末，狄奥多西去世，留下了两个儿子。阿拉里克拥立长子阿卡迪乌斯（Arcadius）在君士坦丁堡称帝，而罗马帝国蛮族出身的斯提里科则拥立次子霍诺留（Honorius）在意大利登基。也就是说，阿拉里克和斯提里科都"挟天子以令诸侯"，展开了对罗马帝国实际控制权的争夺。战火中，阿拉里克进军意大利，经过短暂的围攻，于公元410年攻占了罗马城。

公元5世纪上半叶，蛮族入侵者蚕食了罗马帝国的所有领土。我们很难描述当时的世界形势。在法兰西、西班牙、意大利和巴尔干地区，许多在帝国早期兴盛繁荣的大城市虽然依旧存在，此时却已衰败破落，人口锐减。那里的生活无疑也充斥着庸俗粗鄙、动荡不安的因素。地方官吏借遥不可及的皇帝的名义，照样耀武扬威，肆意妄为。教会仍在，但其中的教士大多是不学无术之徒。他们读书很少，脑子里尽是迷信和恐惧。但在那些没有遭受抢掠者破坏的地方，图书、绘画、雕刻以及艺术作品仍随处可见。

乡村的生活也是每况愈下。罗马帝国的各个角落都是一派破落之象。有些地方因为兵灾和瘟疫，土地已经荒芜。盗贼在道路和森林中出没。蛮族侵入这些地方往往如入无人之境，他们把自己的首领推为统治者，并加上罗马帝国的官衔。假如入侵者是半开化的部族，他们会对被征服的地方比较宽容，占领城镇后，他们会与当地居民交际、通婚，甚至还会学点带口音的拉丁语。而遗憾的是，入侵罗马不列颠省的朱特人、盎格鲁人及萨克森人都是农耕民族，他们对城镇不感兴趣，于是把不列颠省南部罗马化的居民几乎都赶了出去，用自己的条顿（日耳曼）方言取代了拉丁语，这种方言最后演变成了英语。

由于篇幅有限，关于罗马帝国混乱之际，日耳曼和斯拉夫各部族为了寻找财富和舒适的家园而四处转战的场景，我们在此就不详述了。我们只举汪达尔人的例子。他们是在日耳曼东部地区登上历史舞台的。前面说过，他们后来定居在潘诺尼亚地区。大约在公元425年，他们经过长途跋涉来到了西班牙。他们发现，别的日耳曼部族和来自俄罗斯南部的西哥特人都在这里确立了各自的贵族和国王。汪达尔人由盖塞里克（Genseric）率领，从西班牙渡海前往北非地区（429年）。他们占领了迦太基（439年），并建立了一支舰队。取得海上统治权后，他们攻占并洗劫了罗马城（455年）。

经过半个世纪前阿拉里克军队攻破后的肆意抢掠，此时的罗马城还未从这一毁灭性打击中完全恢复过来。此后，汪达尔人就成了西西里、科西嘉、撒丁以及地中海西部大部分岛屿的统治者。实际上，他们已经建立了可以与700多年前的迦太基海上帝国相提并论的海上帝国。到了公元477年前后，他们的势力达到了顶峰，成了统领整个罗马帝国的一小撮统治者。公元6世纪，在查士丁尼一世（Justinian I）转瞬即逝的统治时期，罗马帝国的领土几乎都被君士坦丁堡的东罗马帝国夺了回去。

汪达尔人的故事，仅仅是众多类似的冒险故事中的一个。随后，一伙与此前的征服者毫无种族关系却又非常勇猛的征服者席卷而来，他们就是西方世界从未领教过的蒙古系匈人（鞑靼人），这是一个活跃善战的黄种人民族。

40　匈人和西罗马帝国的灭亡

蒙古民族入侵欧洲，可以看作人类历史的一个新阶段，直到基督教时代开始前的最后一个世纪，蒙古高原各族和北欧各族之间还没有什么密切的接触。在北方森林以北的冻土地带，蒙古民族的一支拉普人虽然向西远迁到拉普兰德，但从未在历史进程的主要方面扮演过什么重要角色。数千年以来，雅利安民族、闪米特民族以及那些主要的浅黑肤色民族，由于一直未受到南方黑色民族或东方蒙古民族的侵略和干涉（只有埃塞俄比亚入侵埃及是个例外），因此一直继承着他们之间戏剧性的历史进程。

游牧的蒙古民族之所以进行一次新的西向迁徙，恐怕有两个主要原因。其一是庞大的汉王朝得到了巩固。在汉朝的繁荣时期，中国的人口不断增加，疆域不断向西扩张。另一个原因则是气候发生的变化。某些地方的降雨量减少，沼泽和森林消失；另一些地方的雨量增加，沙漠地区出现了草原。两种发生在不同地区的气候变化共同作用，刺激了西迁。如果说还有另外一个原因，那恐怕就是罗马帝国经济上的贫困、内部的腐败和人口的稀少。先是后期罗马共和国的富人，后是军人出身的各地税收官，耗尽了罗马帝国的生命力。这样，我们便找到了蒙古民族西进的原因、方式和时机所在：来自东方的压力、出现在西方的腐败和一条通畅的大道。

匈人在公元1世纪就已经抵达了俄罗斯欧洲部分的东部边界，但是直到公元4世纪至5世纪，才称霸于这片草原。5世纪则是匈人的世纪。最早到达意大利的匈人，是霍诺留的主子汪达尔人斯提里科的雇佣兵团。他们很快占领了人去城空的原汪达尔人居住的潘诺尼亚。

公元5世纪20年代至50年代，匈人中出现了一位伟大的军事将领阿提拉（Attila）。关于他的势力究竟大到何种程度，我们了解得不很确切，只知道他不仅完全控制着匈人，而且征服了日耳曼诸部族的联盟。他的帝国起于莱茵河，跨越欧洲大平原，一直伸展到中亚。他曾与中国互派使节。他的大本营则设立在多瑙河以东的匈牙利平原上。就是在这里，他曾经接见过君士坦丁堡的使节普利斯克斯（Priscus），此人为我们留下了有关阿提拉帝国轶事的著作。这些蒙古人的生活方式，与被他们驱逐的雅利安人十分接近，一般民众都住在小屋或帐篷里，而部族首领们则住在配有栅栏的木屋里，这里也是人们举办盛宴、酒会和游吟诗人说唱的场所。

且不说荷马史诗中的英雄们，即使是亚历山大大帝手下的那些马其顿人，在阿提拉的营帐里，恐怕也要比在狄奥多西二世（阿卡迪乌斯之子，此时为拜占庭帝国皇帝）礼仪繁多而日趋颓废的宫廷中要感到更舒适自在。

匈人和阿提拉统率的游牧民族在地中海区域的希腊、罗马文明中所扮演的角色，很像多年前希腊人在爱琴文明中曾扮演的角色。历史就像在一个巨大的舞台上重演。但是，匈人对于游牧生活的热爱，绝非那些不断迁徙的半农半牧的希腊人可比。因此，他们尽管侵略、掠夺，却从不定居。

阿提拉不间断地、随心所欲地欺辱狄奥多西，他率领军队一直打到君士坦丁堡城下。根据基本的推测，阿提拉在巴尔干半岛攻克的城市不下70座。反过来，狄奥多西也试图用重金和贡品来笼络阿提拉，甚至曾派刺客刺杀他，但均未成功。公元451年，阿提拉把进攻目标锁定为罗马帝国境内沿用拉丁语的地区。于是，高卢地区遭到了入侵，北高卢的几乎每一座城镇都遭到铁蹄的践踏。法兰克人、西哥特人和罗马帝国军队组成联军，共同反抗阿提拉，并在法国的特鲁瓦将其击败。这是一场大规模的激战，据估计死亡人数在15万至30万之间。尽管特鲁瓦战役使阿提拉入侵高卢的计划受阻，但并未彻底挫伤其庞大军队的元气。第二年，他借道威尼斯出兵意大利，烧毁阿奎利亚和帕蒂亚，而后劫掠了米兰。

大批难民从意大利北部城市（尤其是帕蒂亚）涌出，逃往亚得里亚海北部海湾中的岛屿，并在那里建立了最初的威尼斯城邦国家。到了中世纪，威尼斯成为世界上最大的贸易中心之一。

公元453年，阿提拉娶了一名年轻的女人，在盛大的庆祝宴过后，他突然死去。阿提拉一死，他的掠夺性的联盟遂告解体，独立的匈人便从历史上消失了，融汇于周围数量更多的雅利安语系的各民族之中。但是，匈人这场大规模的入侵实际上造成了西罗马的覆灭。阿提拉死后，由汪达尔人和其他雇佣军所推立的十位皇帝先后统治了罗马20余年。公元455年，来自迦太基的汪达尔人攻陷并洗劫了罗马城。公元476年，雇佣军首领奥多亚塞（Odoacer）在罢黜了罗慕路斯·奥古斯都路斯（Romulus Augustulus）这位有着响亮名头的潘诺尼亚人皇帝后，向君士坦丁堡宫廷宣告：西方从此再也没有皇帝了。西罗马帝国就这样灭亡了。到了493年，东哥特人狄奥多里克（Theodoric）登上了罗马王位。

此时，在整个西欧和中欧地区，蛮族的首领们都以王侯的名义统治着自己的领地。实际上他们大部分都已独立，却仍向皇帝表示某种似是而非的效忠。这种实际上分立割据的匪盗式的王侯，有数百甚至数千个之多。在高卢、西班牙、意大利和达契亚等地区，拉丁语尽管不时地夹杂着地方土语，却还是通用的语言。而在不列颠和莱茵河东岸地区，则以日耳曼语为通用语言（波西米亚通行属于斯拉夫语系的捷克语）。只有高级神职人员或极少一部分有教养的人才用拉丁语读写。人们的生活极不安定，财产需要用武器来保卫；城堡不断地增加，道路则不断遭到破坏。到了6世纪初期，整个西方世界都呈现出一种分裂的局面，文化知识领域一片黑暗。倘若没有修道士和基督徒，以往的文化恐怕就要消失殆尽了。

罗马帝国为什么会崛起？它最终又为什么会以灭亡告终？罗马帝国之所以能崛起，是依仗早期的民权意识团结了人民。在整个共和国扩张的时代，甚至在帝国最初的年月里，大多数罗马人就十分珍视罗马的民权，将其看作罗马市民的权利和义务。他们既充分信任这种罗马法律保护之下的权利，又下定了为罗马法律牺牲的决心。罗马的威望犹如一位正义、伟大的法律捍卫者的美名，传遍海内外。但是到了布匿战争之后，市民权的意识由于受到财产和奴隶激增的冲击而日渐淡漠。尽管取得市民权者的人数和范围都有所增加，“市民权”这一概念却越来越背离了原本的意义。

总之，罗马帝国是一种极为原始的国家组织。它没有加强教育，没有向不断增多的市民解释自己的国策，也没有邀请合作者共同商讨国家大事。说得更明确些，罗马帝国既没有学校之类的机构去保证某种共同的认识，也没有新闻发布的组织去支持各项积极的活动。自马略、苏拉的时代以来，与民争权的野心家们从来没有产生过让公民们对帝国事务发表意见的念头，市民权精神早被扼杀，然而谁也没有注意到它的消亡。人类社会中，一切帝国、国家乃至一切组织从根本上都是认识和意志的产物。罗马帝国之所以最终灭亡，就是因为它失去了意志。

运用拉丁语的罗马帝国虽然在公元5世纪灭亡，但是依赖其权威与传统，另一种东西从它内部产生，这就是使用拉丁语的天主教会。帝国灭亡后，教会依然存在。凭借着书籍、教师、传教士这样一个庞大的体系，教会维持了自身的团结。这个体系比任何法律和军队都更有力。在帝国衰亡的公元4世纪至5世纪，基督教传遍了欧洲的各个角落。它征服了欧洲的征服者——蛮族。正当阿提拉打算出兵罗马之际，罗马总主教制止了他，用纯粹的道德力量使他退兵，完成了一项任何军队都难以胜任的使命。

罗马的总主教即教皇，成为全体基督教会的首脑。既然罗马不再有皇帝，那么教皇也就一并拥有了皇帝的称号和权力。于是，他为自己加上了“最高大祭司”这样的头衔，也就是在罗马疆界内主持牺牲仪式的最高祭司。这是罗马皇帝所采用过的称号中最古老的一个。

41　拜占庭帝国与萨珊帝国

罗马帝国使用希腊语的东半部，比起使用拉丁语的西半部具有更大的政治坚韧性。公元5世纪，作为帝国发源地的西部最后崩溃，而东部却安然度过了这场灾难。尽管阿提拉肆意欺压狄奥多西二世，甚至在君士坦丁堡的城墙之下骚扰抢劫，城内却始终安然无事。尽管有努比亚人沿尼罗河而下，洗劫埃及北部，埃及南部和亚历山大港却依然保持繁荣。小亚细亚的大部分地区也都有效地抵御了萨珊部落的波斯人的攻势。

公元6世纪，罗马西部处于水深火热之中，但是希腊势力却在此时得到了复兴。查士丁尼一世（527—565）是一位雄才大略的统治者，他娶了一名当过女演员的十分能干的女子，即皇后狄奥多拉（Theodora）。查士丁尼从汪达尔人手中夺回了北非，从哥特人手中夺回了意大利大部分领土，他甚至重新控制了西班牙南部。但他并没有把自己的精力仅仅放在海上和陆上的军事活动中，他还创建了大学。在君士坦丁堡，他兴建了圣索菲亚大教堂，并组织编撰了罗马法典。但是，为了使自己创建的大学免于别人的竞争，他竟关闭了雅典学院这个自柏拉图时代创建以来已有上千年历史的学术机构。

公元3世纪以来，波斯帝国一直是东罗马帝国的一个势均力敌的对手。两个帝国的对立，使得小亚细亚、叙利亚和埃及处于长期动荡和巨大消耗的状态中。公元1世纪时，这些地区尚有着较高水平的文明、富足的生活和众多的人口。但是由于不断的战乱杀戮、抢劫和战争课税，这片土地逐渐败落、凋零，剩下的不过是一些被捣毁的城市废墟和散居于乡间的农民。到处都是一派贫穷、混乱和阴郁的景象，只有埃及南部的情况稍好一些。另一方面，像君士坦丁堡一样，即便在这种每况愈下的不景气中，亚历山大港依旧维持着东西方之间的贸易往来。

科学和政治哲学等学问，在这两个战乱与衰败的帝国之中均告消失。雅典那些最后的哲学家们，始终以无限的崇敬和强烈的求知精神，保存着那些古代文献的文本，直到他们遭受镇压。但是，不论哪个阶层，都很难找到一个能够勇敢地进行独立思考的自由人，一个能够将文献所体现出来的坦率议论和公开探索的传统继续下去的人，这是由于社会和政治上的混乱所致。另一方面，也有这个时代自身的原因。因为在这个时期，波斯和东罗马帝国都疯狂地迫害“异端”，这两个帝国都信仰着一种极力压制人类精神自由活动的宗教。

当然，举凡世界上古老的帝国都是宗教国家，都以神或有着神一样地位的帝王作为社会的中心。亚历山大就曾经被当作神，罗马的皇帝在某种意义上也是神，因为他们被供奉在神庙中，圣坛前供奉着祭品，对皇帝宣誓就是对罗马帝国忠诚的考验。但从本质上看，这种古老的崇敬其实是行为与事实上的宗教，不会侵蚀人们的心灵。因为一个人只要能供上祭品，对神顶礼膜拜，那么他实际上怎么想、怎么说，便都无关紧要了。

但是，后来出世的这类宗教（尤其是基督教），则是以内在精神为主。新的宗教不仅要求表面的形式，而且要求人们理解信仰，因此自然就会产生对信仰本质意义的争论。更明确地说，这些新的宗教是信念上的宗教。于是就出现了一个新的词汇——“正教”。正教有一套严格的规定，通过一系列的教义不仅限制人们的行为，而且限制人们的言论和个人的思想。这样一来，倘若抱有某些错误见解，甚至把错误见解传达给别人，就不仅仅是知识上的过失，而是使灵魂永远堕落的道德上的罪过。

公元3世纪创立萨珊王朝的阿尔达希尔一世（Ardashir I）以及4世纪重建罗马帝国的君士坦丁大帝，都曾求助于宗教组织的帮助，因为他们都在宗教组织中发现了利用和控制人们意志的新手段。因此，早在4世纪结束之前，这两个帝国就对言论自由和宗教改革进行过残酷的压制。在波斯，阿尔达希尔发现了古波斯宗教琐罗亚斯德教（拜火教），有着祭司和圣坛，以及在祭坛上点燃圣火的仪式，便马上按照自己的意图将其定为国教。

公元3世纪末，琐罗亚斯德教开始迫害基督徒。公元277年，一个新的宗教摩尼教的创始人摩尼（Mani）被钉在十字架上，并被剥了皮。而在君士坦丁堡，人们则在围捕非基督教的异教徒。由于摩尼教的观念干扰了基督教，因此基督教必须采取残忍的方式与其进行斗争；而基督教的一些观念也影响了琐罗亚斯德教教义的纯洁性。这样一来，所有的观念都引起了人们的怀疑。科学的发展首先要求精神能在不受干扰的条件下自由活动，而在这样一个异教徒横遭迫害的日子里，科学怎能不失去光辉！

战争、黑暗的神学、人类不断的罪恶，构成了当时拜占庭帝国的生活。这种生活像图画一样充满了浪漫，却极少包含美妙和光明。只要未遇到北方蛮族的入侵，拜占庭和波斯两大帝国就总要互相倾轧，在残酷的破坏性战争中消耗着小亚细亚和叙利亚的繁荣，使其逐渐荒芜。其实，这两个帝国即使结成紧密的联盟，也未必能轻易抵御蛮族的入侵，恢复自己往昔的荣光。突厥人和鞑靼人在历史舞台上的最初亮相，是先以波斯盟国后以拜占庭盟国的身份出现的。公元6世纪时，查士丁尼和库思老一世（Khosrau I）是主要对手，而到了7世纪初，则形成了拜占庭皇帝希拉克略（Heraclius）与库思老二世对抗的局面。

在希拉克略登基成为皇帝（610年）以前，库思老二世始终占有较大优势。他先后占领了安条克、大马士革和耶路撒冷，而后挥军直下小亚细亚，剑锋直指与君士坦丁堡遥遥相对的卡尔凯顿。公元619年，波斯军攻克埃及。但不久，希拉克略的军队发动了猛烈的反扑，尽管波斯在卡尔凯顿有驻军，他们还是歼灭了尼尼微的波斯驻军（627年）。公元628年，库思老遭到其子卡瓦德（Kavadh）的废黜和杀害。这两个筋疲力尽的帝国之间，终于出现了一段不稳定的和平时期。

拜占庭和波斯之间这场决定最终命运的战争已然拉开帷幕。但是人们做梦也想不到，使这场毫无目的的长期战争永远结束的一场风暴，已逐渐在沙漠中酝酿形成。

正当希拉克略在叙利亚恢复秩序的时候，他收到了一封信。这封信被送到了大马士革以南的波斯托的帝国军前哨，用的是阿拉伯文，一种通行于沙漠地带的晦涩难懂的闪米特语系语言。倘若皇帝真的见到了这封信，那也必定是由一位翻译读给他听的。寄信人自称“先知穆罕默德”。他号召皇帝信奉唯一的真主，并做真主的仆人。至于皇帝回答了些什么，则已无记载可考了。

在泰西封的卡瓦德也收到了同样内容的信件，他大发雷霆，撕毁来信，将使者赶了出去。

这位穆罕默德（Muhammad）是贝都因人的一位首领，他的领地是沙漠里的一座小城镇麦地那，他传播着一种只信仰唯一真主的新宗教。

他说："既然如此，就让卡瓦德也来撕碎他的王国吧。"

42　中国的隋朝和唐朝

公元5世纪至8世纪的400年间，蒙古高原各族不断地西迁，阿提拉的匈人部落不过是这一冒险行动的先导。最后，蒙古各族终于在芬兰、爱沙尼亚和匈牙利找到了自己的定居地。就在这些地方，他们说着与突厥语相近的语言，传宗接代，延续至今。住在保加利亚的也是突厥系民族，不过他们说的是雅利安语。对于欧洲、波斯和印度的雅利安文明来说，蒙古人扮演的角色，正如若干个世纪前雅利安人在爱琴文明、闪米特文明中所扮演的角色。

突厥人已在中亚扎下了根，在波斯也有许多突厥人担任要职或雇佣兵。帕提亚人已从历史上消失，融合于庞大的波斯帝国人口之中。中亚的历史不再是雅利安游牧民族的历史，而成为蒙古民族的历史，突厥人则成了从蒙古高原到里海的亚洲腹地的主人。

公元2世纪末的那场大瘟疫曾经毁灭了罗马帝国，同样，它也在中国给汉王朝带来了灭顶之灾。紧接着，中国便进入了分裂割据和草原民族南下的时代。但是相比之下，中国的复兴要比欧洲来得更快也更全面。临近6世纪的终结，隋朝便再次统一了中国。到了希拉克略的时代，唐朝又取代了隋朝。唐朝是中国历史上极为繁荣的一个时期。

在7世纪至9世纪的300年间，中国堪称世界上最安乐、最文明的国家。如果说汉朝把中国的疆界推向了北方，那么隋朝和唐朝则把文明推广到广大的南方。中国的国土此时已经有了近乎今天的面积。在中亚，中国的影响力已越过称臣进贡的突厥部落，一直抵达波斯和里海。

崛起的唐代中国与原先的汉代中国有着很大的差别。一种更具生命力的新的文学流派出现了，这是一次诗歌的伟大复兴。与此同时，佛教使得中国的哲学和宗教思想发生了重大改变。中国人在艺术创作、工艺技巧、社交生活方面都取得了大幅进步。人们开始饮茶、造纸，并开始进行木版印刷。数百年间，在欧洲和西亚人口不断减少，人们不是住在茅屋或城墙高筑的小城镇，就是蛰居恐怖的强盗山寨之时，数百万中国人却度过着秩序井然、清雅和美的时光。正当西方人的精神由于神学的纠缠而失去光泽的时候，中国人的精神却是开朗、宽和和不断探索的。

唐朝初期的皇帝唐太宗于公元627年即位，这也是希拉克略在尼尼微大获全胜的那一年。唐太宗曾接见希拉克略的使臣，后者的目的似乎是想在波斯背后找到一个同盟者。与此同时，一群基督教聂斯脱里派（景教）传教士从波斯来到中国，他们获准向唐太宗讲解教义，太宗更是诏令将圣经译成中文。此后，他传旨允许这种奇怪的宗教在中国传播，并兴建寺庙。

唐太宗还在公元628年接见了穆罕默德的使者，他们是从遥远的阿拉伯半岛沿印度海岸搭乘贸易船只来到广州的。与希拉克略和卡瓦德不同，唐太宗十分认真地听取了使者的介绍，对其宗教观点表示了极大的兴趣，并帮助他们在广州建造了清真寺（怀圣寺）。据说，这座中国最古老的清真寺至今犹在。

43　穆罕默德与伊斯兰教

一位预言家式的业余史学家在概观了7世纪初的世界形势后，理直气壮地做出了如下预言：几个世纪后，整个欧亚大陆都将落入蒙古人的手中。在当时，西欧没有任何建立秩序和联盟的迹象，拜占庭帝国和波斯帝国则热衷于相互攻伐。印度也仍处于分裂和消耗性的战争中。与此相反，中国则正在不断扩张，人口可能已经超过整个欧洲人口的总和。突厥人从中亚崛起，并采取了类似的扩张行动。

但上述预言也并非完全落空，因为到了13世纪，终于进入了由一位蒙古大汗统治着从多瑙河到太平洋的大片土地的时代，出现了各突厥王朝统治着拜占庭、波斯、埃及以及印度大部的局面。

这位预言家的错误只在于，他低估了欧洲拉丁语系诸族的力量，忽视了阿拉伯半岛沙漠中的潜在力量。阿拉伯地区仍像难以追忆的远古时期那样，一直被看作好斗的小型游牧部落的避难之地。千余年以来，闪米特人从未在这里建立过王国。

但是，此后短暂的100年间，贝都因人却突然以光辉夺目的形象出现在历史舞台上。他们的统治从西班牙一直扩展到中国西部边界，他们的语言也随之广泛传播。他们给世界带来了新的文化，创建了至今仍在世界上极具活力的宗教。

点燃阿拉伯之火的正是穆罕默德。人们最初只知道，他是麦加城一位富商遗孀的年轻丈夫。在40多岁以前，他几乎没做过什么引人注意的事情，似乎对宗教问题的讨论有着异乎寻常的兴趣。当时，麦加是一座异教城市，十分虔诚地敬奉着一块阿拉伯世界极为闻名的麦加黑石。麦加是朝圣者向往的圣地，但这里也居住着大批的犹太人——事实上，阿拉伯半岛南部居民均信仰犹太教——在叙利亚也有着基督教堂。

约40岁时，穆罕默德有了一种预言的本领，就像1200年以前的希伯来先知一样。他首先向自己的妻子谈到了唯一的真主，宣讲对善行的报答和对恶行的惩罚。很显然，他的思想受到了犹太教和基督教的强烈影响。他把自己的一些信徒召集起来，开始在城里进行反对偶像崇拜的宣传。然而，这样做十分不得人心，因为麦加的繁荣主要依靠到这里来的朝圣者。他的说教变得越来越大胆和明确。他声称自己是安拉的使者，是最后一位先知，亚伯拉罕和基督都是自己的先行者，他就是被选中去完成神意启示的人。他写了许多诗，扬言这些都是天使传达给他的，并声称他做了一个奇怪的梦，梦见自己被带到天国，受到真主的亲示。

随着穆罕默德传教力量的不断增长，市民们对他的敌意也与日俱增，最后终于酿成一场暗杀的阴谋。他只好携自己的忠实朋友和弟子艾布·伯克尔（Abu Bekr）逃到了对他友好的城市麦地那。在那里，他的教义得到了接受。麦加和麦地那之间因此爆发了一场战争，最后通过谈判才得以结束。麦加采用了真主的礼拜仪式，并接受了穆罕默德是一位先知的提法。但是这一新教的信徒们仍然可以到麦加去朝圣，就像他们是异教徒时所做的那样。

就这样，穆罕默德无须打乱朝圣的队伍，便在麦加确立了唯一真主的地位。629年，他作为主人回到了麦加，次年便向希拉克略、唐太宗、卡瓦德和世界上其他所有统治者派出了自己的使者。

自此时起直到自己去世（632年）的四年时间里，穆罕默德把自己的势力扩张到了阿拉伯半岛的其余地区。他娶过多名妻子，怀有极为真挚的宗教热情。他通过口述编成一部《古兰经》，包括伊斯兰教的教律和解释，声言为神所传授。

但是，尽管穆罕默德的生活与著作有着这样那样的明显缺点，他带给阿拉伯世界的伊斯兰教仍然蕴含着很大的力量和启发。伊斯兰教的第一个主要特点就是绝不妥协的一神论观点，即对真主的统治和父亲的身份表现出单纯而狂热的信仰，以及从宗教情结中脱离出来的自由。其次，伊斯兰教完全是一种预言式的宗教，它没有操持牺牲的祭司和神庙，并抗拒任何恢复血腥祭牲的可能性。《古兰经》以一种绝对的方式规定了麦加朝圣的有限礼仪。为了防止后人对自己进行神化，穆罕默德亲自制定了多种预防措施。第三，伊斯兰教主张，不论肤色、出身和身份如何，人人在真主面前都是兄弟，一律平等。这也是其最为有力的特点。

正是这些特点，使得伊斯兰教成为人类历史上的一种重要力量。不过也有人说，伊斯兰世界的真正创造者不是穆罕默德，而是他的朋友和支持者艾布·伯克尔。如果说穆罕默德靠着随机应变的机敏，成为伊斯兰教最初的精神象征，那么伯克尔就代表着伊斯兰教的良心与意志。每当穆罕默德发生动摇的时候，都是伯克尔鼓励和支持他。穆罕默德去世后，伯克尔成为“哈里发”（即继承人）。他以无比坚定的信念、直率而清醒的头脑，率领仅有三四千人的阿拉伯部队，按照穆罕默德在628年从麦地那发给各国君王的信中所说，去完成一场使全世界都臣服于阿拉伯的征讨。

44 阿拉伯文明的全盛时代

接下来，便是人类历史上一个最令人惊叹的征服故事。拜占庭帝国的军队在公元634年的耶尔穆克河（约旦河支流）战役中遭遇惨败。[1] 皇帝希拉克略因得了水肿病而无力理政，帝国的资源也由于波斯战争而消耗殆尽，他眼看着自己在叙利亚新征服的大马士革、巴尔米拉、安条克和耶路撒冷等城市，几乎全都未经抵抗便落入了阿拉伯人手中，大多数居民都改信了伊斯兰教。而后，阿拉伯军队转向东方。波斯人在路斯塔姆发现了一位能干的将领，组织起一支象军。波斯军队与阿拉伯军队于637年在卡迪西亚激战了三天，终因指挥失当而败下阵来。

紧接着，整个波斯都被征服。阿拉伯帝国的疆界西至土耳其，东抵中国西部边境。埃及几乎未做任何抵抗，便落入新征服者手中。这些不可一世的征服者，把亚历山大图书馆中保存的图书抄写行业全部废除。征服者的狂潮沿着非洲北部海岸，一直冲向直布罗陀海峡与西班牙。西班牙在710年遭到入侵。[2] 征服者又于720年进抵比利牛斯山。732年，阿拉伯军的先头部队抵达法

1　据最新推测，耶尔穆克河战役发生在636年。

2　据最新推测，西班牙遭到入侵的时间为711年。

兰西中部，但在普瓦捷战役中受挫，从而再次退回比利牛斯山。埃及的陷落使征服者们得到了一支舰队。因而，在很长一段时间里，君士坦丁堡一直处于一种即将被征服的紧张气氛中。然而事实上，尽管阿拉伯军在672年至718年间从海上发动了多次进攻，但这座伟大的城市始终巍然屹立于海峡彼岸。[1]

阿拉伯帝国的统治者缺乏政治才能，又没有政治经验，因此这个首都设在大马士革，国土绵延于中国和西班牙之间的大帝国，很快就衰落了下去。从一开始，教义的不同就损害着帝国的统一。但是，我们更感兴趣的问题不是大帝国政治上的分裂，而是它对于人类精神和人类总体命运的影响。阿拉伯人的知识，比千年以前希腊人的知识更迅速、更富戏剧性地传播到世界各地。这些知识刺激了中国以西的整个世界，以极大的力量打破了旧观念，发展了新观念。

在波斯，这种新鲜、激昂的阿拉伯精神，不仅与摩尼教、琐罗亚斯德教、基督教的教义原则发生接触，而且与依靠希腊文献和叙利亚译本得以保存的希腊文化产生碰撞。同时，它还在埃及重新发现了希腊的文化，在西班牙发现了犹太人积极思索与探讨的传统，在中亚发现了佛教和中国文明的物质成就，从中国人那里学会了造纸，使书籍的印刷成为可能，最后还接触到了印度的数学和哲学。

伊斯兰教早期局限于《古兰经》信仰的那种自满与狭隘，很快就得到了克服。阿拉伯人足迹所到之处，都掀起了学习的热潮。7世纪末8世纪初，一个教育组织在整个“阿拉伯化”的世界起到

1　对君士坦丁堡的海上进攻发生在674年至717年。

了巨大的作用。到了9世纪，西班牙科尔多瓦地区各学派的学者们曾与开罗、巴格达、布哈拉、撒马尔罕的学者们互相通信。犹太精神与阿拉伯精神十分自然地发生同化。这两个闪米特民族在一段时间内，曾用阿拉伯语作为交流手段一起工作。直到阿拉伯人的政权崩溃很久以后，阿拉伯语通行范围内的这种知识往来依然得以维持，并在13世纪产生了许多令人惊讶的重大成果。

由希腊人开创的这种对事实进行系统整理和批判的方法，因为闪米特世界惊人的复兴而得到继承。曾遭到长期冷落和忽视的亚里士多德著作与亚历山大博物馆，如今又重新被人们记起并得到研究，而且发展为新的成果，在数学、医学、物理学等领域都取得了重大的进步。粗陋不便的罗马数字，被今天我们仍在使用的阿拉伯数字所取代。零的符号也开始得到使用。“代数”“化学”等名称，实际上均源自阿拉伯语。“毕宿五”“大陵五”“牧夫座”等星体的名称，证明了阿拉伯人的天文研究水平。他们的哲学，则注定要在法国、意大利和整个基督教世界的中世纪哲学中得到复兴。

阿拉伯的实验化学家被称作“炼金术士”，他们对自己的实验方法和结果严格地保密。他们从一开始就意识到，这些可能成功的发明将为自己带来巨大的利益，为人类生活带来极大的影响。他们发明了有极大价值的冶金和工艺方法，如合金、染色蒸馏、香料和光学玻璃。但是，有两个主要的追求目标却始终未见成功：一项是“哲人石”的研制，也就是把一种金属元素转变成另一种，从而得到人造的黄金；另一项是返老还童的研究，妄图制出一种益寿延年，使人长生不老的药物。

阿拉伯炼金术士们这些令人难懂的、锲而不舍的实验，逐渐扩展到基督教世界，他们不懈探索的诱惑力也不断地蔓延开来，这些炼金术士的活动终于变成了社会性、合作性的活动。他们发现互相交流切磋是大有裨益的。随着时间流逝，最后一批炼金术士也就成了最早的实验科学家。

诚然，这些古老的炼金术士所追求的是荒谬的点金术和长生不老药，但他们从中发现的却是近代实验科学的方法，这种方法最终赋予了人类掌握世界和自己命运的无穷力量。

45　拉丁语基督教世界的发展

在7世纪8世纪之交，仍被雅利安人控制在手中的地区已经收缩到最小限度。这一点是十分值得注意的。千年之前，雅利安人控制着中国以西的整个世界。如今，蒙古人一直打到匈牙利，亚洲除拜占庭帝国的领土外，没有任何一片土地仍掌握在雅利安人手中，整个亚洲和西班牙的几乎全部领土也都为他人夺去。大希腊世界缩小到只剩下以君士坦丁堡这个商业城市为中心的寥寥几块领土。而人们关于罗马的记忆，恐怕也只存在于西方基督教牧师们所使用的拉丁文献之中。与这种衰落形成鲜明对照的是，闪米特民族传统在经过了千年的黑暗后，终于又从屈辱和埋没中显露出来。

然而，北欧诸民族的生命力并未丧失殆尽。此时，尽管他们的势力被限制在欧洲的中部和西北部，尽管他们的社会和政治观念陷入了极度的混乱，他们仍然逐步地建立起一种新的社会秩序，并在不知不觉中为超越前代的势力扩张做好了准备。

前面曾经谈到，公元6世纪初的西欧已不存在中央政权，而是被许多地方统治者分割成一块块领地。这是一种不堪长久维持的不稳定状态，因此，在这种混乱中就产生了某种合作与联盟的制度，也就是至今仍在欧洲生活中留下痕迹的封建制度。封建制度是一种关于权利的社会结晶体。在任何地方，孤立的人总是会感到不安稳，因此愿意牺牲部分权利来换取帮助和保护。他们往往会寻找一个更强有力的人，做自己的领主和保护人。也就是说，他们向这个人提供军需，缴纳贡赋，以此换取私有财产的安全保障。这些小领主又从更大的领主那里寻得保护和安全，后者又从更大的领主那里寻得保护和安全。各个城市也从这种封建保护者那里获得了便利，甚至连修道院和教会也投身于这种连带关系之中。毫无疑问，在许多情况下，只有当你宣誓效忠之后，对方才会为你提供保护。这种制度既有自上而下形成的一面，又有自下而上形成的一面。

就这样，一种金字塔式的系统建立起来，并因地区不同而有所变化。此前，暴力和私人冲突经常发生，后来秩序得以建立，新的法律得以制定，这种金字塔系统日趋完善。最后，某些地方就形成了王国。到了6世纪初，在今天的法国与荷兰出现了由克洛维（Clovis）建立的法兰克王国。此后，伦巴第王国和哥特王国相继建立。

当阿拉伯军队在公元720年越过比利牛斯山的时候，他们发现了法兰克王国，并且在决定命运的普瓦捷战役中败在了对方手中。在克洛维后裔那不景气的朝廷中，法兰克王国实际上由宫相查理·马特（Charles Martel）控制，他实际上成为统治阿尔卑斯山以北，从比利牛斯山到匈牙利这一大片欧洲土地的最高封建君主。查理·马特控制着许多说法语、高地德语及低地德语（均属拉丁语系）的小君主。他的儿子丕平（Pepin）推翻了克洛维家族的最后一位继承人，篡夺了王位。他的孙子查理曼（Charlemagne，查理大帝）于公元768年开始了自己的统治。当查理曼发现自己统治的是一个如此庞大的王国时，他甚至起了恢复拉丁皇帝封号的念头。他征服了意大利北部，成为罗马的统治者。

倘若我们从世界历史的角度看欧洲历史，就能够比那些民族主义历史学家更清楚地看到，拉丁系罗马帝国的传统是怎样一种受到束缚和遭逢不幸的传统。为了获得某种虚幻的权力，在这片狭窄的土地上进行了长达千余年的战争，从而耗尽了欧洲的精力。纵观这一时期，我们可以从几场难以遏制的对抗之中看出事端的原委。这些对抗犹如狂人的迷妄，使欧洲失去了理智，而动力之一就是成功的统治者们要做罗马皇帝的野心，就像查理曼表现出来的那样。

查理曼的王国，是由各种未开化的日耳曼封建小国混合而成的。在莱茵河以西，绝大多数日耳曼人都学着说拉丁土语，这些语言最后融合成法语。在莱茵河以东，同样的日耳曼人却没有丢弃他们的日耳曼语言。正因如此，两伙未开化的征服者之间的交流变得困难起来，分裂也因而轻易地发生。而分裂的最直接原因则在于以下事实：查理曼死后，帝国由他的儿子瓜分。按照法兰克王国的习惯，这是理所当然的事情。

因此，查理曼时代以后的欧洲历史，一方面是君主及其家族为争夺国王、王子、公爵、主教之位或欧洲城市而争斗的历史，另一方面是法语国家与日耳曼语国家的对立在混乱中不断发展和加剧的历史。每一位皇帝都有加冕仪式，而每个皇帝的最大野心，都在于夺取业已衰落的名义上的首都罗马城，并在此举行加冕典礼。

欧洲政治混乱的第二个因素，是罗马教会不让世俗的王子继承王位，而使罗马教皇本人成为实际上的皇帝。教皇已经是最高的祭司，为了各种实际目的，他掌握着这座日渐衰微的城市。如果说教皇没有军队，那么他至少拥有一个由教士组成的遍布整个拉丁世界的庞大宣传体系。如果说他没有什么统治人身的力量，那么他却握有人们想象中的天堂或地狱的钥匙，可以随意地左右人们的灵魂。

所以，当君主、亲王们开始为平等、继而为特权、最后为至高无上的皇位而互相倾轧的时候，罗马教皇时而有恃无恐，时而诡计多端，时而又虚弱无力地玩弄权术，意欲令所有君主都臣服于作为基督教国家最高统治者的自己。由于教皇之位都是由老年人继承，他们在位的平均年限不超过两年。

但是，各国君主之间的对立和皇帝与教皇之间的对立，并非欧洲动乱的全部原因。在君士坦丁堡，仍然有一位讲希腊语、号令整个欧洲的皇帝——查理曼。这位皇帝一心想复兴罗马帝国，但他所复兴的其实不过是帝国领土中操拉丁语的一端。而拉丁语帝国与希腊语帝国之间则很容易产生对立的意识，这是十分自然的。因此，在希腊语的基督教与拉丁语的基督教之间，就更容易产生对立的情绪。

罗马教皇声称，自己是基督第一个使徒圣彼得（St Peter）的继承人，因此自然应该成为基督教社会的最高领袖。但君士坦丁堡的皇帝与总主教都拒绝接受这一说法。关于“三位一体说”的争论经历了长期的论战，最终在1054年宣告破裂。拉丁教会和希腊教会从此各自为政，并公开对立。这一对立同其他因素一起，显著地导致了中世纪拉丁语基督教国家的削弱。

就在这个分裂的基督教世界中，后来又出现了三组对立。在波罗的海和北海一带，还留有一部分极难基督教化的北欧系部族，即诺曼人。他们出海为盗，侵扰南至西班牙的各基督教国家的海岸。他们从俄罗斯境内的诸河逆流而上，来到荒芜的中部地区，并将自己的船只置于南向的河道上。他们干着海盗的勾当，出没于里海和黑海。他们在俄罗斯建立了一些公国，并成为第一批被称为“俄罗斯人”的族群。

这些诺曼系俄罗斯人差一点就攻克了君士坦丁堡。9世纪初的英格兰是查理曼属下基督教化的低地日耳曼国家，国王爱格伯特（Egbert）是查理曼的门徒与学生。诺曼人将这个王国的一半土地，从爱格伯特的继承人阿尔弗雷德（Alfred）大帝手里夺了过来（886年），最后又在克努特（Canute）的率领下，夺取了这个王国的全部领土（1016年）。另一支诺曼人在“步行者”罗尔夫（Rolf the Ganger）的率领下，于912年征服了法兰西北部，建立了诺曼底公国。

克努特不仅统治着英格兰，而且控制着挪威和丹麦。但是随着他的去世，他那短命的帝国也宣告分裂。其原因在于未开化民族政治上的弱点：君主死后，帝国便由其子嗣均分。倘若诺曼人这种短暂的统一能长久持续下去，那事情又将会怎样呢？这确实是个有趣的问题。诺曼人是个有着惊人胆量和旺盛精力的民族。他们乘坐帆船，甚至曾到达冰岛和格陵兰等地。他们也是最早在美洲登陆的欧洲居民。他们此后的冒险活动还包括从撒拉逊人[1]手中夺回西西里岛和洗劫罗马。我们不妨想象一下，克努特王国的航海家能够从美洲向北航行到俄罗斯，这是一种何等了不起的

1 中世纪欧洲对阿拉伯人的称呼。

远航能力。

日耳曼人聚居地的东部和欧洲拉丁语区，是斯拉夫各部族与突厥民族的杂居地。其中最引人瞩目的是马扎尔人（匈牙利人），他们是在8世纪至9世纪西迁至此的。他们一度生活在查理曼的统治之下，查理曼死后，他们便在匈牙利建立了自己的国家。他们效法自己的远祖匈人的做法，每逢夏季便入侵欧洲各地。公元938年，他们穿越日耳曼进攻法兰西，翻越阿尔卑斯山进攻意大利北部，在大肆纵火抢劫和破坏之后，又返回了自己的家园。

最终从南方摧毁罗马帝国残躯的是撒拉逊人。他们掌握了当时绝大部分的制海权。唯一使他们头痛的对手就是诺曼人，也就是来自里海的俄罗斯诺曼人和西方的诺曼人。

尽管身处这样一些充满活力和侵略性的民族的包围之中，尽管四面埋伏着难以预料的破坏力和危险，查理曼和他之后的一批野心家，仍然演出了一幕在“神圣罗马帝国”的名义下复兴西罗马帝国的戏剧——一出徒劳的戏剧。自查理曼时代以来，西欧的政治生活始终纠缠于这种想法。而在东方，罗马帝国的希腊化半部国力早已衰落，除了商业首都君士坦丁堡和周围的小块领土已一无所有。在政治方面，欧洲大陆在查理曼时代以后的一千年中，呈现出一种因循守旧和毫无创造性的姿态。

查理曼的大名在欧洲历史上占有显赫的位置，但是他的个人形象却不甚明了。据说，他既不能读也不能写，却十分尊重知识。吃饭的时候，他总要命人为他大声朗读。对于宗教问题的讨论，他也有着特殊的兴趣。在亚琛和梅茵茨的冬季驻地，他经常召集一批学者，通过与他们交谈来获得知识。在夏天，他经常打仗，对手有西班牙人、撒拉逊人、斯拉夫人、马扎尔人、萨克逊人，以及其他日耳曼种系的异教徒。但是，他继奥古斯都之后做罗马皇帝的念头，究竟是产生于征服意大利北部之前还是之后？他的这个念头是否受了一心使拉丁教会从君士坦丁堡独立出来的教皇利奥三世（Leo III）的怂恿？这些问题的答案仍都是未知的。

在罗马，教皇和那位有远见的查理曼之间，还曾为要不要由教皇为皇帝加冕一事，互相使出过一些令人意想不到的花招。在公元800年的圣诞节，当查理曼参拜圣彼得大教堂时，教皇十分意外而又成功地为这位征服者戴上了皇冠。据说，当时教皇拿出了事先准备好的一顶皇冠，戴在了查理曼的头上，并称查理曼为恺撒和奥古斯都，人群中随即发出了震耳欲聋的欢呼声。

然而，查理曼对这种方式大为不满，他深感不快，仿佛受了莫大的羞辱，并耿耿于怀。为此，他给儿子留下了一条密诏：无论如何都不能再由教皇为皇帝加冕。原来，他是想要自己取过皇冠戴在头上。于是，从皇权恢复的那一刻起，我们就看到了教皇与皇帝之间为了更高的权位所进行的长期斗争。可惜，查理曼的儿子“虔诚者”路易（Louis the Pious）并未遵从父亲的遗训，反而完全服从了教皇的意志。

查理曼的帝国在路易死后便出现了分裂。从此，说法语和说德语的法兰克人之间的矛盾日益加深。下一位皇帝是萨克逊人“捕鸟者”亨利（Henry the Fowler）的儿子奥托（Otto）。奥托是在公元919年日耳曼各君主与主教的会议上被推选为日耳曼王的。962年，奥托来到罗马接受皇位。这个萨克逊王朝在11世纪初灭亡，被其他日耳曼族的皇帝取代。在源于查理曼一系的加洛林王朝覆灭后，操各种法兰西语的西部封建王侯和贵族，并没有依附于日耳曼帝国的统治。另外，从来没有任何一部分不列颠人加入过神圣罗马帝国。诺曼底大公、法兰西王和其他大大小小的封建统治者均始终留在帝国之外。

公元987年，加洛林王朝对法兰西王国的统治宣告结束，政权落在了休·卡佩（Hugh Capet）的手中，他的子孙将卡佩王朝的统治一直延续到18世纪。在休·卡佩的时代，法兰西王的统治领域仅局限于巴黎周围相当小的一片国土。

到了1066年，英格兰遭到哈罗德·哈德尔达（Harold Hardrada）率领的拉丁诺曼人的进攻。英王哈洛德在斯坦福桥之战中击溃了挪威人，却在黑斯廷斯遭到了拉丁诺曼人的重创。英格兰人断绝了与斯堪的纳维亚人、条顿人（日耳曼人）、俄罗斯人的往来，而与法兰西人发生了密切的关系和不断的冲突。此后的若干个世纪中，英国人卷入了法兰西封建王侯的冲突纷争之中，在法兰西的土地上耗费着自己的财产和生命。

46　十字军和教皇统治的时代

请注意一件十分有趣的事情：查理曼曾经同哈里发哈隆·拉希德（Haroun-al-Raschid，即《一千零一夜》中的哈隆·拉希德）有过某些往来。据记载，哈隆·拉希德从巴格达（当时已取代大马士革成为阿拉伯帝国的首都）派出使节前往罗马，他们携带着华丽的帐篷、滴漏、大象和圣墓的钥匙。这最后一项礼物是特意挑选的，其目的在于引起拜占庭帝国和新的神圣罗马帝国间的矛盾，使其为争做耶路撒冷基督徒的真正保护者而发生火并。

这些礼物使我们看到：在公元9世纪，当欧洲仍处于炮火连天、抢劫成风的混乱之中时，埃及和美索不达米亚已经有了一个极为繁荣的阿拉伯大帝国，它文明的脚步早已把欧洲远远地甩在了后面。在那里，文学和科学仍然充满着生气，艺术高度繁荣，人们的精神极为活跃，丝毫没有受到恐怖和迷信的污染。即使在撒拉逊人政权陷入极度混乱的西班牙和北非，理性生活仍然充满了活力。在欧洲处于一片黑暗的几个世纪中，这些犹太人和阿拉伯人却在不断地阅读亚里士多德的著作，他们守护着被欧洲人忽视的科学与哲学的种子。

哈里发领地的东北驻扎着许多突厥部族，此时他们都已改宗伊斯兰教。比起南方那些有着灵活头脑的阿拉伯人，他们的信仰更朴素也更强烈。到了10世纪，突厥一天天强大起来，而阿拉伯帝国的势力则由于分裂而日益衰弱。二者的关系十分类似1400年前米底亚人与晚期巴比伦帝国之间的关系。11世纪，突厥语系的塞尔柱突厥人大举入侵美索不达米亚，拥立哈里发做他们名义上的领袖，实际上不过是个俘虏和傀儡。接着，他们又征服了亚美尼亚，然后进攻拜占庭帝国在小亚细亚的残余势力，最终在1071年的梅拉斯吉德战役中，彻底摧毁了拜占庭帝国在亚洲的统治。塞尔柱突厥人占据了与君士坦丁堡遥遥相望的尼西亚要塞，为进攻这座城池做着各种准备。

面对这种局势，当时的拜占庭皇帝迈克尔七世（Michael VII）惊惶万分，因为他刚刚与那些占据了都拉佐的诺曼冒险者们，以及渡过多瑙河大举来袭的佩切涅格人[1]进行了激烈的较量。因此，他只好四处寻求援助。然而，值得注意的是，他求助的对象不是西方的皇帝，而是拉丁基督教会的领袖——罗马教皇。他写信给教皇格里高利七世（Gregory VII），陈明形势的危急。而他的继承人亚历克修斯·科穆宁（Alexius Comnenus）给教皇乌尔班二世（Urban II）的求援信，就写得更为急迫了。

此时距离拉丁教会与希腊教会发生决裂，尚不到四分之一个世纪的时间。当时，人们对于以往那些争执仍记忆犹新，因此对于教皇来说，拜占庭帝国的危机显然是个绝佳的机会，可以趁机压服提倡异说的希腊人，进而强化拉丁教会的领导权。同时，这一形势也使得教会有机会解决另外两个令西方基督教各国大为头疼的问题。第一个问题是“私斗”风气盛行，严重破坏了社会生

1　西突厥乌古斯人的一支，11世纪时曾与拜占庭帝国发生冲突，后被击败。

活秩序。第二个问题是低地日耳曼人以及基督教化的日耳曼人（尤其是法兰克人和诺曼人）有着过剩的战斗力，必须为其找一个发泄口。

于是，一场针对耶路撒冷的突厥外敌的宗教战争便开始了，史称“十字军东征”。他们同时号召：结束基督徒之间的一切敌对行为。战争发动者公开宣称，此次战争的目的就是要从异教徒手里收复圣城耶路撒冷。据说当时有一位名叫彼得的隐士，走遍了法兰西和德意志，用游说的方式进行广泛的启蒙宣传。他赤脚蓬头，骑着毛驴，扛着一座巨大的十字架，在街头市井和教堂里向人们游说。他述说了突厥人对基督教先贤的欺辱，以及圣墓遭受异教徒玷污的情况。经过长达几个世纪的基督教教化，这激起了人们强烈的反应，一股强大的狂热浪潮席卷西方，整个基督教世界都为之震撼。

仅仅为着某个念头就掀起如此广泛的民众狂热，这在人类历史上还是一种新的现象。不论在罗马还是印度和中国的历史上，这都是一个前所未有的史实。不过，较小规模的运动倒是有过，比如犹太人从巴比伦王国的囚禁中获得解放后的所作所为，又如后来的伊斯兰教所表现出的对集体情感同样的敏感。这样一种运动，无疑与宗教传播的发展导致新的精神萌生这一事实密切相关。希伯来的先知们、耶稣和他的使徒们、摩尼、穆罕默德等都是人类灵魂的劝慰者，他们使人的内心受到神的关照，在此之前，宗教实际上更多是庶物崇拜或伪科学，而不涉及伦理。古代的宗教则更多地依赖神庙、祭司和神秘的祭品，凭借恐怖来统治奴隶般的民众，而新的宗教则强调人自身。

第一次十字军东征是欧洲历史上的第一次民众运动，将其称作“近代民主的诞生”或许有些过分，但近代的民族确实就是在当时浮现出来的。此后不久，我们将看到民主的再次兴起，并猛烈冲击着各种社会和宗教问题。

这第一次民主运动的兴起以极为可悲可叹的结局告终。庞大的民众队伍（一群乌合之众而不是军队）在尚无统帅和装备的情况下，就为了拯救圣墓，从法兰西、莱茵兰和中欧等地涌向东方。这完全是一支“民众十字军”。两大批乌合之众涌入匈牙利，错误地把不久前改宗基督教的马扎尔人当作异教徒杀害，结果是使自己遭到屠杀。第三批人在莱茵兰同样稀里糊涂地屠杀了大批犹太人，之后向东进军，结果在匈牙利被驱散。由隐士彼得亲自率领的另外两大批人通过匈牙利抵达君士坦丁堡，然后渡过博斯普鲁斯海峡，结果遭到了塞尔柱突厥人的屠杀。作为欧洲第一次民众运动的十字军远征，就这样仓皇地开始并结束了。

第二年（1097年），哈里发的部队渡过了博斯普鲁斯海峡。在本质上，这支部队不论是从领导权还是精神气质上看，都是一支诺曼人的部队。他们攻占了尼西亚，然后沿着1400多年前亚历山大的进军路线，剑指安条克。经过长达一年的围攻后，终于攻克此城。1099年6月，他们包围了耶路撒冷，一个月以后发动强攻，屠杀场面惨不忍睹，据说血流满街，骑马而过的人浑身都会溅满鲜血。7月15日黄昏，十字军攻入圣墓教堂，消灭了所有抵抗力量。这群血迹斑斑、疲惫至极的人“乐极生悲”，跪下来虔诚地祈祷。

没过多久，拉丁人与希腊人之间的敌意再一次明朗化。十字军是拉丁教会的仆从，因此在耶路撒冷的希腊大主教深深地感到，在骄狂的拉丁人统治下，情况甚至比在突厥人统治下还要糟糕。于是，十字军实际上是处在拜占庭帝国与突厥人之间，与两方同时作战。结果，小亚细亚的大部分地区被拜占庭帝国夺回，并留下一些拉丁王侯去管理耶路撒冷和叙利亚部分地区，作为突厥人和拉丁人之间的缓冲地带。其中，埃德萨（今乌尔法）是最主要的城市。但是，即使是对这些为数不多的领土，十字军仍然没有足够的力量加以统治。到了1144年，埃德萨便再次落入突厥人手中。为此，十字军发动了毫无意义的第二次东征，结果并没有收复埃德萨，不过总算使安条克免于陷落。

1169年，库尔德人萨拉丁（Saladin）成为埃及的统治者。他重新集结兵力，号召展开一场反对基督徒的圣战，并于1187年再度占领耶路撒冷，由此酿成了第三次十字军东征。然而，这次远征未能收复耶路撒冷。到了第四次十字军东征（1202—1204）时，拉丁教会已没有任何与突厥人作战的借口，转而向拜占庭帝国发起公开挑战。十字军从威尼斯出发，于1204年攻克了君士坦丁堡。由于威尼斯这座新兴的商业城市是这次冒险活动的倡导者，因此拜占庭帝国的大部分海岸和岛屿都被并入威尼斯的版图之中。“拉丁”皇帝弗兰德斯的鲍德温（Baldwin）在君士坦丁堡被拥立，同时宣告拉丁教会与希腊教会再度统一。于是，拉丁诸皇帝便从1204年开始统治君士坦丁堡，直到1261年希腊世界振作起来，从罗马人的手中将其夺回。

12世纪至13世纪初，教皇的权力达到了登峰造极的程度，如同11世纪时塞尔柱突厥人和10世纪时诺曼人称霸的状况。在教皇的统治下，教会实现了统一，呈现出空前绝后的高效状态。

几个世纪的时间里，一种朴素的基督教信仰一步一个脚印地广泛传播到了这片开阔地域的每一个角落。然而罗马本身却经历了几番黑暗与耻辱。没有哪位作家会宽容10世纪的教皇约翰十一世和约翰十二世，他们是该受诅咒的恶人。但是，拉丁基督徒的心灵和肉体仍是忠诚和简朴的，一般的教士和修女都过着堪称模范的、信仰虔诚的生活。正是对这样一种生活的无限信心，支撑着教会的力量经久不衰。

当然，历史上也有伟大的教皇，如大格里高利，即格里高利一世（Gregory I，590—604年在位），以及利奥三世（795—816年在位），即邀请查理曼做罗马皇帝并出其不意为其加冕的那位教皇。到了11世纪末，则有伟大的圣职者、政治家希尔德布兰德（Hildebrand），即教皇格里高利七世（1073—1085年在位），隔一任则是第一次十字军东征时代的乌尔班二世（1087—1099年在位）。正是这两个人开创了教皇控制皇帝的教权极盛期。从保加利亚到爱尔兰，从挪威到西西里岛、耶路撒冷，教皇在各地都有着至高无上的权力。格里高利七世曾经迫使神圣罗马帝国皇帝亨利四世前往卡诺莎请罪，并让他身着麻衣，赤着脚在城堡庭院的雪地里恭候三天三夜，以乞得教皇的宽恕。1176年，皇帝“红胡子”腓特烈（Frederick Barbarossa）来到威尼斯，跪在教皇亚历山大三世面前，宣誓永远效忠于教皇。

11世纪初，教会的巨大力量来源于人们的意志和良心，但它未能维持其力量的基础——道德威信。到了14世纪初，教皇的势力便明显地趋于下降。那么，基督教国家的民众失去了对教会的朴素信任，不再向它提出要求，也不再为其目的服务，这一切究竟是什么原因所致呢？

首要原因是教会贪恋财富。教会永远不会死，因此一些没有子嗣的人就把自己的土地作为遗产捐赠给教会，而一些有罪之人甚至为了忏悔而倾家荡产。结果便是，在欧洲许多国家，全国四分之一的土地都成为教会的财产。对于财产的贪欲是无止境的，“就像美味的食物格外促进了食欲一般”。[1] 到了13世纪，欧洲各地已经有这样的说法流传：“牧师神父里没一个好人，不是为了赚钱就是为了遗产。”

各国国王和王侯们对于这种产权的转让极不情愿。他们发现，自己的领土并没有支持那些维持军事力量的封建领主，而是养肥了教会中的神父和修女。而且，这些领土实际上掌握在外国人的手中。早在教皇格里高利七世统治之前，国王与教皇之间就发生过关于“圣职任命权”（即任命主教的权力）的争执。如果任命权握在教皇手中，那么国王不仅失去了对国民的控制，而且失去了相当大一部分领土的支配权。另一方面，牧师们始终要求免税，以便向罗马教会交税。不仅如此，教会还获得了对世俗财产征收十分之一税收（什一税）的权力，而此前财产所有人是仅向王侯缴税的。

11世纪时几乎所有拉丁基督教国家的历史中，都记录了这样一种相同的情况：国王与教皇为圣职任命权发生争执，最终的结果都是教皇取得胜利。教皇宣称自己有权开除王室的教籍，解除属民对王室的义务，以及确认王位继承人。教皇还有权力开除某个国家的教籍。被开除教籍的国家，除了洗礼、按手礼、补赎仪式，几乎所有的宗教职能都不能进行，牧师不得执行日常的各种礼拜、婚礼和葬礼。

依靠这两件武器，12世纪的教皇们才有可能控制大多数心怀

1　引自《哈姆雷特》第一幕第二场。

不满的王公贵族，威慑那些难以驾驭的民众。这些权力非同寻常，原本应在特定的场合才可使用，然而教皇们却太过频繁地肆意行使，导致这些权力失去了效力。在12世纪的最后30年里，苏格兰、英格兰等国陆续被开除了教籍。加之教皇们任性地发动十字军对冒犯自己的王室进行征讨，十字军精神最终荡然无存。

倘若罗马教会仅与王公贵族作对，而能注意对民心的笼络，它或许能永久地统治所有基督徒。但是，教皇的种种最高权力反映在主教们的行动上，就表现为一种傲慢和狂妄。11世纪以前，罗马的主教可以结婚，因此与周围的民众交往密切，实际上他们也是民众的一分子。但到了格里高利七世时代，教皇要求主教们保持独身。为了防止民众更接近罗马帝国，他切断了世俗社会与神职人员的密切联系，结果在教会与民众之间造成了隔阂。

那时，教会有了自己的法庭，不光是神父，连修道士、学生、十字军士兵甚至寡妇和孤儿的案件，都要由宗教法庭来审判。有关遗嘱、结婚、誓约等文件，以及巫术和各种异教渎神的事件也由其处理。如果世俗人士与神职人员发生了冲突，也必须听任宗教法庭的处置。不论平时还是战时，各种义务都落在了世俗民众的头上，从来没有神职人员的事。因而，在基督教世界中自然而然就产生了对神父和教士的猜疑和仇恨。

但是，罗马教会似乎从未意识到，它的力量恰恰在于公民们的良心。人们的宗教热情实际上是教会的同盟者，而教会竟然与宗教热情进行斗争。与此同时，教会还对某些诚实的疑问或迷惑的观点强加以正统派的教义。当教会干涉道德事务的时候，公众和它站在一边，但当它干涉教义时，公众就与它离心离德了。在法兰西南部，瓦勒度（Pierre Waldo）主张人们在生活和信仰上应该恢复基督的朴素作风。教皇英诺森三世（Innocent III）发动十字军对其门徒（瓦勒度派）进行征讨，企图用火、剑、凌辱和最残暴的刑罚使之屈服。

阿西西的圣方济各（St Francis，1182—1226）教导人们以基督为榜样，过一种清贫和为别人服务的生活。他的追随者组成的方济各会竟遭到迫害和解散，成员饱受鞭笞、坐牢的惩罚。1318年，甚至有四名方济各会的成员在马赛被烧死。[1] 另一方面，由圣多米尼克（St Dominic，1170—1221）创办的正统教派多明我会得到了英诺森三世的大力支持，正是在多明我会的帮助下，英诺森三世创立了迫害异教徒和具有自由思想的人的专门机构——宗教法庭。

就这样，教会种种过分的要求、不正当的特权和毫无道理的迫害，摧毁了民众的自由信仰。而这种自由信仰恰恰是教会一切力量的根源所在。教会势力的江河日下，并非缘自外部有势力的强敌，而是由于内部日益加剧的腐朽。

1　方济各会后来得以恢复重建，构成了今天罗马天主教中最大的宗教组织。

47　王侯的反抗与教会的分裂

罗马教会在争夺对所有基督教国家领导权的斗争中，表现出了一个极大的弱点，那就是选举教皇的方式。

假如教皇的职位是为了实现其明确的野心，即在所有基督教国家建立秩序与和平，那么他就必须握有强大、稳固和持久的威慑力量。因此，最重要的一点就是在位的教皇应该年富力强。其次，每位教皇都应有自己的继承人，教皇可以同他商讨教会的各项政策。最后，选举的形式和程序应清楚、明确、固定并且没有争议。

不幸的是，实际情况与所有这些方面都相差甚远。杰出的政治家、教皇格里高利七世为了建立选举的秩序颇费了一番心血。他把选举权限制在红衣主教的范围内，把皇帝的权力缩小到仅能对教会提交的公文决议做出例行公事的批准。而对于继承人的选举问题，他未做任何规定。由此，教皇的位置便有了因为红衣主教之间的争议而出现空缺的可能性。实际上，这种空缺状态有时长达一年之久。

在16世纪以前教皇选举的整部历史中，我们经常看到由于缺乏明确制度而造成的后果。长久以来，不仅出现过有争议的选举，更是出现过两个乃至更多的人都自称教皇的情况。一旦遇到这样的情况，教会就要屈尊向皇帝或外部调停者求援，以便解决争端。另外，每一位教皇去世后，都会留下一大堆疑问。教皇一死，教会便群龙无首，乱了阵脚。有时，继任者是前一任的死对头，上任后专门诋毁和破坏前任的功绩。有时，继任的是个衰老孱弱的垂暮之人，不过是在坟墓旁盘桓一些时日罢了。

教会组织上的这些弱点，势必使德意志的王侯、法兰西国王和统治着英格兰的诺曼系和法兰西系的国王们有了可乘之机。所有这些人都尽力操纵选举，争相使对自己有利的人选登上罗马拉特兰宫中的教皇宝座。教皇在欧洲事务中的影响力越强，地位越重要，这类干涉和争夺也就越加激烈。在这种环境里，许多教皇软弱无能也就没有什么可奇怪的了。相反，一些教皇的才能胆略过人倒成了令人不解的问题。

在这一时期，有一位精力充沛、饶有趣味的教皇，他就是英诺森三世（1198—1216年在位）。他在未满38岁的年纪，就有幸登上了教皇的宝座。他和他的继承者们不断地与那位更为有趣的皇帝腓特烈二世展开激烈角逐。这位皇帝曾获得“世界奇才”的称号，他与罗马教会的斗争是历史上的一个转折点。最终，他被教廷打败，他的王朝也因此而动摇。但是，他也使教会和教皇的威信受到了严重的破坏，从此教会和教皇的势力便不断走向衰落。

腓特烈二世是亨利六世的儿子，他的母亲是西西里王国诺曼王朝国王罗杰一世（Roger I）的女儿。1198年，他年仅四岁就承袭了西西里王国的王位，教皇英诺森三世做了他的监护人。当时，西西里已被诺曼人征服，宫廷里染上了大量的东方色彩，这位年轻的国王身边围绕着许多受过良好教育的阿拉伯人，这种氛围和这些人共同影响和教育了他。很显然，他们都尽力用自己的观点去影响他。结果，腓特烈成了一个有着伊斯兰教观点的基督徒，同时成了一个有基督教见解的穆斯林。这种双重教导的不幸后果是，他在这个信仰至上的时代产生了这样一个想法：所有的宗教都是欺骗。他坦率地说出了自己的各种见解，他的渎神和悖教言论均被记录在案。

随着年龄的增长，这个年轻人与自己的监护人之间出现了冲突与对立。英诺森三世对他的要求越来越多。腓特烈必须承诺在德意志镇压异教徒，必须放弃自己在西西里和意大利南部的王位。之所以要这样做，原因只有一个，那就是在教皇看来，他的实力过于强大了。除此之外，德意志的主教们还要求他免除自己的各种赋税。

对于这些条件，腓特烈一一接受，但他根本就不打算履行这些诺言。教皇曾为了自己的目的而残酷血腥地镇压瓦勒度派，并迫使法兰西王在法兰西挑起了一场战争。教皇要求腓特烈在德国也照此办理。但是，比起那些因为朴实、虔诚而招来教皇敌意的瓦勒度派，腓特烈恐怕是个更激进的异教徒。他缺乏施行镇压的热情，因此当英诺森三世强迫他组建十字军出征，收复耶路撒冷的时候，他虽然嘴上一口答应，行动上却一拖再拖，迟迟不愿动手。

在登上王位后，腓特烈就留在了西西里，因为他更喜欢把西西里而不是德意志作为自己的居住地。对教皇所做的各种承诺，他一项也没有履行。1216年，教皇英诺森三世在愤懑中死去。

继任教皇霍诺留斯三世（Honorius III）对腓特烈毫无办法。而后，格里高利九世接任教皇之位（1277年），他下定决心，不论付出什么代价，一定要制服这位年轻的皇帝。首先，他开除了腓特烈的教籍，剥夺了他一切宗教上的慰藉。但是，在西西里充满阿拉伯情调的宫廷中，这一做法似乎根本没有什么影响。于是，教皇又以公开信的方式，宣布了皇帝的恶德、悖教和各种罪行。对此，腓特烈则以一份远为有力的公开信作为回应。此信是写给欧洲所有王侯的，第一次明确地陈述了教皇与王侯之间的争执，并对教皇意图成为全欧洲绝对统治者的野心给予了沉重的打击。他建议，诸王侯组建一个联盟，以对抗教皇的野心，并提醒王侯们要特别注意教会的财富。

在给予教皇这一番打击以后，腓特烈决定履行12年前许下的诺言，发动十字军东征。这是第六次十字军东征（1228年），也是一次滑稽的远征。腓特烈来到了埃及，与哈里发进行了会晤。由于两人对基督教都持怀疑态度，因此会谈气氛十分融洽，最后达成了对双方都有好处的协议。哈里发同意将耶路撒冷交给腓特烈。

这次十字军东征完全是一种新型的远征，一种通过私人交涉而完成的远征。既没有征服者血腥的屠杀，也没有“乐极生悲”的场面出现。由于这次令人惊叹不已的十字军远征是在一位被开除教籍的君主统领下进行的，所以腓特烈不得不满足于一次全然没有宗教气氛的耶路撒冷王加冕仪式：他自己从圣坛上取下皇冠戴在头上，因为所有的主教都不得不回避他。回到意大利以后，他将侵入本国领土的教皇军队全部赶了出去，并迫使教皇恢复了自己的教籍。到13世纪，王侯对教皇采取这样的行动已不会再招致民众反抗的风暴，因为那个时代已经过去了。

1239年，格里高利九世再次挑起了与腓特烈的斗争，再次开除了他的教籍，又一次上演了使教皇权威严重受损的公开对骂戏码。在格里高利去世、英诺森四世继任后的年代里，这种论战仍在继续。腓特烈又写了一封令人难忘的反教会的公开信。在信中，他严词斥责了主教们的傲慢和对宗教的漠视，指出一切堕落都源自主教们的傲慢和财富。他建议王侯们：为了保住教会的声誉，应没收教会的全部财产。从此以后，这一建议一直萦绕在欧洲君主们的脑海中。

我们不再往下叙述腓特烈的晚年经历了。他生活中的特殊事件远不如他生活的情调氛围有意义。只要把他在西西里的生活中的某些片段拼在一起，我们就可以窥见一斑。他的生活方式极为讲究，喜爱美的事物。他被描述为一个放荡不羁的人。但是很明显，他也是一个极富好奇心、极爱探究的人。在宫廷里，他不但召集了犹太和穆斯林哲学家，还不断用阿拉伯文化去浇灌意大利人的心田。通过他，阿拉伯数字和代数学传播到了信奉基督的学者们那里。此外，腓特烈宫廷里一位名叫迈克尔·斯科特（Michael Scott）的哲学家翻译了一部分亚里士多德的著作，以及阿拉伯大哲学家阿威罗伊[1]（生于科尔多瓦）对这些著作的注释。

1224年，腓特烈创建了那不勒斯大学，并扩充了萨勒诺大学的医学院。他还创建了一座动物园，留下了一部关于鹰的书——从这一点可以看出，他是一个精于观察鸟类习惯的人。此外，他也是第一批用意大利文写诗的人之一，意大利诗歌就是在他的宫

1 阿威罗伊（Averroes），中世纪阿拉伯哲学家、医学家、科学家伊本·路世德（Ibn Rushd，1126—1198）的拉丁名。

廷里诞生的。一位有才气的作家把腓特烈称为“第一个现代人”[1]，这一称号表明了他在知识上的超然和不带偏见的态度。

教皇权力衰落更明显的征兆，是通过教皇与权力不断增长的法国国王之间发生冲突表现出来的。腓特烈在位时，德意志已经陷入分裂。继霍亨斯陶芬王朝诸帝之后，法国国王开始扮演教皇的护卫者、支持者和竞争者的角色。一连几任教皇都实行了支持法兰西君主的政策。在罗马教会的支持和资助下，法国的亲王们建立了西西里王国和那不勒斯王国。法兰西诸国王由此看到了恢复和统治查理曼帝国的可能性。

不过，在德意志霍亨斯陶芬王朝末代皇帝腓特烈二世去世后，由于无人继承王位而出现了虚君时代。于是，哈布斯堡家族的鲁道夫（Rudolf）被选为哈布斯堡王朝的第一任皇帝（1273年），虚君时代至此结束。罗马教会的政策开始摇摆于法兰西与德意志之间，随着相继任职的各位教皇的好恶而变化。在东方，希腊人于1261年从拉丁系皇帝的手中夺回君士坦丁堡。新的希腊王朝的缔造者是迈克尔·巴列奥略（Michael Palaeologus，即迈克尔八世），经过几次试图同教皇和解的假意试探，他最终与罗马教会完全切断了联系。加之亚洲拉丁诸王国的陷落，教皇们向东扩展的优势遂告结束。

1294年，博尼法斯八世（Boniface VIII）继任教皇之位。他是一个敌视法国的意大利人，充满了罗马伟大传统的意识和使命感。有一段时期，他专断独行。1300年，他主持盛大庆典，大批朝圣民众在罗马聚集。“流入教皇财库的金钱太多了，两个助手

1　这一说法的出处已不可查，后来的引用者均引自威尔斯此书。

不得不用耙子来收集圣彼得墓上堆集的供品。”[1]然而，这次庆典不过是一次徒有其表的胜利。1302年，博尼法斯和法国国王发生了冲突。

1303年，正值博尼法斯要颁布开除法王教籍的决定时，他在位于阿纳尼的宫中，意外地遭到了枢密大臣诺加莱（Guillaume de Nogaret）的逮捕。法王的部下闯入宫中，冲进教皇的卧室，当时教皇正手捧十字架躺在床上。教皇惊慌失措，法王的部下对他进行了肆意威胁和辱骂。一两天之后，教皇被镇上的居民释放，回到罗马。不料，他又被奥西尼家族的人拘捕，再次成为阶下囚。几个星期过后，这位饱受惊吓、心中幻想又惨遭破灭的老人，终于像个囚犯一样死在了他们的手中。

阿纳尼民众对这种前所未有的侮辱教皇的暴行感到极为愤怒，他们奋起反抗诺加莱，并抢出了博尼法斯。当然，其中一个原因在于阿纳尼是教皇的老家。有一点十分重要，那就是法国国王这种粗暴对待基督教世界首脑的行为，是得到法国民众的完全赞成的。法王在采取行动之前，曾经召集法国的三级会议（贵族、教会和平民），在会议上获得了通过。不论是在意大利、德意志还是在英格兰，人们基本上都赞成随意处置这位身居高位的教皇的做法。基督教世界的观念已经衰落到了根本无法赢得人心的地步。

整个14世纪，罗马教廷始终没能恢复其道义上的权威。下一

---

1 引自詹姆斯·鲁滨逊（James H. Robinson，1863—1936）。鲁滨逊是20世纪初美国“新史学派”的奠基人，主张把历史的范围由政治事件扩大到包括社会、科学、思想在内的人类全部的既往活动。威尔斯曾为其著作《意识的形成》（*The Mind in the Making*）1923年的修订版撰写导言。

任教皇克勒芒五世（Clement V）是个法国人，由法王腓力四世（Philip IV）选派。他始终没有去罗马，而是把教廷设在了阿维农。该镇尽管地处法国境内，此时却不属于法国，而是罗马教皇的辖区。继任的几位教皇都住在这里，直到1377年教皇格里高利十一世回到罗马梵蒂冈宫为止。但格里高利未能把人们对整个教会的同情带回罗马，因为许多红衣主教都是法国人出身，他们的习惯爱好和社会联系都在阿维农深深地扎下了根。

1378年，格里高利十一世去世，意大利人乌尔班六世当选教皇，与罗马教皇分庭抗礼，史称"教皇分立"。教皇们仍住在罗马，凡是反对法国的势力，如德意志皇帝、英格兰王，及匈牙利、波兰和欧洲北部诸国都忠于教皇。对立的教皇们则住在阿维农，得到了法王及其同盟者苏格兰、西班牙、葡萄牙以及德意志诸君王的支持。每一位教皇都把对方的信徒开除出教，并对他们施以诅咒（1378—1417）。

此刻，整个欧洲的民众都为了自身利益，开始对宗教事务进行某种思考，这显然已是极自然的事情了。

在上一章，我们曾经提到过方济各会和多明我会。这两个教派不过是基督教世界中兴起的众多新教派中的代表。这些教派根据自己的观点，对教会进行支持或者反对。对于方济各会和多明我会，教会总体上是加以同化和利用的，尽管对前者曾施加过一点暴力。但对其他教派，教会则明确持不容和批判的态度。

一个半世纪后，出现了一个名叫威克里夫（Wycliffe，1328—1384）的英国人。他是牛津大学一位极有学问的博士，直到晚年，他才开始坦率地批评主教的腐败和教会的愚昧。他把许多贫苦的牧师组织成威克里夫教派，在英格兰各地传播自己的思想。为了便于人们判断教会与他本人之间孰是孰非，他把圣经译成了英文。比起圣方济各和圣多明我，他更博学，也更能干。他既有上层社会中的支持者，在民众当中也有大批的信徒。

尽管罗马教廷对他恨之入骨，下令逮捕他，但直到去世，威克里夫都是一个自由的人。然而，那种把天主教会引向灭亡的邪恶和腐朽的势力，却不甘心让他的尸骨安存于坟墓。根据1415年康斯坦茨宗教会议的一项教令，他的遗骸被掘出焚毁。这项行动是主教弗莱明（Fleming）于1428年按照教皇马丁五世（Martin V）的命令执行的。这种亵渎神灵的举动并非某个狂妄之人的冲动，竟然是教会的正式活动。

48 蒙古人的征服

13世纪，正当欧洲在教皇的统治下，为求得所有基督教国家的统一而进行莫名其妙、徒劳无益的战争之时，某些更为重大的历史事件正在广大的亚洲舞台上发生。发源于中国北部蒙古高原的蒙古部族，突然在世界事务中显露出他们的卓绝才能，完成了历史上无可比拟的一连串征服。13世纪初，蒙古人是骑马游牧的部落，他们的生活方式与其先驱匈奴人十分相似，以羊肉和马奶为主食，住在毛毡制成的帐篷内。此时，他们已经从中原王朝的统治下脱离出来，纠集了许多其他的突厥部落，形成一个军事同盟，并将自己的大本营设在了斡难河畔的哈拉和林。

此时的中国则已处于分裂的状态，自唐帝国于10世纪初开始衰落以来，经过一系列分裂与战争，只剩下三个主要的势力：北方是设都于北京的金国，南方是设都于汴京的宋朝，以及西部的西夏。1214年，蒙古各族同盟的领袖成吉思汗向金国宣战，并于同年攻占北京。接着，他率军西进，相继征服了土耳其、波斯、亚美尼亚、印度，一直远抵拉合尔。他还征服了俄罗斯南部，锋芒远至基辅。在去世时，他已经是从太平洋沿岸到第聂伯河这样一个幅员辽阔的大帝国的统治者了。

他的继承人窝阔台汗在蒙古的哈拉和林建立了永久性首都，

继续进行着令人惊叹的征服生涯。他治军有方，使之具有极强的战斗力。蒙古军队已经拥有了中国人发明的火药，并制成了一种使用火药的火炮。窝阔台最终完全征服了金国，而后挥军跨越欧洲，剑锋直指俄罗斯（1235年），进展之神速令人叹为观止。1240年，基辅陷落。至此，几乎整个俄罗斯都成了蒙古人属下的纳贡国。波兰也惨遭蹂躏。1241年，一支波兰人与德意志人的联军在西里西亚的列格尼卡战役中全军覆没。腓特烈二世似乎并没有不顾一切地尽力挡住这支潮水般涌来的军队。

伯里[1]在吉本[2]《罗马帝国衰亡史》的评注中写道：

> 直到最近，欧洲的历史才开始懂得，1241年春天那支蹂躏了波兰、占领了匈牙利的蒙古军队之所以能赢得胜利，绝非仅仅由于数量上占压倒优势，而是因为他们制定了一个完美无缺的战略。但是，这一事实还没有得到普遍的承认。那种把鞑靼人说成是一大群野蛮的游牧部落，只是靠着人多势众才冲破所有障碍等这样一些庸俗的见解，迄今仍广为流行。
>
> 从维斯瓦河下游到特兰瓦西尼亚的军事部署中，指挥官的意图得到了何等准确而又有效的执行，这是非常令人惊叹的。这样一场战役完全超出当时任何一支军队的作战能力，超出了任何一位欧洲指挥官的预见力。在

---

1 伯里（John Bagnell Bury，1861—1927），爱尔兰历史学家，拜占庭文化专家和文献学家，曾为吉本的《罗马帝国衰亡史》做评注（出版于1896—1900年）。

2 吉本（Edward Gibbon，1737—1794），英国历史学家，以古罗马史鸿篇巨著《罗马帝国衰亡史》闻名，该书共6卷，出版于1776年至1788年。

欧洲，上至腓特烈二世，下至一般的将军，在战略上与速不台相比，没有一个人不显得幼稚和浅薄的。还有一点值得注意：蒙古人是在充分地了解了匈牙利的政治形势和波兰的状况后，才发动这场战争的。他们运用组织良好的暗探系统获取了情报。而匈牙利人和基督教诸国却像一群幼稚的野蛮人，对自己的敌人一无所知。

尽管蒙古人在列格尼卡大获全胜，他们却并没有继续西进。这是因为，若继续西进他们将进入不适于其战术的森林和丘陵地带。于是，他们转而向南，准备前往匈牙利驻扎，屠杀或同化与他们有血缘关系的马扎尔人，就像当年马扎尔人屠杀和同化他们之前的斯基泰人、阿瓦尔人和匈人的混血后裔一样。在匈牙利平原上，他们也许会向西和向南侵袭，如同9世纪的匈牙利人、7世纪至8世纪的阿瓦尔人以及5世纪的匈人那样。但是，由于窝阔台的突然去世，以及1242年发生的继承问题纠纷，这支攻无不克的蒙古军队奉召回师，经匈牙利和罗马尼亚回到东方。

此后，蒙古人把主要力量集中于对亚洲的征服。13世纪中叶，他们攻灭了宋朝。1251年，蒙哥继位成为大汗，并任命其弟忽必烈统领中原。1280年，忽必烈正式登基成为皇帝，国号“元”。元朝的统治一直持续到1368年。正当宋朝的残余力量进行最后抵抗的时候，蒙哥汗的另一个弟弟旭烈兀发动了对波斯和叙利亚的征服。蒙古人在占领了巴格达以后，进行了残酷的屠城，并破坏了苏美尔人远古时期兴建的灌溉系统，这是美索不达米亚地区人口不断增加的保障。从此，美索不达米亚成了废墟和荒漠，至今仍然只有少量人口在这里居住。进攻埃及的计划始终没有实现。1260年，埃及苏丹在巴勒斯坦彻底击溃旭烈兀的军队。

这次失败之后，蒙古人的胜利便开始走下坡路。大汗的领土分裂成若干个国家。东方的蒙古人成了佛教徒，而西方的蒙古人则成了穆斯林。到了1368年，元朝的统治终于被推翻，取而代之的是明朝。这个朝代一直持续到1644年。俄罗斯人此时继续向东南草原地区游牧的鞑靼人进贡，直到1480年，莫斯科大公拒绝继续履行这一臣属义务，奠定了近代俄国的基础。

14世纪时，在成吉思汗后裔帖木儿（Timurlane）的领导下，蒙古人又一次恢复了短期的活力。帖木儿崛起于中亚，1369年获得大汗称号。他先后征服了从叙利亚到德里的大片土地。但是，他的帝国随着他的去世而宣告终结。到了1515年，帖木儿的后裔巴布尔（Babur）纠合了一支用枪炮武装的军队，横扫印度平原地带。后来，他的孙子阿克巴（Akbar，1556—1605年在位）完成了对印度的征服。这个蒙古人的莫卧儿王朝（因阿拉伯人称蒙古人为“莫卧儿”）建都德里，统治着几乎整个印度，一直延续到18世纪。

13世纪蒙古人征服的第一次风暴所造成的结果之一，就是把后来被人们称为“奥斯曼土耳其”的突厥部落从中亚驱赶到了小亚细亚。他们在小亚细亚扩张自己的势力，并跨过达达尼尔海峡，入侵马其顿、塞尔维亚和保加利亚。最后，他们占据了君士坦丁堡周围的领土，使此城成了一个“孤岛”。1453年，奥斯曼苏丹穆罕默德二世以猛烈的炮火发起进攻，攻克了君士坦丁堡。这一消息使整个欧洲骚动起来，组建十字军的浪潮一时甚嚣尘上，但是十字军的时代毕竟已经过去了。

16世纪时，奥斯曼的苏丹们相继征服了巴格达、匈牙利、埃及和北非的大部分土地。他们的舰队称霸于地中海，维也纳险些被攻陷，连神圣罗马帝国都要向他们纳贡。15世纪似乎只有两件事可以冲淡人们对欧洲基督教国家普遍衰败的印象。一件是莫斯科公国的复兴与独立（1480年），另一件是基督徒对西班牙领土的逐渐收复。1492年，伊比利亚半岛最后一个苏丹王国格拉纳达，终于落入阿拉贡国王费迪南（Ferdinand）和王后卡斯提尔的伊莎贝拉（Isabella）手中。但是直到1571年，基督徒才在勒班陀海战中打掉了奥斯曼人的傲气，夺回了地中海的制海权。

49　欧洲人理性的复苏

纵观整个12世纪，有大量的迹象表明欧洲人的理智使他们恢复了勇气，获得了闲暇，从而再次萌生了进行科学研究和理性探索的念头，犹如古希腊人所从事的科学与哲学探索，以及古罗马的卢克莱修[1]所进行的沉思。这种复兴的原因有很多，也很复杂。私斗的禁止、十字军远征以后较高程度的舒适和安宁生活，以及远征的经历给人们心灵留下的刺激，显然都是必要的前提条件。贸易开始活跃起来，城市也恢复了自由和平安，教会中的教育标准得到提高，并不断扩展到世俗社会。

13世纪至14世纪的200年，是那些独立的或半独立的城市大发展的时期，例如威尼斯、佛罗伦萨、热那亚、里斯本、巴黎、布鲁日、伦敦、安特卫普、汉堡、纽伦堡、诺夫哥罗德、威斯比[2]和卑尔根等。这些城市都是商业中心，有大量的旅客往来，到这里来经商或旅行的人常在这些地方洽谈或思考。教皇与王室的论战、教会迫害异教徒的野蛮行径都激起了广泛的民愤，使人们不再相

1　卢克莱修（Titus Lucretius Carus，约前99—约前55），罗马共和国末期诗人、哲学家，以哲理长诗《物性论》著称于世。

2　位于瑞典东南部的哥得兰岛，中世纪时曾是一个独立共和国和商业中心，13世纪末以后在丹麦和瑞典的进攻下逐渐衰落。

信教会的权威，并开始对一些根本性的结论提出疑问、发起讨论。

前面已经谈到阿拉伯人如何成为亚里士多德在欧洲复活的媒介，诸如腓特烈二世这样的君主，又如何导致了阿拉伯哲学和科学在欧洲人心灵中的复活。前面还谈到，更有力地刺激人们理念的是犹太人，他们的存在本身就是对教会各种要求提出的质问。最后，阿拉伯炼金术士那神秘的、充满诱惑力的研究广泛地传播开来，使人们重新开始从事那种鬼鬼祟祟但确有一定效果的实验科学研究。

此时人类精神的觉醒，已不再局限于那些独立的、受过良好教育的人，普通民众的精神世界也在觉醒，这种情况在人类的整部历史上从未出现过。尽管有着教会的压制和迫害，但基督教教义所到之处，都引起了人们精神上的骚动，每个人的良知与正义的上帝之间都建立了直接的联系。因此，只要有必要，人们就有勇气对君王、主教和信条做出自己的判断。

早在11世纪，欧洲就已再一次开始了哲学讨论。在巴黎、牛津、博洛尼亚等城市，已经有了规模巨大、发展迅速的大学。在那里，中世纪的“经院学派”挑出一系列概念，对其价值和意义反复地提出疑问，开展讨论。对于在即将到来的科学时代澄清人们的思想而言，这些概念是不可缺少的。此时，以独特的天才傲然独立于世的人是罗吉尔·培根（Roger Bacon，约1214—1293），他是牛津方济各会的修士，被称为“近代实验科学之父”。在历史上，他是仅次于亚里士多德的杰出人物。

培根的著作措辞激烈地嘲笑了无知。他道破了那个时代无知的本质，这在当时是一个令人不敢相信的大胆做法。今天，人们可以随意评价这个世界是严肃的同时又是愚蠢的，评价一切方法都是幼稚、拙劣的，评价各种教条都是骗骗孩子的玩意儿，而不至于招来杀身之祸。然而中世纪的人们，只要不是马上要遭到虐杀，不是很快就会饿死或者得传染病而死，就都会极为虔诚地坚守自己的信仰，相信自己信条的完美无缺，从而激烈地反抗着一切对这些信条的批判。

培根的著作犹如长夜中一道划破黑暗的闪电，不仅抨击了当时的愚昧，而且为人类知识的增加提供了丰富的启示。在他关于必须进行实验和积累知识的热情主张中，又一次体现出了亚里士多德的精神。“实验再实验”就是培根的核心思想。

但是，培根同样顶撞了亚里士多德本人。这是因为人们不敢面对现实，只是一味地坐在屋里，阅读这位伟大人物著作的极拙劣的拉丁文译本。他用激越的笔调写道：“要是让我放手去干，我就把亚里士多德的书通通烧掉。因为学习这些只是在浪费时间、制造谬误和增加无知。”倘若亚里士多德死后有知，当他看到人们不是阅读而是崇拜他的著作，而且如培根所说，是通过那些最不可靠的译本，那么他恐怕也会对这种说法表示赞同。

为了避免被监禁或更糟的事情发生，培根也不得不在表面上装作与正统派的观点一致。但是，培根在自己的著作中自始至终都在向人们疾呼：“不要再受教条和权威的统治了，看看这个世界吧！”他揭示和谴责了无知的四个主要来源：对权威的过分尊崇；对风俗习惯的过分尊崇；无知大众的感受；自以为是、不肯受教的人类天性。只要能克服这些问题，一个有力量的世界就会展现在人们面前：

没有桨手的航行器有可能出现，它由一个人来驾驶，适合在江河湖海上航行，而且比装满了桨手的大船航行得更快。同样，人们也可以造出不用畜力拖动的车，并达到难以想象的高速度，犹如古代作战用的卷镰战车[1]。飞翔的机器也可能出现，一个人坐在里面操纵某个机关，人工的翅膀就会像飞鸟的翅膀一样展动高飞。

尽管培根是这么写的，但是人们真正开始进行某种系统性的尝试，去探索被人类纷繁事务所遮蔽的伟大力量和兴趣——这些都是他清楚地意识到的——则是三个世纪之后的事了。

但是，撒拉逊人的世界提供给基督教国家的，绝非仅仅是哲学家和炼金术士们所造成的刺激，他们还给世界带来了纸。在某种程度上，正是纸使得欧洲理性的复苏成为可能。纸起源于中国，中国用纸的历史大概可以追溯到公元前2世纪。[2]公元751年，唐朝军队曾在撒马尔罕被阿拉伯军队击退。俘虏中有一批熟练的造纸行家，于是造纸的技术便传到了阿拉伯半岛。9世纪以来的一些阿拉伯纸质文献，至今依然得以保存。造纸术传入基督教世界的路径，或许是通过希腊，抑或是在收复西班牙的时候占领了摩尔人的造纸作坊。但是，在基督教西班牙的统治下，纸的质量不幸下降了。

直到13世纪末，基督教欧洲才造出上好的纸张。而后，意大利造纸业在世界上独领风骚。到了14世纪，造纸业传到德意志。14世纪末，纸张才终于充裕和便宜到足以使印刷书籍成为有利可

1　一种车轮装有钩刀的古代战车。

2　公元105年，东汉宦官蔡伦革新造纸工艺，制成了“蔡侯纸”。

图的行业。于是，印刷术的出现就成了自然而必然的事情，因为印刷术是一项最为显见的发明。从此以后，世人的理性生活进入了一个崭新的、更具活力的阶段。它不再是从一个头脑到另一个头脑的涓涓细流，而成为一股滔滔的洪流，数以千万计的头脑都汇集到这股洪流之中。

印刷术这一成就造成的一个直接后果，就是世界上出现了大量的印刷本圣经。另一个结果则是教科书变得更便宜了，因此可供阅读的知识迅速传播开来。如今，不但世界上的书籍大量增加，而且新出的书读起来更清楚，理解起来也更容易。读者无须绞尽脑汁去猜测那些模糊难辨的字迹的含义，便可以十分通畅地边阅读边思考了。读书既然变得容易了，读者的人数也就自然而然地增加了，书籍不再是一种装饰华丽的玩物或学者的珍藏，学者们开始为普通人的阅读而写作。他们不再使用拉丁文，而改用通俗的语言。到了14世纪，欧洲文学的真正历史便展开了自己的画卷。

以上所说的是撒拉逊人在欧洲理性复苏方面所起的作用。现在，让我们来看一看蒙古人的征服活动所造成的影响。蒙古人刺激了欧洲人的地理想象力。有一段时期，在大汗的统治下，整个亚洲和西欧都形成了一种公开交往的局面。所有的道路都暂时开放了，各国的代表都出现在哈拉和林的宫廷中。由于基督教和伊斯兰教之间的宿怨而在欧洲形成的壁垒被削弱了。罗马教廷甚至滋生了让蒙古人皈依基督教的愿望。到当时为止，蒙古人唯一信仰的宗教是一种原始的偶像崇拜——萨满教。教皇的使节、来自印度的佛教僧侣、意大利和中国的工匠、拜占庭和亚美尼亚的商人、阿拉伯的官员、波斯和印度的天文学家与数学家，都汇聚在蒙古人的宫廷里。

在历史上，我们听得太多的是蒙古人征讨与杀戮的一面，然而他们对学问的好奇与追求，我们却注意得实在太少了。也许蒙古人算不上极富创造力，但是在知识和方法的传播方面，他们对世界历史产生了巨大的影响。从成吉思汗和忽必烈那模糊而充满传奇色彩的人格上，我们不难看出：他们至少与浮华与自负的亚历山大大帝，或政治幽灵的招魂者、精力过人而目不识丁的神学家查理曼一样，是聪颖善悟而有创新性的君主。

在这些蒙古宫廷的访问者之中，有一位最为有趣的人物，他就是威尼斯人马可·波罗（Marco Polo）。他后来把自己的故事写成了一部游记。大约在1272年，他随同父亲和叔父来到中国。在此之前，他的两位长辈曾经来过中国一次，并给大汗留下了深刻的印象，因为这是大汗第一次见到“拉丁人”。而后，大汗为了得到那些引起他好奇心的欧洲物品，委托他们携带自己的信件返回欧洲，信中意在聘请能向他说明基督教原委的教师和学者。这次带着马可·波罗的觐见是他们第二次见到大汗。

这三个人启程了，这次不像前一次那样取道克里米亚，而是取道巴勒斯坦。由于他们随身带着大汗的金牌和其他证物，旅途中一定得到了许多便利。又由于大汗曾提出，想得到一些耶路撒冷圣墓中燃灯的灯油，所以他们先到了那里，然后取道西里西亚进入亚美尼亚。他们之所以向北绕了那么远的路，是因为埃及苏丹此时正在进犯伊利汗国的领土。他们从亚美尼亚又经由美索不达米亚抵达波斯湾的霍尔木兹岛。看起来他们好像曾打算走海路。在霍尔木兹岛，他们遇上了一些印度商人。由于某种原因，他们没有乘船，而是向北穿过波斯沙漠来到巴尔赫[1]，再翻过帕米尔高原进入喀什噶尔，然后经由和田、罗布泊来到黄河流域，最终抵达北京（时称大都）。此时，大汗正在北京，他们受到了极为隆重的款待。

马可·波罗受到了忽必烈的特别喜爱。他年少聪慧，精通蒙古语。忽必烈给他封了官，并曾多次派他出使中国西南部。他不由自主地在游记中谈到了这个幅员辽阔、康乐繁荣的国度：“一路上到处都是为旅客设置的豪华舒适的宾馆”，“幽雅的葡萄园、田野和花园”，还有居住着僧人的“众多寺院”，应有尽有的“织锦与各种精美的绢纱”，“连绵不断的城市和乡镇”，等等。

这些描写起初曾引起人们的怀疑，接着则勾起了整个欧洲的想象力。他还谈到了缅甸的情况，谈到缅甸有着数百头大象组成的军队，以及这些大象又是如何被蒙古骑兵的弓箭击溃。他谈到了蒙古人对勃固[2]的征服。他还谈到了日本，并大大夸张了这个国家的黄金数量。马可·波罗曾作为宣慰使治理扬州城八年，在中国人的眼中，他并不比任何一个鞑靼人更像外国人。他很可能还曾被派遣出使过印度。中文文献中曾提到有一个名叫马可·波罗的人在1277年做过中书省的官，这对于有关马可·波罗真实性的论证是一个十分可贵的佐证。

《马可·波罗游记》的出版，在欧洲人的想象中激起了强烈的反响。欧洲的文学作品，尤其是那些15世纪的传奇小说中，经常出现马可·波罗故事中的各种名称，比如契丹（指中国华北）、汗

1　位于今阿富汗北部。

2　印度支那半岛西部的古王国，主要位于今缅甸。

八里（北京）等。

两个世纪后，《马可·波罗游记》的热心读者中又增加了一个人，他的名字叫克里斯托弗·哥伦布（Christopher Columbus），是热那亚的一名水手。他的头脑中产生了一个异想天开的念头，即从欧洲向西航行，最终抵达中国。在塞维利亚，留存有一本哥伦布加了批注的《马可·波罗游记》。这个热那亚人之所以会产生这样的念头，其实有着多方面的原因。首先，君士坦丁堡在1453年被突厥人攻占之前，原是地处东西方两个世界中间的一个贸易中心，热那亚人一直在这里进行自由贸易。而热那亚人的主要竞争者拉丁系的威尼斯人，后来成了奥斯曼人的同盟者和支持者，与之共同对抗希腊系势力。因此，在君士坦丁堡落入突厥人手中后，当然就对热那亚人表示出了冷淡和疏远。

其次，长期被人们遗忘的“地圆说”，此时在人们心中逐渐复活，而且越来越占优势。欧洲人相信，向西航行最终必可抵达中国。这一想法又进一步得到了另外两个因素的支持：一是罗盘（指南针）的发明，使人们不必再依靠看夜里的星辰来确定自己的航行方向；二是诺曼人、加泰罗尼亚人、热那亚人和葡萄牙人此时已经出航大西洋，远抵加纳利群岛、马德拉群岛和亚速尔群岛。

然而，哥伦布是在克服了重重困难之后，才最终获得了使自己的理想得以实现的船只。他一个接一个地游说欧洲各国宫廷，好不容易才在格拉纳达（此时刚刚从摩尔人手中夺回）获得了费迪南和伊莎贝拉的赞助，驾驶三艘小船，开始了横渡未知海洋的伟大之举。经过两个月零九天的航行，一行人终于来到了一片陆地，他们原以为这里便是印度，实际上是一片新大陆。在此之前，

“旧大陆”的人们从来不知道它的存在。哥伦布带着黄金、棉花、珍奇鸟兽，还有两名准备受洗礼的目光凶暴、身刺花纹的印第安人回到了西班牙。这两个人之所以被称为“印第安人”，是因为哥伦布至死都以为自己找到的大陆是印度。几年以后人们才知道，这片美洲新大陆是世界的另一部分。

哥伦布的成功，大大地刺激了航海冒险事业。1497年，葡萄牙人绕过非洲抵达印度；1515年，葡萄牙船只航抵爪哇；1519年，麦哲伦（Ferdinand Magellan）这位受雇于西班牙的葡萄牙水手，率领五艘船从塞维利亚出发向西航行。其中一艘名为“维多利亚”号的船，于1522年返回塞维利亚河口。正是这艘船完成了人类第一次环球航行。出发时的280个人中，只有31人得以生还，麦哲伦本人也在菲律宾群岛被当地岛民杀死。

纸质印刷书籍的出现，完全被证实的地圆说，奇异的动植物，奇特的生活方式和风俗，以及在海外、天空、远航路途中发现的各种生命，突然打开了欧洲人的心扉。那些久被埋没和遗忘的古希腊经典，被重新印刷和研究，并在人们的思想上附着了柏拉图的梦想和共和国时代自由与尊严的色彩。罗马人的统治曾第一次为西欧带来了法律与秩序，拉丁教会又使它再次复兴。但是在罗马帝国，不论是在异教盛行时期，还是在天主教盛行时期，宗教组织都压抑和窒息了好奇心和革新精神。拉丁精神的时代正在走向最后的崩溃。从13世纪到16世纪，得益于闪米特人和蒙古人的刺激性影响，以及古希腊经典的重新发现，欧洲雅利安人才摆脱了拉丁传统，再次占据人类理智和物质的引领地位。

50　拉丁教会的改革

拉丁教会本身也受到了理性精神复苏的极大影响，遭到了肢解，即使是幸存的部分也经过了深刻的改造。

前文已经分别论述了教会如何在12世纪至13世纪专制地统治着所有基督教国家，到了14世纪至15世纪又如何失去了民心和统治能力，说明了作为教会早期支持者和力量源泉的宗教热情，后来如何由于教会的狂妄自大、无情迫害和中央集权，而成为对抗教会的力量，也说明了阴险多疑的腓特烈二世如何导致了诸王侯的反抗。此外，教皇的分立又进一步使教廷的宗教和政治威信下降到无足轻重的地步。随后，反对派的力量便从这两个方向上同时向教会发起攻击。

英国人威克里夫的教义，逐渐传遍了欧洲的每一个角落。到了1398年，捷克学者约翰·胡司（John Huss）在布拉格大学发表了一系列关于威克里夫教义的演讲。这样一来，教义一下子就超出了受教育阶层的范围，迅速唤起了广大群众的热情。从1414年到1419年，为了解决教皇分立的问题，教廷在康斯坦茨召开了全体会议。胡司受邀参加了这次大会，并从皇帝那里得到了保证安全的许诺。尽管如此，他还是遭到逮捕，以“散布异端邪说”的罪名受审，最后被活活烧死（1415年）。

然而，这种行径不仅未能将波西米亚人镇压下去，反而引发了胡司派信徒的起义，随即又演变成一连串的宗教战争，拉开了拉丁系基督教分裂的序幕。为了镇压这次起义，教皇马丁五世（即康斯坦茨大会上选出的重新统一的教皇）颁布了组建十字军的训谕。

教廷对这个顽强不屈的小国家，先后发动了五次十字军征讨，但是全都以失败告终。15世纪，整个欧洲的无业游民全都涌到了波西米亚，就像13世纪时大军压向瓦勒度派一样。但是，波西米亚的捷克人毕竟与瓦勒度派不同，他们对武装抵抗充满了信心。那些进攻波西米亚的十字军，一听到胡司派辚辚的战车声和进军时的激昂战歌就胆战心惊，尚未交手便从战场上潮水般地溃退下来（1431年的多马日利采之战）。1436年，教廷在巴塞尔召开了一次新的宗教会议，与胡司派达成了一项协议，拉丁派特有的多种宗教仪式终于得到了承认。

15世纪欧洲爆发了一场大瘟疫，从而在这片大陆上造成了极大的混乱。在英国和法国，广大民众陷入了极大的贫困和不满，农民经常发动起义来反对地主和富农。胡司战争以后，德国农民暴动的危险性日益增加，并染上了浓厚的宗教色彩。印刷技术的出现进一步促进了农民战争的发展。到了15世纪中叶，荷兰和莱茵兰的印刷工匠已经掌握了活字印刷技术，这种技术又很快传到了意大利和英国，1477年，威廉·卡克斯顿（William Caxton）在威斯敏斯特开办了英国第一家印刷厂。

印刷技术发展的直接后果，就是使圣经得到了最广泛的普及，人们对于圣经的讨论也更为常见，欧洲完全成了一个圣经读者的世界，这种情况是前所未有的。也就是说，正当教会出现混乱和分裂，完全失去了有效的自卫能力之时，正当许多王侯寻找某种手段，以削弱教会对其领土内庞大财产的控制之时，一种更为清晰的思想和更容易接受的主张，灌入了广大民众的头脑中。

在德意志，反对教会的斗争以前修道士马丁·路德（Martin Luther，1483—1546）为中心展开。马丁·路德早在1517年就曾在威登堡对正统教派的种种教义和仪式提出责难。起初，他也按照经院派学者的习惯，用拉丁文来进行论战。后来，他利用了印刷品这样一件新武器，用德文向广大普通民众进行宣传，从而使自己的观点传到了遥远的地方。当时也曾有人策划杀害他的阴谋，就像当年杀害胡司那样。但由于印刷机的作用，他在王公贵族中获得了大量公开和秘密的支持者，这就使情况发生了变化，从而逃脱了厄运。

但在这个思想纷杂、信仰贫弱的时代，许多统治者看到了切断自己属民与罗马教廷之间宗教联系的好处，他们希望自己能够成为更国家化的宗教领袖。于是，英格兰、苏格兰、瑞典、挪威、丹麦、德意志北部、波西米亚等地相继脱离了罗马教廷。直到今天，这些国家依然维持着独立。

但是，这些王侯却很少考虑民众的道德和理智的自由。起初，他们利用人们对于宗教的怀疑与反叛，来加强自己对抗罗马教廷的力量。然而一旦脱离教廷，在自己王冠的控制下建立了国家教会，他们就试图牢牢控制这种民众运动。但是基督的教诲，即对正义的直接呼唤以及超越忠诚与从属关系（无论是世俗的还是宗教的）的人的尊严，始终具有一种奇异的生命力。

因此，若干小教派既没有分裂出这样的主权教会，又不允许王侯或教皇在人与上帝之间横加干涉，便拒绝接受国家教会的戒律。在英国，这些持异议的教派被称为“不从国教者”，他们在17世纪至18世纪的国家政治中，扮演了十分重要的角色。他们反对王侯担任教会的领袖，甚至砍掉了英王查理一世（Charles I）的头（1649年）。英国便是在“不从国教者”共和制的统治下，渡过了11个繁荣的年头。

北欧各大教派从拉丁系基督教分裂出来的运动，被称为“宗教改革”。宗教改革的冲击与张力，在罗马教廷内部也引起了同样深刻的变化。教廷得到重新组织，将新的精神注入其日常生活。在这一新生的过程中有一个最重要的人物，即年轻的西班牙士兵伊尼戈·洛佩兹·德雷卡尔德（Inigo Lopez de Recalde），人们通常称他为圣依纳爵·罗耀拉（St Ignatius of Loyola）。早年，他也曾有一段带有传奇色彩的经历。1538年，他成了一名教士，获准组建“耶稣会”，为把军事组织和纪律的丰富传统注入宗教做了最为直接的尝试。

后来，耶稣会成为世界上前所未有的规模最大的教化和传教机构。它把基督教传播到印度、中国和北美，防止了罗马教会的迅速崩溃，提高了整个天主教世界的教育水准和智力水平，重塑了天主教的道德信念，也刺激了欧洲新教在教育方面付出竞争性的努力。今天我们所看到的罗马天主教会的活力和进取精神，主要就是耶稣会复兴的产物。

51　帝国皇帝查理五世

在查理五世统治时期，神圣罗马帝国在某种意义上达到了辉煌的顶峰。他是欧洲有史以来最为杰出的君主之一。有一段时间，他甚至赢得了“查理曼以后最伟大皇帝”的声誉。

然而，查理五世的伟大并非在于他本人的作为，而主要是来自其祖父马克西米利安一世（Maximilian I，1459—1519）的创举。世界上有一些家族或是通过阴谋，或是通过战争而取得霸权，然而哈布斯堡家族却是凭借婚姻获取一切的。马克西米利安是靠着哈布斯堡家族的遗产开始发迹的。这些遗产包括奥地利、斯蒂里亚、阿尔萨斯的一部分以及其他一些地区。他又通过婚姻（其夫人的名字对我们来说无关紧要）获得了尼德兰和勃艮第。第一任妻子去世后，虽然他失去了勃艮第的大部分，但保住了尼德兰。后来，他又打算通过联姻获得布列塔尼，但没有成功。1493年，他继父亲腓特烈三世之后做了皇帝，并通过婚姻得到了米兰公国。最后，他让自己的儿子与支持哥伦布远航的费迪南和伊莎贝拉夫妇的一个低智女儿结婚。费迪南和伊莎贝拉夫妇此时不仅统治着新统一的西班牙，还统治着撒丁岛、两个西西里王国以及巴西以西的整个南美洲。

就这样，他的孙子查理五世继承了美洲大陆的大部分，以及除突厥人统治地之外的欧洲三分之一到二分之一的土地。1506年，查理又承袭了尼德兰。1516年，当他的外祖父费迪南去世后，由于其母因低智而无力治国，他便成了实际上的西班牙国王。1519年，祖父马克西米利安去世，第二年，年仅20岁出头的他就当选为皇帝。

查理是个有着厚上唇、宽下巴的年轻人，金发白面，一副不太机灵的长相。他发现自己生活在一个属于年轻和充满活力的人的世界中。这是一个年轻君主辈出的光辉时代。弗朗西斯一世（Francis I）在1515年21岁时继承了法国王位，亨利八世在1509年仅有18岁时便成为英国国王。此时印度正处在巴布尔时代（1526—1530），奥斯曼帝国则正是苏莱曼（Suleiman）大帝的时代（1520年），他们都是非常能干的君主。此时的教皇利奥十世（1513年就任）也是一位非常杰出的教皇。

利奥十世和弗朗西斯一世都曾企图阻止查理当选皇帝，因为他们对这样大的权力集中在一个人手中甚感忧虑。弗朗西斯一世和亨利八世都提名自己为皇帝的候选人，但是由于自1273年以来哈布斯堡家族就有着做皇帝的长久传统，加之选举过程中贿赂盛行，最终查理当选皇帝。

起初，这位年轻人不过是被其大臣操纵在手中的一个傀儡，但渐渐地他开始彰显自我，掌握统治权。他逐渐意识到，在自己高贵的地位中有着某种复杂的、具有威胁性的东西。地位尽管是显赫的，但同样也是不稳固的。

从掌权开始，查理就面临着由于路德在德国发起宗教改革而造成的复杂局面。照理说，教皇曾反对他当选，他应该支持宗教改革，但因为他是在西班牙长大的，形成了对天主教的虔诚信念，所以他反而决心反对路德。他与赞成新教的王侯们（特别是萨克森选帝侯）之间发生了纷争。他发现自己面临着把基督教世界分裂成两个敌对阵营的可能性，他曾热心而真诚地试图弥合这种分裂，但一切努力均归于失败。

此时，德国境内爆发了波及全国的农民起义，这是一场政治问题与宗教问题纠缠在一起的骚乱。这场内乱加上来自东西方两大帝国的进攻，使形势变得越发复杂。查理的西边是野心勃勃的对手弗朗西斯一世，东边则是贪得无厌的奥斯曼人，他们此时驻扎在匈牙利。奥斯曼人与弗朗西斯结盟，吵吵嚷嚷地要从奥地利领地索取尚未交齐的贡品。查理固然掌握着西班牙的财政和军队，但要从德意志获得金钱上的支援是极为困难的。财政上的窘迫加剧了他在社会和政治方面面临的麻烦，他被迫进行有毁灭性后果的借款。

总的来说，查理联合亨利八世一起对付弗朗西斯一世和奥斯曼人的做法是成功的。当时的主要战场在意大利北部，双方的指挥都十分笨拙，进攻与撤退主要取决于援军能否赶到。德军虽然攻入了法国，却没能拿下马赛，反而退回意大利，丢了米兰，被围困在帕维亚。而弗朗西斯一世虽然长期包围帕维亚，却一直没有得手。新的一批德军到来后，弗朗西斯遭到阻击，以致受伤被俘。

但是，这也使得一直担心查理的势力过于强大的教皇和亨利八世，掉过头来反对查理。波旁治安官统率的日耳曼部队由于领不到军饷，拒绝跟随自己的司令官，而是胁迫他去进攻罗马。他们攻下了罗马，在城中大肆劫掠（1527年）。就在抢劫和屠杀进行的时候，教皇逃到了圣安杰洛城堡避难。最后，他付出40万杜卡特金币才买通了日耳曼人。这场历时十年的莫名其妙的大混战，使欧洲陷入贫困的境地。战争最终在意大利结束。1530年，查理在波伦亚得到了教皇的加冕，他也是最后一位受教皇加冕的德意志皇帝。

与此同时，奥斯曼人向匈牙利大举进攻。1526年，他们击败并杀死了匈牙利国王，占领了布达佩斯。1529年，苏莱曼大帝险些拿下维也纳。皇帝对此深为忧虑，有意全力把奥斯曼人赶出去。但是他发现，即使在强敌压境的危急时刻，他所遇到的最大困难仍然是如何使德意志诸王侯团结起来的问题。由于弗朗西斯一世坚持对抗立场，一场新的法兰西战争爆发了。但是，查理在对法兰西南部进行蹂躏之后，终于在1538年说服了自己的对手，赢得了某种较为友好的态度。

随后，弗朗西斯与查理结成联盟，共同对抗奥斯曼人。但是，那些决心与罗马教廷决裂的新教王侯们，已经结成了一个反对皇帝的施马尔卡尔登同盟。因此，查理不得不把精力用于对付火星日益积聚起来的德国内部战争，而无暇进行一场为基督教世界收复匈牙利的大战役。查理意识到，这场国内战争只不过是个开端，因为这是一场王侯们为了夺取优势而相互残杀的无理纠纷。它时而爆发为破坏性的战争，时而又隐蔽为阴谋和权术。它就像一只装着王侯们政策的火药桶，将无可解救地一直翻滚到19世纪，一次次地把中欧各国搞得疲惫而荒凉。

这位皇帝似乎从来没有抓住这些聚积在一起的麻烦之中起着主要作用的那种力量。就他的时代和身份来说，他是一个非常杰出的人物，但是他似乎把导致欧洲分裂成战争碎片的宗教纷争，完全归咎于神学上的歧见。他多次召集帝国议会，试图对此进行调节，但没有取得任何成果。他也曾试着发布各种信仰告白书和声明。因此，德国史的研究者必须详细地阅读《纽伦堡宗教和约》、拉提斯本议会的解决方案、《奥格斯堡宗教和约》等文件。我们在这里所提到的，只不过是这位盛世皇帝烦恼生活中的部分情节。

事实上，在欧洲各类君主和王公中，几乎没有哪个人在行动上是有诚意的。在世界上广为传播的宗教纷争，平民们对真理和社会正义的期望，当时知识的传播和普及，无一不是王公贵族们想象出来的对外交际花招。英国国王亨利八世曾写了一本反对异端的书，以此开始了他的政治生涯，为此，教皇曾颁赐他“信仰保卫者”的称号。后来，他爱上了一个名叫安妮·博林（Anne Boleyn）的少妇，急于与自己的第一任妻子离婚，并想夺取英国教会的巨额财产，遂在1530年加入了新教王侯的行列。瑞典、丹麦和挪威此时都已经转向了新教阵营。

德国的宗教战争开始于1546年，即马丁·路德去世几个月之后。我们没有必要去详述战争中的一些具体事件。新教的萨克逊部队在洛豪[1]遭到了惨败。皇帝余下的主要对手黑森的菲利普，似乎也因为犯了背叛信仰一类的罪行而遭到逮捕和监禁。奥斯曼人在得到纳贡的承诺后便退了兵。1547年，弗朗西斯一世逝世，查理因此少了一个心腹之患。所以在这一年，称心如意的查理为使尚未和平的地区实现和平做了最后的努力。1552年，整个德国又爆发了战争，查理从茵斯布鲁克仓皇出逃，才免于被俘。随着同年《帕骚条约》的签订，才终于形成了一个不稳定的平衡局面。

1　奥地利西部城镇。

以上描述了查理帝国32年统治的大致轮廓。理清整个欧洲的注意力如何完全集中在对欧洲霸权的争夺战上，是一件非常有趣的事情。此时，奥斯曼人、法兰西人、英吉利人和日耳曼人还都没有对美洲大陆产生任何政治上的兴趣，也未曾对通往亚洲的新航线产生特别的关注。然而在美洲大陆上，正发生着一系列重大的事件。科尔特斯（Hernando Cortes）率领为数不多的属下，为西班牙征服了新石器时代的伟大文明墨西哥阿兹特克帝国。1530年，皮萨罗（Francisco Pizarro）越过巴拿马地峡，征服了另一个神秘的国度秘鲁。然而，这些事件除了为西班牙国库增加了令人兴奋的白银，对欧洲未曾产生过任何意义。

《帕骚条约》签订后，查理内心滋生出一种奇特的见解，他对自己帝国的光荣感到厌倦，每每想到欧洲的战争，就有一种不可忍受的烦躁向他袭来。他的身体一直不是十分健康，由于天性懒散，加上风湿病的猛烈发作，使他决心退位。他把德国的全部统治权交给自己的弟弟裴迪南，把西班牙和尼德兰交给儿子菲利普。然后他带着一种庄严激愤的情绪，隐退到塔古斯河谷北面的小山上为橡树和栗树所包围的尤斯特修道院，并于1558年在那里去世。

关于查理的隐退及这位疲惫而庄严的君王的厌世，曾经有过不少感伤的著述，说他对人世感到厌倦，想在简朴与孤独之中获得与上帝在一起的和平心境。而实际上，他的隐居既不孤独也不简朴。随身服侍他的有近150名仆从，宅邸里有着宫廷中全部的奢华和放纵，只是没有那里的操劳。菲利普二世是个十分孝顺的儿子，把父亲的所有指教都当作命令来执行。

如果说查理在干预欧洲事务方面失去了兴趣的话，那么也还有某些使他更感兴趣的东西。普雷斯科特[1]曾写道：

> 在奎沙达或加茨特卢与身处巴利亚多利德的国务大臣之间的每日通信中，几乎没有一封信不提到皇帝的饮食和病痛的。就像时事评论那样，这个话题自然也跟着另一个话题，国务大臣们在研究这些把政务和烹调术奇怪地掺和在一起的急件时，肯定很难保持严肃。从巴利亚多利德到里斯本的急差奉命绕道，以便经过哈兰迪利亚采办御膳食品。每逢星期四，他必须带回鱼类，以备第二天的斋日之用。
>
> 查理嫌附近的鳟鱼过小，所以必须从巴利亚多利德送去另一种较大的鱼。每一种鱼他都爱吃，确切地说，任何一种性质或习惯上像鱼的东西他都爱吃。鳝鱼、田鸡、牡蛎总是出现在他的菜单上。他最喜爱罐装的鱼，尤其是鳀鱼。他常常懊悔没有从尼德兰低地诸国多带些这种鱼回来，他最爱吃鳝鱼饼。[2]

1554年，查理从教皇尤里乌斯三世（Julius III）那里得到训谕，获准免受斋戒，甚至得到允许，可以在领圣餐的那天清晨提前进食。

正是用膳和服药，代表着查理回归了自然。

---

1 普雷斯科特（William Hickling Prescott，1796—1859），美国历史学家，以研究欧洲对墨西哥、秘鲁的殖民征服著称。

2 引自苏格兰历史学家威廉·罗伯逊（William Robertson，1721—1793）的《查理五世在位时期史》（*The History of the Reign of Charles V*）中普雷斯科特撰写的附录。

他始终没有养成读书的习惯，但是也按照查理曼的样子，在进食的时候命人高声朗读，并做出“优美而绝妙的评论”（这是某个叙述者的原话）。他喜欢摆弄机械玩具，喜欢听音乐和演讲，关心不断传来的有关国事的消息，以此作为消遣。他与皇后的感情很深，皇后的逝世使他的心神转向了宗教。他的宗教信仰十分死板，也十分注重仪式。每逢四旬斋的礼拜五，他总要和修道士们一起鞭笞自己。这些苦行和风湿病，使他以前由于考虑政策而压抑的宗教执迷得到了发泄。

在巴利亚多利德附近出现了宣讲新教的现象，令查理大为震怒：“告诉宗教法庭大法官和宗教会议，我要他们忠于职守，在邪恶尚未蔓延之时，就用斧头把它彻底斩断。”尽管他怀疑对这类罪恶进行审讯并且绝不留情的做法是不妥当的，但他还是认为，“一旦得到了宽恕，犯人就会有机会重新犯罪”。他把自己在尼德兰的做法当作典范：“凡顽固不化者，烧死；凡悔悟者，处斩。”

查理对葬礼的关切，几乎可以用来象征他在历史上的地位和他所扮演的角色。他似乎有种直觉，觉察到欧洲有些伟大的东西已经死去，必须为之举行庄重的葬礼，令其盖棺论定。事实上，他参加了在尤斯特举行的每一次葬礼，并在妻子的忌日为纪念她而举办了一次葬礼。不仅如此，他最后甚至为自己举办过葬礼。

> 小礼堂里围上了黑幔，几百支烛光尚不能驱散四周的黑暗。教会的信徒们个个身着丧服，眷属们也都戴着重孝，大家聚集在教堂中央一副蒙着黑布的灵柩周围。接着，葬礼开始了。在修道士们的哀悼声中，人们为离去的灵魂祈祷，祝愿亡灵被接引到天上的宅第中。当他

们的主人死去的形象呈现在心头时，悲伤的人们个个失声痛哭，也许他们是为这种可怜的懦弱表现所感动。查理裹着一件深色的斗篷，手持一支点燃的蜡烛，混杂在他的家眷中间。作为自己葬礼的参加者，当悲哀的葬礼结束时，他把手中的蜡烛交给神父，表示自己已把灵魂交给了全能的上帝。

这次化装表演后过了不到两个月，查理真的去世了。神圣罗马帝国那短暂的伟大，也随着他一同消逝了。他的领土早已交给了弟弟和儿子。神圣罗马帝国虽然一直挣扎到拿破仑时代，却不过是一个衰弱垂死的东西。它未被埋葬的传统，至今依然在毒害着我们的政治空气。

52　政治实验、欧洲君主议会制和共和国的时代

拉丁教会解体后，神圣罗马帝国处于极度虚弱之中。16世纪初以来的欧洲历史，实际上是各民族在黑暗中摸索新的统治方法，使欧洲能够更好地适应新的形势的历史。在古代世界的漫长岁月中，虽然多次出现过王朝的更迭、统治民族和语言的交替，但通过君王和庙宇控制民众的统治形式却始终是相对稳定的。人们的日常生活也越来越稳定。但是在进入16世纪后的近代欧洲，王朝的更迭则不再重要，历史的兴趣转移到了政治和社会组织实验的广泛性与多样性上。

我们已经说过，16世纪以后的世界政治史，主要是一种人类为使其政治和社会方法适应新形势而做出的潜意识的努力。这种努力由于形势本身日益加速的不断变化，而呈现出一种极为复杂的状态。这种潜意识的、不情愿的适应，越来越落后于形势的变化，因为人们一般都讨厌主动的改变。16世纪以后的人类历史，则是一部政治与社会制度更不平衡、更难适应、更加繁琐的历史，一部人们面临前所未有的新的需要和可能性，迟缓、抗拒地对人类社会整体模式进行有意识的、审慎的重建的历史。

那么，究竟是人类生活条件中哪些方面的变化，打破了帝国、神职人员、农民和商人之间的平衡？这种平衡通过蛮族征服进行

周期性更新，使人类在旧世界的活动保持某种特定节奏已长达上万年之久。

这些变化是复杂多样的，因为人类事务本来就是异常复杂的。然而，这些主要变化似乎又可以归纳为一个原因，那就是有关事物本质的知识的发展与传播。这些知识一开始都产生于小部分知识分子当中，然后慢慢地传播开来。到了最近的500年间，它则开始以极快的速度，传播到广大的民众之中。

但是，在人类生活条件的变化中，也有很大一部分是由人类生活的精神变化所引起的。这些变化往往伴随着知识的增加和扩展而发生，与知识微妙地联系在一起。人类生活还出现了这样一种倾向：人们不满足于日常生活和基本愿望的实现，而是追求在更广阔的生活领域中做出贡献和进行干预。这一点是过去2000年间传播于全世界的各大宗教（如佛教、基督教、伊斯兰教）的共同特征。这些宗教运用以往宗教从未使用过的方式，作用于人类的精神。比起那些被它们部分改造和取代的宗教，亦即以祭司和神庙为中心，有着血腥祭祀仪式的旧式宗教，不论在本质上还是在效果上，这些新宗教都要高明得多。它们使早期文明中人们未曾有过的个人尊严和对人类共同事业的责任感，得以逐步增强。

在政治和社会生活中发生的第一个重大进步，是对古代文明的文字进行简化和普及，使得更多帝国得以形成，更广泛的政治协定得以签订和实施。第二个进步是新的运输工具的出现，首先是马，而后是骆驼、车辆的使用，道路的修筑，以及由于铁的发明而带来的军事效率的提高。接着出现的是由于货币的铸造而引起的深刻的经济混乱，以及这种方便而又危险的社会制度所造成的借贷、所有权和交易性质的变化等。为了顺应这种形势，各个帝国的疆域不断扩张，人们的思想不断发展。接着，地方神消失了，人类进入了诸神混合、世界性大宗教的教义主宰民众的时代。与此同时，合理的历史和地理记录开始出现，人类对自己无知状态的认识及对知识的系统研究也开始产生。

开始于希腊和亚历山大港的辉煌夺目的科学研究曾一度遭到中断。北欧蛮族的入侵、蒙古诸民族的西迁、宗教改革引起的动乱和瘟疫的大流行，都给政治和社会秩序造成了极大的困难。当文明又一次从战争与混乱中挣脱出来的时候，奴隶制已不再是经济生活的基础了。最早的造纸厂用印刷品，为信息与合作提供了物质准备。在各个地方，知识的探索、系统的科学研究重新出现在人类的进程中。

因此，从16世纪以来影响着人们相互往来和相互关系的一系列发明，就这样作为系统思考必然的副产品陆陆续续地问世了。这些发明又进一步扩大了相互作用的范围，加深了相互间的利害关系，增强了相互之间的合作。而发明与设计产生的速度也越来越快。但是，人类的精神却未能为迎接这一切的到来做好准备，直到20世纪初那个戏剧性的结局[1]刺激了人们的心灵为止。在此之前，历史学家几乎不能告诉人们任何绝妙的对策，去应付那种由不断增长的发明浪潮所造成的新局面。人类最近的四个世纪的历史，与其说是看到了危险与希望的历史，不如把它做这样一个比喻：一个睡着了的囚犯，在囚禁他的监狱失火的时候没能苏醒过来，反而把周围爆裂的火焰和炽热当作过去支离破碎的梦，不安地翻转着身子。

1　指第一次世界大战（1914—1918）。

由于历史不是个人的故事，而是整个社会的故事，所以历史记录之中最引人注目的发明就是影响着人们交流方式的发明，这一点不足为怪。在16世纪，我们所知道的最主要的新生事物，就是纸质印刷品和运用了罗盘这种最新测向方法的远洋航船。前者使得教育、公共报道、争论和政治活动的开展更加普及、成本更低，从而导致了革命性的变革；后者则使我们这个圆球形的世界成为一体。然而，几乎同样重要的是，蒙古人在13世纪第一次带到西方的枪炮和火药，得到了广泛的使用和改进。它打破了住在城堡中的贵族和有城墙防护的城市的安全感，也扫荡了欧洲的封建制度。君士坦丁堡便是因火炮的使用而陷落，墨西哥和秘鲁的古文明也因为害怕西班牙人的枪炮而投降。

17世纪时，系统科学研究成果的出版得到发展，尽管当时这尚不十分引人注意，却是一项有着重大意义的发明。在那些伟大进步的时代的先驱者中，有一个人尤为光辉夺目，他就是后来受封维鲁拉姆男爵并升任英国大法官的弗朗西斯·培根（Francis Bacon，1561—1626）。他是生于科尔切斯特的英国实验物理学家威廉·吉尔伯特[1]的学生，或许还是他的代言人。这位培根同罗吉尔·培根一样，也提倡观察与实验，并运用富有鼓动性和趣味性的乌托邦故事形式写成了《新大西岛》一书，抒发了他为科学研究做出伟大贡献的理想。[2]

随后，伦敦皇家学会和佛罗伦萨学会相继成立。其他各国也

1　威廉·吉尔伯特（William Gilbert，1544—1603），英国实验物理学家，所著的《论磁》（1600年）是第一部重要的英文科学著作。

2　《新大西岛》（*The New Atlantis*）是培根一部未完成的著作，写于约1624年，拉丁文版出版于1627年，英文版出版于1629年。

相继成立了奖励研究和发表或交流知识的国家学术团体。这些欧洲的学术团体不仅成为无数发明的源泉，而且成了对多个世纪以来统治和削弱人类思想的怪诞神学进行猛烈批判的中心。

尽管17世纪至18世纪并没有出现像纸质印刷和航海舰船这样直接推动人类社会变革的发明，却在有条不紊地积累着知识和科学的能力，从而在19世纪结出了累累硕果。此时，远洋探险和世界地图的绘制都在继续进行，塔斯马尼亚、澳大利亚、新西兰等地相继出现在地图上。18世纪时，英国已经首先在制铁上使用了焦炭，使铁的价格比用木炭冶炼时便宜许多，也为铸造和使用更大的铁器提供了可能。现代机器制造终于迎来了自己的曙光。

恰如天国之树，科学也在不断地萌芽、开花和结果。到了人类迈进19世纪的时候，科学之树结出了真正的果实，这一过程也将永远不会停止。最先出现的是蒸汽机、炼钢、铁路、巨轮、高大的桥梁和建筑，以及几乎有着无穷力量的机器。人类对各种物资的需求都有了得到满足的可能。最令人吃惊的是，电学这个深藏的知识宝库终于向人类打开了大门。

前面我曾经把16世纪以来人类的政治和社会生活，比作牢房失火时一个正在做梦的囚犯。16世纪的欧洲人仍在继续做着拉丁帝国的梦，一个在天主教会之下统一的神圣罗马帝国的梦。但是，正如我们身上某些难以驾驭的因素时时要在我们的梦中硬加上不合理的、充满破坏性的解释一样，当英王亨利八世与马丁·路德将统一的天主教撕成碎片时，我们却发现帝国皇帝查理五世昏睡的脸庞和饥肠辘辘的胃闯入了梦境之中。

到了17世纪和18世纪，这种梦就转变成了个人化的君主政体。这一时期整个欧洲的历史无论怎样变化，都离不开巩固君主政体使其成为专制政体，并将这种势力扩展到相对弱小的邻近区域的史实，最早是地主，后来是随着对外贸易和国内工业发展而涌现出的商人及有产阶级，这些势力坚决抵抗王权的勒索与干涉。斗争双方都没有取得完全的胜利。有的地方国王占据了优势，有的地方有产阶级打倒了国王。有时，国王在这个国家中是太阳和中心，而在一界之隔的邻国，维持着共和国统治的却是强硬的商人阶级。种种变化的剧烈与广泛，恰恰反映出这个时期的各种政体所具有的实验性质和地方色彩。

在这些国家的舞台上，最常见的人物是国王的宰相们。如果是天主教国家，那么常见的则是主教。他们站在国王的背后，担负着不可或缺的职务，为国王服务或支配着国王。

我们不可能详细地描述这些国家舞台上演出的所有剧目。荷兰的商人们加入了新教，并成为共和主义者，他们脱离了查理五世之子、西班牙国王菲利普二世的统治。在英格兰，亨利八世与他的宰相托马斯·沃尔西（Thomas Wolsey）、伊丽莎白（Elizabeth）女王和她的宰相布雷（Burleigh）勋爵，都奠定了专制政体的基础，却又被詹姆斯一世（James I）和查理一世的愚蠢断送。查理一世还以背叛国民的罪名被送上了断头台（1649年），这是欧洲政治思想的一个新转折。

从此时起到1660年的12年间，英国变成了一个共和国。国王的地位极不稳定，不断受到议会的压制，直到乔治三世（1760—1820）为恢复君主权力殊死相争，并获得部分成功为止。与此相反，法国国王在欧洲所有的君主中算是非常成功地完成了君主政治的一位。两位伟大的宰相黎塞留（Richelieu，1585—1642）和马扎然（Mazarin，1602—1661）在这个国家树立了国王的权威。当然，在此期间“伟大的君王”路易十四（Louis XIV，1643—1715年在位）的长期统治和非凡才能也是一个重要的因素。

路易十四的确是欧洲国王的典范。就其权力限度而言，他的才干相当罕见。他的野心远远超过自己粗鄙的情欲。他通过一种至今仍令我们十分钦佩的、精心树立的尊严和积极主动的外交政策，把自己的国家引向了破产。他的直接愿望是巩固法国，扩张到莱茵河和比利牛斯山，并吞并西班牙和尼德兰。而他更长远的意图则是想看到在一个重建的神圣罗马帝国中，法国国王成为查理大帝的继承人。他把贿赂当作比战争更重要的国策，英国国王查理二世被他收买，波兰贵族也是如此，这些留待后面再叙。他把自己的钱（应该说是法国纳税阶级的钱）用到了各个方面，而在他心中占据最重要位置的就是追求堂皇显赫。他的凡尔赛宫连同里面的沙龙、走廊、挂镜、花坛、花园和景致，得到了全世界的欣羡和嫉妒。

路易十四的做法引来了普遍的模仿，欧洲各国的国王和王侯都以大大超过臣民承受力和借贷限度的财力，来建造属于自己的凡尔赛宫，贵族们也按照新的式样重修或扩建自己的行宫。制造精美织品和家具陈设的产业发展起来，奢侈的工艺品四处风行，雪花石膏雕塑、琉璃彩色瓷器、镀金木器、金属制品、印花皮革，丰富的音乐、壮丽的绘画、精美的印刷品和装帧、美味的烹调、上等的葡萄酒等，不一而足。

在大挂镜和精致的家具中间，走动着一些奇怪的人物——绅士，他们头上戴着扑了粉的巨大假发，身上穿着镶有花边的绸袍，足下蹬着红色的高跟鞋，手持令人吃惊的用来保持平衡的大拐杖。更多的则是奇妙的贵妇人，她们梳着高耸的发髻，穿着用金属支架撑起的绸缎衣裙。在这群人中间是装模作样的伟大的路易——他是世界的太阳，却丝毫觉察不到那些在这个太阳照射不到的下层黑暗中，注视着他的一张张瘦瘠、阴沉和愤懑的面孔。

德意志民族在整个君主政体和政治实验的时代，始终维持着政治分裂的局面。不过，也有相当一部分王公贵族的宫廷，在不同的程度上模仿着凡尔赛宫的豪华。但是，日耳曼人与瑞典人、波西米亚人之间争夺霸权的三十年战争（1618—1648），使德意志在上百年间元气大伤。在战争结束时，德意志的支离破碎可以从《威斯特伐利亚和约》（1648年）以后的欧洲地图中清楚地看到。王国、公国、自由国家缠结在一起，有的甚至一部分在帝国内，一部分在帝国外。我们可以看到，瑞典的手臂已远远地伸进德意志；除了个别飞地在帝国境内，法国仍远在莱茵河彼岸。在这些大大小小的补丁中，普鲁士（于1710年成立王国）已稳步崛起，取得了一连串战争的胜利。普鲁士国王腓特烈大帝（1740—1786年在位）在波茨坦修建了自己的凡尔赛宫，宫廷里的人们讲着法语，阅读法国文学，要与法国国王在文化教养上一争高下。

1714年，汉诺威选帝侯成为英国国王，于是横跨帝国内外的君主政体又增加了一个。

查理五世后代中奥地利的那一支始终保持着皇帝的称号，西班牙的那一支也始终统治着西班牙。但是此时，又出现了一位东方的皇帝。1453年君士坦丁堡陷落后，莫斯科大公伊凡三世（Ivan III，1462—1505年在位）自称拜占庭帝国皇帝继承人，将拜占庭的双头鹰作为自己武器上的徽章。他的孙子伊凡四世（即伊凡雷帝，1533—1584年在位）采用了“沙皇”的称号。

俄罗斯在欧洲人眼中不再是偏远的亚洲国家，则是17世纪中叶以后的事情。彼得大帝（1682—1725年在位）终于把俄罗斯带入欧洲的竞争之中。他在涅瓦河畔建立了帝国的新首都圣彼得堡，这是俄罗斯与欧洲之间的一个窗口。而后，他又在距新都18英里的彼得霍夫修建了自己的凡尔赛宫，并特地聘请了法国的建筑师，在这里建造露台、喷泉、瀑布、画廊、庭园，以及与他伟大君主身份相匹配的设施。在俄罗斯，法语也成了宫廷语言，如同在普鲁士一样。

不幸地处在奥地利、普鲁士和俄罗斯之间的波兰王国，是个组织极差的大地主的国家。害怕失掉自己尊贵地位的贵族地主们，只给他们选出来的国王很少的权力。尽管法国极力想维持它独立的盟国地位，波兰还是遭到了三个邻国的瓜分。瑞士在当时是一个由多个共和制的州组成的集团；威尼斯是一个共和国；意大利则同德意志一样，分裂成一个个的小诸侯国。教皇虽然也像国王一样控制着自己的属地，但因害怕失去天主教各国的服从，不敢再插手各国国王与其属下的纷争，也不再奢谈什么“所有基督教国家有着共同的利益”。在欧洲，根本不再存在什么共同的政治主张，完全陷入了分裂与混乱之中。

所有这些君主国和共和国的掌权者，无不盘算着向外扩张，个个奉行侵略邻国和建立侵略性同盟的“外交政策”。今天的欧洲仍然处在这种五花八门的君主国时代的最后阶段，也仍然为那个时代所引起的仇恨、敌意和猜忌而苦恼。从现代理性的角度来说，那个时代的历史显然是一种“闲谈”，变得越来越乏味和无聊。你将不断地被告知：这场战争如何因为某个王妃而引起，那场战争如何因为某位宰相嫉妒另一位宰相而爆发，等等。

任何有头脑的研究者，都会对这些关于收买和对立的“闲谈”

感到厌烦。但是，这里也包含着一个更具久远意义的事实，那就是尽管当时有20余条国界从中阻隔，学识和思想仍然在欧洲传播和发展，各种发明也在不断地涌现。到了18世纪，社会上便出现了对当时宫廷和政治提出深刻怀疑和批判的著作。在伏尔泰（Voltaire）的《老实人》[1]一书中，我们看到了作者对欧洲世界那种无法把握的混乱表现出的无限厌倦。

1 亦译作《赣第德》，“赣第德”是书中主人公的名字，意为“老实人”，书中对人类的愚蠢和自大进行了尖锐的讽刺。威尔斯对此书极为推崇，并将自己1928年的讽刺小说《布莱茨先生在兰波岛》（*Mr. Blettsworthy on Rampole Island*）题献给“赣第德不朽的记忆”。

53 欧洲人在亚洲和海外的新帝国

在中欧深陷这种分裂和混乱局面之际，西欧人（尤其是荷兰人、斯堪的纳维亚人、西班牙人、葡萄牙人、法国人和英国人）越过海洋，在全世界摆开自己的战场。印刷机已经把“欧洲”这个政治概念融入了一个更大的、不断变动的概念之中。而另一项重大发明——航海舰船，则把欧洲的疆界推到了遥远的大洋彼岸。

荷兰人和北大西洋沿岸的欧洲人移居海外的最初目的并不是为了殖民，而是为了贸易和采矿。西班牙人最早出现在海外，他们宣称自己拥有对整个美洲新大陆的统治权。紧接着，葡萄牙人提出了分享这一统治权的要求。于是，教皇把这块新大陆分给了这两个捷足先登的国家。这是罗马教廷作为世界主宰者最后一次行使权力。两国在美洲的势力范围分界线设在佛得角群岛以西370里格[1]处，东面归属葡萄牙，西面归属西班牙（1494年）。

与此同时，葡萄牙人不断地将自己的海外经营向南、向东扩展。1497年，达·伽马（Vasco da Gama）从里斯本启程，绕过好望角，先到达了桑给巴尔，然后又航抵印度的加尔各答。1515

1　1里格约合5千米。

年，一支葡萄牙船队到达爪哇群岛和摩鹿加群岛，在印度洋沿岸建立了贸易区，并用武力加以保卫。莫桑比克、果阿及印度的两小块地盘、中国澳门和帝汶岛的一部分，都曾经长期是葡萄牙的属地。[1]

由于教皇的决定而被剥夺了在美洲权益的国家，根本就没把西班牙和葡萄牙的属权放在眼里。先是英国、丹麦、瑞典，而后是荷兰，各国很快就开始在北美和西印度群岛抢占自己的疆土。就连最忠实于天主教的法国国王，也像其他新教徒一样不去理睬教皇的决定。于是，欧洲的战争便不知不觉地牵涉到了对海外新领土的占有。

然而，在这场争夺海外领土的长期角逐中，获益最多的是英国。丹麦和瑞典过深地陷在了德意志的动乱争执中，难以保持一支强有力的海外远征军。瑞典还因为那位别出心裁的国王古斯达夫·阿道夫（Gustavus Adolphus）——新教阵营中所谓的“北方狮”，而在德意志战场上消耗了更多的精力。荷兰人趁机夺取了瑞典人在美洲建立的小块地盘，但由于法国侵略者近在咫尺，故未能与英国人一决雌雄。在远东，加入争夺的主要国家是英国、荷兰和法国；在美洲，则是英国、法国和西班牙。英国凭借有“银带”之称的英吉利海峡[2]，对欧洲拥有海疆上的优势，况且英国也最少受到拉丁帝国传统的束缚。

法国人总是对欧洲大陆考虑过多。在整个18世纪，法国始终

1　莫桑比克于1975年独立，果阿于1961年被印度收回，澳门于1999年回归中国，东帝汶于1975年宣布独立，后被印度尼西亚吞并，2002年正式独立。

2　英吉利海峡的这一称呼来源不明，一般归于1885年的一篇佚名报纸文章。

专注于控制西班牙、意大利和德意志的混乱局势，从而丧失了向东、向西扩张的机会。17世纪英国宗教和政治上的纷争，使一大批人遭到放逐，这些人不得不到美洲寻找自己永久的栖身之地，并在那里扎下了根，不断地繁衍生息，人口成倍地增加，这就决定了英国人在争夺美洲的斗争之中占据着最大的优势。1756年和1760年，英国人曾先后两次从法国人手中抢走加拿大和北美的殖民地。几年后，英国商务公司又在印度取得了对法国、荷兰和葡萄牙的优势。巴布尔、阿克巴和他们继承者统治的莫卧儿帝国此时已经完全衰落，实际上被英国东印度公司控制，这段故事是整部征服史上最令人惊奇的一章。

东印度公司成立于伊丽莎白女王统治的时代，最初不过是一家由几名海上冒险家创办的公司。后来，他们一步步地组织军队，武装舰船，终于使这个以往只为赚钱的商业机构，不再满足于经营香料、染料、茶叶和宝石的贸易，转而开始插手王公的税收和领土经营，甚至开始干预印度的命运。他们原本的目的是做生意，此时却干起了可怕的海盗勾当。奇怪的是，竟没有任何人来干涉他们的行为。公司的船长、指挥官、官员，甚至一般职员和普通士兵，都携带着大量掠夺而来的财富返回英国，这些都已经成为司空见惯的事情。

当人们在这样一片富饶辽阔的土地上为所欲为的时候，已经难以分辨什么该做、什么不该做了。在他们眼里，这是阳光下一片奇异的土地，在这里生活的棕色种族不过是一群不值得同情的异类，这里的庙宇和建筑只是用来维持他们行为的奇异标准。将军们和官员们回到英国以后，就相互恶毒地揭发和指责对方的敲诈勒索和冷酷残暴。于是国内的人提出义愤的质问，议会因此通过了对孟加拉总督克莱武[1]的谴责案，此人于1774年自杀。1778年，英属印度总督黑斯廷斯[2]遭到弹劾，然而判决的结果却是无罪（1792年）。这在世界历史上是前所未有的怪事。

英国议会管辖着一家伦敦的贸易公司，而这家公司又统治着一个土地远比英国本土辽阔、人口远比本土众多的帝国。对广大英国民众来说，印度是一个遥远、奇异和难以到达的国家。有着冒险精神的贫穷青年们争相前往，而许多年后当他们回到英国的时候，一个个都变成了腰缠万贯、爱发脾气的老绅士。对于英国人而言，在遥远的东方阳光照耀下的千百万棕种人的生活状况是无法想象的，他们不愿在这上面花费想象力。印度是浪漫而不真实的，因此英国对东印度公司的一切行为都不能实行任何有效的监督和控制。

正当西欧各国在世界各大海洋上为夺取梦境般的海外帝国而争斗不息的时候，亚洲也在进行着对两大片领土的征服。1368年，农民起义推翻了元朝的统治，建立了明朝，一直持续到1644年。此后，另一支草原民族满人再次征服中原，并将其统治维持到1912年。在此期间，俄国不断向东推进，逐渐成为国际事务中一支举足轻重的力量。这支既不完全算东方、亦不完全算西方，处在旧世界中心的强大力量的崛起，对于人类的命运确实具有异常重大的意义。俄国势力的扩张，在很大程度上倚仗着信奉基督教的草原民族哥萨克人的出现。他们在西方的波兰、匈牙利等封

1 克莱武（Robert Clive，1725—1774），英国殖民者、孟加拉总督，1757年至1760年间成为孟加拉实际上唯一的统治者，在此期间大肆掠夺，被英国人认为开了腐败的恶劣先例，后自杀身亡。

2 黑斯廷斯（Warren Hastings，1732—1818），1772年至1785年任印度总督，1786年因枉法和腐败遭到弹劾，在上议院受审，最终无罪释放。

建农业国家，与东方的鞑靼人之间构成了一道屏障。

哥萨克人最早出现在辽阔的东欧平原上，在许多方面都很类似于19世纪中叶美国西部荒野地区的状况。但凡在俄国待不下去的人，如受迫害或遭诬陷的无辜者、反抗的农奴、异教徒、盗贼、流浪汉、杀人犯等，都来到南部的草原地带寻求藏身之地，并在这里重新开始创立基业。为了生存和自由，他们与波兰人、俄罗斯人、鞑靼人进行战斗。显然，从鞑靼人的领地向东逃窜的一些亡命之徒也加入了哥萨克人的行列。渐渐地，这些边民被收编为俄罗斯帝国的爪牙，就像苏格兰高地的一些民族被英国政府改编为军队一样。他们被赐予亚洲的新土地，成为对付日渐衰微的蒙古高原游牧民族的武器，起初盘桓于中亚，后来则横穿西伯利亚，直抵阿穆尔河。

17世纪至18世纪蒙古人的活力锐减，其中的原因十分复杂。从成吉思汗和帖木儿以来的两三百年间，中亚从主宰世界的全盛时代，退落到政治上无所作为的时代。气候的变化，未曾留下记录的瘟疫、疟疾等传染病，在中亚各民族的衰退中可能都起过作用。从世界历史的角度来看，这也许只能算作暂时的衰退。一些权威人士认为，从中国传入的佛教教义也曾对这里的民众起过某种安抚作用。不管怎样，到了16世纪，蒙古系的鞑靼人和突厥人已无力向外扩张，而沦落到被侵略和征服的境地。在西方，他们被基督教俄国赶出了自己的国土，在东方则被明朝逐回北方草原。

纵观整个17世纪，哥萨克人不断从俄罗斯的欧洲部分向东扩张，哪里找得到适宜农作物生长的环境，他们就在哪里安家。碉堡和军营连成了定居地的南向活动边界，边界之外则是依然相当强大、活跃的土库曼人。由于在东北方向上没有边界，俄罗斯的疆界一直远抵太平洋。

54　美国独立战争

18世纪50年代至70年代，欧洲出现了内部分裂、连续动荡的局面。这里不再有统一的政治和宗教观念。但是，印刷书籍、地图以及新的航海舰船极大地激发了人们的想象力，欧洲在这样一种混乱无序、纷争不休的情况下仍能掌控全世界的所有海岸。这是一个无计划、无逻辑的各类企业争相涌现的时代，其根源完全在于欧洲人独有的优越性，而这种优越性只是暂时的甚至偶然的。倚仗这种优越性，几乎全新的美洲大陆成了西欧民族的殖民地，南非、澳大利亚、新西兰也被占领，成为欧洲人未来的家园。

哥伦布被派到美洲和达·伽马被派到印度的动机，实际上仍然是有史以来所有水手始终未变的动机——做交易。因此，到人口稠密、生产相对发达的东方去做买卖，是欧洲人前往东方的主要目的。欧洲人在那里的殖民地主要是进行贸易的市场，而生活在那里的欧洲居民所期待的，依然是回到本土去挥霍他们赚来的钱。

然而在美洲，情况就截然不同了。此时，美洲仍处在一个生产能力十分低下的社会。欧洲人在这里发现了一种新的持久性的诱惑——寻找金银。当时西班牙在美洲拥有的矿山就盛产金银。因此，从欧洲来到这里的人就不光是身携武装的商人，还有大量的淘金者、采矿者、自然物资的勘探者以及随后而至的农民，在北方则是一些求购皮毛的人。由于开矿和种植必须定居，当局就迫使人们在太平洋彼岸建立永久性的定居地。

后来，在各种原因的促使下，部分欧洲人索性渡过重洋，到美洲去建立新的永久家园。例如17世纪初英国的清教徒为逃避宗教迫害移居新英格兰，18世纪的慈善家奥格尔索普[1]把欠债坐牢的人解救出来送往佐治亚，18世纪末的荷兰人把一批孤儿送往好望角等。到了19世纪，尤其是轮船出现以后，欧洲人便潮水般地涌入当时一片空旷的美洲，形成了长达数十年的大迁徙。

就这样，欧洲人建立了永久性的海外殖民地，欧洲文化传播到一片比其孕育地更加广阔的土地上。欧洲人带着现成的文明来到新大陆，建立了新的社会。不过，这是一个全然没有计划、毫无预见的过程。对于这种形势，欧洲各国未曾预料到，所以也没有任何精神上的准备。欧洲的政治家和大臣们，始终把这些组织当作远征机构和收入来源，当作“所有物”和“从属物”。直到很久以后，殖民地的居民建立了一种完全不同的社会生活时，他们才恍然大悟。当殖民人口逐渐向内陆扩展，任何来自大洋彼岸的惩罚都奈何不得他们的时候，欧洲政治家们才突然意识到：殖民地人民已经不再是宗主国能随意左右的无足轻重的属民了。

我们必须记住，即使进入19世纪后，所有海外帝国间的联系仍始终依靠航海船只。而在陆地上，最快的交通工具仍然是马匹。

---

1 奥格尔索普（James Oglethorpe，1696—1785），英国军官、政治家、慈善家，自1732年起将大量出狱犯人和受迫害者安置在佐治亚，是英属佐治亚殖民地的建立者。

政治组织的凝聚和统一依然受到以马为动力的交通工具的限制。

18世纪70年代初，北美三分之二的土地属于英国，法国已放弃了美洲。除了巴西属于葡萄牙，少量海岛和地区属于法国、英国、丹麦、荷兰，其余的佛罗里达州、路易斯安那州、加利福尼亚州和整个南美都属于西班牙。最早证明靠帆船将不足以把海外移民维持在某种政治制度下的，是缅因和安大略湖以南的英属殖民地。

这些英属殖民地不论在起源上还是性质上，都有较大的差异。一些地方不光有英国人，还有法国人、瑞典人和荷兰人定居。马里兰的英国人是天主教徒，而新英格兰的英国人则多是些激进的新教徒。就在新英格兰的移民依靠自己的力量进行耕作，并强烈谴责奴隶制度的时候，弗吉尼亚的英国移民却变本加厉地奴役着从非洲运来的黑奴。

州与州之间并没有天然的联系，从一个州到另一个州可以乘沿海的航船，但路途之令人厌烦，一点也不亚于横渡大西洋。由于起源的不同和自然条件的限制，各地移民原本是不易联合的，可是在英国政府的自私和愚昧的压迫下，他们最终联合在了一起。因为他们需要联合起来应对挑战，拒绝被无条件地征税，使自己的贸易免于成为英国利益的牺牲品。在弗吉尼亚，移民们虽然十分愿意拥有和役使奴隶，但都害怕由于黑奴人数增加而造成的反抗。然而英国政府却不管这些，继续从事这种高利润的奴隶买卖。

这时，英国正在逐渐形成更为集权的君主政体。由英王乔治三世（1760—1820年在位）本人推行的一套顽固的政策，使英国政府与殖民地之间的摩擦日益加剧。

英国政府颁布了一项牺牲美洲轮船主利益，旨在偏袒东印度公司的法案，为此，一场冲突提前爆发了。1773年，依照新法案运进的三船茶叶，在波士顿港口被一伙乔装成印第安人的殖民地居民倒进了海里。1775年，英国政府企图在距波士顿1英里的莱克星顿逮捕两名北美殖民地领袖，导致战火真的烧了起来。英国人在莱克星顿放了第一枪，而后在康科德发生了第一次激战。

美国独立战争就这样爆发了。虽然有一年多的时间，殖民地的移民不愿与英国脱离关系，但到了1776年夏天，参战各州代表召开了大会，发布了《独立宣言》。与当时美洲殖民地的许多领袖一样，乔治·华盛顿（George Washington）拥有一支曾在与法国人的交战中得到锻炼的军队，因此被推选为全国总司令。1777年，一位名叫约翰·伯戈因（John Burgoyne）的英国将军企图从加拿大进军纽约，途经弗里曼农场时吃了败仗，又在萨拉托加遭到包围，最后全军被迫投降。

同年，法国和西班牙相继对英国宣战，使英国的海上交通面临严重威胁。1781年，康华里（Charles Cornwallis）将军率领的英国第二支舰队又在弗吉尼亚的约克城被击溃，被迫投降。1783年，双方在巴黎签订停战协议。包括缅因州和佐治亚州在内的13个州成立了独立的、拥有主权的联邦，美利坚合众国宣告成立。而加拿大的领土上则仍然飘扬着英国国旗。

此后四年时间里，13个州的联邦只有一个用联邦条约维系的十分软弱的中央政府，它们原本很可能分解成独立的国家，但考虑到英国人的敌意和法国人某种程度上的威胁，分裂局面最终没有出现。显然，各州一旦分立，危险便会紧随而至。1787年，合众国宪法得以通过，接着成立了一个更为有效的联邦政府，推选出一位更强有力的总统，那种十分微弱的国家统一意识也由于第二次对英战争得到了强化。

尽管如此，当时联邦的领土仍过于庞大，各州的利益又各不相同，交通工具仍处于十分落后的状态，因而联邦分裂成诸如欧洲各国那样大小的国家，看起来只是时间问题。对边远各州的议员来说，前往华盛顿的旅行简直是烦闷、无聊而不安的苦差。此外，在开展公共教育和普及文化知识方面，也由于机构重叠而面临重重困难。但是，对抗着分裂的各种力量，此时也正在世界各地发挥作用：蒸汽轮船在内河航道上出现，铁路和电报也相继出现。这些新发明把美国从分裂中拯救出来，把分散的居民又一次聚合起来，使美国成为第一个现代化的大国。

22年后，西班牙属下的各殖民地效法北美13个州的做法，与欧洲宗主国脱离了关系。不过，由于它们散布在美洲大陆各地，中间又有高山、沙漠、森林和葡属巴西帝国的阻隔，无法相互联合，所以成立了一个个独立的共和国。在独立初期，各国经常发生战争和革命。

巴西则通过另外一种途径，不可避免地走上了独立的道路。1807年，拿破仑率领法国军队占领了巴西的宗主国葡萄牙，葡萄牙国王若昂六世（João VI）逃到巴西，此后一直留在那里，直到巴西独立。与其说巴西隶属于葡萄牙，还不如说葡萄牙隶属于巴西。到了1822年，巴西在若昂六世之子佩德罗一世（Pedro I）的领导下宣告独立。但这个新的帝国从一开始就不适于君主政体。1889年，巴西皇帝只好默默地乘船返回欧洲，巴西终于同其他美洲国家一样，加入了共和国的行列。

55 法国大革命和君主制的复辟

英国在美洲失去了13个殖民地后，法兰西王国的中心又发生了深刻的社会和政治动乱。这种动乱使欧洲人更清楚地意识到，世界上的任何政治协议在本质上都是暂时性的。

我们说过，法国的君主政体在欧洲专制君主政体中是最为成功的，曾受到相互竞争的各个小国宫廷的羡慕和效仿。但是，由于法国的繁荣建立在某种不正义之上，所以必然导致戏剧性的崩溃。它固然灿烂辉煌，富于进取，但也无端挥霍和浪费了大量民众的生命和财产。法国的税收制度使神职人员和贵族得到了免税优待，整个国家的负担因此全都压到了中下层阶级的头上，农民被赋税压弯了腰，中产阶级则不断受到贵族阶级的压制和羞辱。

1787年，法兰西国王发现自己已债台高筑。为了商议解决因收入不足和花费过度造成的亏空，他召集了法国各阶级代表大会。1789年，由贵族、教士和平民代表参加的三级会议在凡尔赛举行。这是一种与英国议会性质基本相同的政治实体，自从1610年以来这种会议一直没有召开过，因为这段时间法国一直实行君主专制制度。

于是，法国人民终于找到了一个发泄自己长期不满的场所，三个等级之间爆发了一场十分激烈的论战。这场论战是由于第三等级（即平民等级）要求控制三级会议而引起的。平民等级获得了最后的胜利，三级会议改为国民议会。国民议会明确地提出了限制国王权力的主张，这与英国议会限制英国王权的做法类似。法王路易十六准备全力反抗，他从各省召集了军队。接着，巴黎和整个法国先后爆发了革命。

法国的君主专制制度迅速崩溃，阴森可怕的巴士底狱被巴黎人民的革命风暴摧毁。起义之火迅速地传遍了整个法国。在东部和西部诸省，许多贵族宅第被农民焚毁，地契也被彻底销毁，地主纷纷被杀掉或逐出。仅仅过了一个月，古老腐朽的贵族阶级的政治制度就崩溃了，许多王侯和王后的党羽都逃亡国外。巴黎和其他主要城市都成立了临时市政府，并建立了新的武装力量——国民军。国民军最明确和最重要的目标在于抵抗国王的军队。法国人民要求国民议会建立一套适应时代的新的政治社会制度。

这是一项十分艰巨的任务，最大限度地考验着国民议会的力量。国民议会荡涤了专制政治的不正义，废除了免税权、农奴制，取消了贵族的称号和特权，并寻求在巴黎建立君主立宪的政治体制。国王被迫放弃了凡尔赛宫的浮华生活，在巴黎的杜伊勒里宫过着隐居的生活。

为了建立一个有效的、现代化的政府，国民议会整整斗争了两年。尽管它的许多工作都是实验性质的，有的已经被废弃，但更多的还是形成了健全的制度，并一直保留了下来。当然，其中也有不少是毫无意义的工作。法国的刑法得到了一次清理，严刑逼供、任意监禁和迫害异端等做法都被废止，一些古老的州（如诺曼底、勃艮第等）一起被80个郡取代，军队中的每个成员都有可能晋升到最高的官阶。法院建立了一套完美而简约的制度，然而由于民众选出的法官任期太短，从而使这一制度的价值受到很大损害。这种做法实际上使民众成了终审的上诉法庭，而法官则像国民议会的议员一样，必须设法迎合旁听者的心理。

教会所拥有的巨额财产全部被国家没收，交由国家管理。凡是不从事教育或慈善工作的宗教机构都被解散，神职人员的薪金一律由国家支付。这对下层的教士来说未尝不是件好事，因为与那些富有的上层教会人员相比，他们的薪俸简直少得可怜。此外，国民议会还规定神甫和主教通过选举产生。这一规定从根本上动摇了罗马教会的一贯主张：教会中一切权威都集中于教皇和红衣主教，这是一种自上而下的权力。事实上，国民议会是想一举把法国教会变成新教的教会，即使在教义上不可能马上做到，起码要在组织上完成这一转化。结果，忠于罗马教廷、反对新制度的神甫们不肯宣誓，与国民议会所设置的官方神甫之间爆发了广泛的争论和冲突。

1791年，法国君主立宪政体的实验宣告结束。原因是国王、王后以及逃亡国外的贵族和君主主义者采取了行动，外国军队压至东部国境。法国国王、王后和他们的孩子在6月的某个夜晚，从杜伊勒里宫悄悄溜出，准备逃到外国人和亡命贵族的军队那里，但是在瓦雷内被抓获并押解回了巴黎。于是，整个法国都燃烧起爱国的共和主义激情。爱国者们宣告了法兰西共和国的成立，接着便与奥地利和普鲁士开战。1793年1月，法王路易十六受到审判，并像英王查理一世那样，以背叛人民的罪名被送上了断头台。

接下来，法国人民度过了历史上一个十分奇特的时期。此时，举国上下都燃起了保卫法兰西、保卫共和国的热情火焰，在国内外都扫荡着妥协的主张。在国内，保皇党和一切反共和主义的势力都遭到摧毁；在国外，法国成了所有国家革命的保卫者和支持者。整个欧洲、整个世界都将成为共和国。法国青年踊跃加入共和国军队，一支有魔力的新曲响彻整个国家的天空。这是一支像烈酒一样沸腾了人们鲜血的歌曲，这就是《马赛曲》。唱着这首神圣的歌曲，法国的步兵纵队在猛烈炮火的掩护下奋勇进击，外国军队被打得落花流水。截至1792年年底，法国军队攻占的土地已远远超过路易十四时期的最大疆域。在欧洲各处都可以看到他们脚踩着外国的土地，他们占领了布鲁塞尔，蹂躏了萨伏依，袭击了梅茵茨，从荷兰人手中夺取了斯海尔德河。

然而就在这个时候，法国政府干了件不明智的事。由于路易十六已被处死，英国就驱逐了法国的代表。这下法国人被激怒了，马上对英国宣战。这是一种极不明智的做法，因为尽管革命清除了贵族军官和很多束缚性的传统，使法国拥有了崭新的充满热情的步兵和声名卓著的炮兵部队，却使海军的纪律遭到了破坏。而英国在海上始终占据着优势，法国的宣战使整个英国团结了起来。实际上，在此之前英国有很大一部分自由主义运动是同情法国革命的。

关于此后几年间法国对欧洲联军作战的情况，我们在这里无法详细说明。总之，法国把奥地利人永远地赶出了比利时，使荷兰成了一个共和国。被冰冻困在特塞尔岛的荷兰舰队未放一枪，就向法国的一支骑兵部队投降了。在一段时期内，法军向意大利的推进被拖延下来，直到1796年，新任将领拿破仑·波拿巴（Napoleon Bonaparte）才率领着衣衫褴褛、饥肠辘辘的共和国军队，顺利跨过皮埃蒙特，进入曼托瓦和维罗纳。阿特金森[1]曾写道：

> 最使盟军吃惊的是共和国军的数量和速度。事实上，什么也挡不住这支临时聚集起来的军队。因为没有钱而买不到帐篷；因为没有足够的车马，运输既不可能也没必要。这些本会引起职业军人成批开小差的困苦，1793年至1794年的士兵却能欣然地忍受。为这样一支闻所未闻的军队运送足够的军需给养是根本不可能的，于是法国军队很快习惯了“就地补充”。就这样，到了1793年，近代战争方式得以诞生。这种方式行动迅速，充分调动国民力量，军队野营露宿，征用军需和打硬仗，与那种慎重行动、小规模职业军队、营帐军粮充足和滥用刑罚的方式全然不同。前者代表了果敢的决战精神，后者则代表了少冒风险、牟取小利的精神……[2]

当这支衣衫褴褛的狂热大军高唱着《马赛曲》为法国而战的时候，他们自己的心中也不能清楚地分辨，自己究竟是在掠夺，还是在解放这些他们蜂拥而入的国家。巴黎的共和主义热情，正在以一种很不光彩的方式被消耗着。革命此时掌握在狂热的领导人罗伯斯庇尔（Maximilien de Robespierre）手中。这是一位很难评价的人物。他身体孱弱，天生怯懦，却又十分自负。

---

1 阿特金森（Charles Francis Atkinson，生于1880年），英国历史学家、翻译家。

2 引自阿特金森的论文《法国革命战争》，收录于《不列颠百科全书》。

但是罗伯斯庇尔充满信心，这正是取得权力最必要的天赋。他决心按照自己的设想拯救共和国。他认为除了自己，再没有哪个人能肩负如此重任，因此保住权力就是拯救了共和国。共和国充满活力的精神，似乎正是从屠杀王党分子和处死国王的行动中奔涌而出的。当时也发生了几场叛乱，一是在西部的旺代郡，那里的人民在贵族和主教的指挥下，反对征兵和剥夺正统主教的财产；另外在南部，里昂和马赛都出现了暴动，土伦的王党分子已允许英国和西班牙军队进入法国。除了继续屠杀王党分子，似乎找不到什么镇压叛乱的更为有效的方法。

于是，革命法庭开始工作，持续的屠杀开始了。断头机的发明十分适时，王后被斩首，反对罗伯斯庇尔的人也大多被斩首，连不相信上帝的无神论者也被斩首。一天又一天，一周又一周，这种魔鬼般的新式机器把人头一个一个地砍下来，越砍越多。罗伯斯庇尔的统治似乎就是靠人们流血来维持的。需要流的血越来越多，就像抽鸦片的人越抽越凶。

到了1794年夏天，罗伯斯庇尔自己终于也被送上了断头台。接替他的是由五名成员组成的督政府，对外继续抵抗外敌的进攻，对内则维持团结。这样的局面维持了五年时间。督政府的统治在激烈动荡的历史中似乎是一段奇特的插曲，他们很善于随机应变、得过且过。此后，宣传者的革命热情又把法国军队带到了荷兰、比利时、瑞士、德国南部和意大利北部。所到之处都将国王赶走，建立共和国。

然而，督政府的狂热宣传并没有阻碍他们掠夺被解放人民的财富，用以减缓法国政府的财政危机。战争性质随之发生了变化，不再是为了自由而战的神圣战争，反而越来越像旧制度下的侵略战争。法国打算放弃君主政体的最后一个特征，即其传统的对外政策。人们发现，督政府的对外政策依然十分活跃，就像没发生过革命一样。

接着出现了这样一个人，他以最强烈的方式把法国民族“自我中心”的精神展现出来，给法国和整个世界带来了不幸。他给法国带来了十年的繁荣，也给它带来了最终的失败和耻辱。同样是这个人，曾率领政府军在意大利大获全胜，这个人就是拿破仑·波拿巴。

在督政府统治的五年间，拿破仑一直在为自己的升迁而策划、奋斗着。渐渐地，他爬上了最高的职位。他是一个理解力极为有限的人，却有着近乎无情的直率和过人的精力。他作为罗伯斯庇尔派的激进分子，开始了自己的政治生涯，也因此获得了第一次荣升。然而，他没能真正抓住那时正在欧洲起着重要作用的新生力量。他最大的政治想象力不过是一个过时的、华而不实的企图，即恢复西罗马帝国。他试图打破旧的神圣罗马帝国的影响，建立一个以巴黎为中心的新帝国，这样一来，维也纳的皇帝就不再是神圣罗马帝国的皇帝，而仅仅是奥地利的皇帝。他与自己原来的法国妻子离婚，为的是与一位奥地利的公主结婚。

1799年，拿破仑就任第一执政，成了事实上的法国国王。1804年，他效法查理曼的做法，成为法兰西皇帝。教皇在巴黎为他举行了加冕典礼，而实际上他却按照查理曼当年的先例，从教皇的手中取过皇冠戴在了自己头上。他的儿子则成了罗马的国王。

数年之间，拿破仑的统治获得了一系列的成功。他占领了意大利和西班牙的大部分领土，击败了普鲁士和奥地利，统治了俄国以西的整个欧洲。然而，他始终未能从英国人手中夺取海上的优势。他的舰队在1805年的特拉法尔加战役中，被英国海军将领纳尔逊（Horatio Nelson）摧毁。随后，西班牙人起而反抗法国人，惠灵顿公爵统率的英军迫使西班牙半岛上的法军向北撤退。

1811年，拿破仑与沙皇亚历山大一世发生冲突。次年，他率领60万大军进攻俄国，结果被俄国军队和俄国的严寒打得惨败，几乎全军覆没。接着，德意志背叛了他，瑞典也将矛头指向了他，法国军队腹背受敌，处处失利。万不得已之下，拿破仑只好于1814年在枫丹白露宫退位，被流放到厄尔巴岛。1818年，他重返巴黎，试图做最后一搏，但在滑铁卢一役中又一次被英国、比利时和普鲁士联军击败。1821年，他作为英国人的俘虏死于圣赫勒拿岛。

由法国革命所释放出来的各种能量，就这样消耗殆尽。获得胜利的各盟国在维也纳召开会议，以期尽可能地修复欧洲因这场大风暴而支离破碎的政治局面。从此时起，欧洲维持了近40年的和平，尽管是一种精疲力竭的和平。

56　拿破仑失败后欧洲不稳定的和平局势

1854年至1871年间，有两个原因使欧洲无法保持一种完全的社会和国际和平，而为一系列战争做足了准备。其一，某些王党的宫廷企图恢复不正当的特权，并无耻地干涉人们的思想以及写作和教育上的自由。其二，在维也纳会议上由各国外交官定下的国界，根本不可能付诸实现。

把君主政体退回到过去状况的趋向在西班牙表现得尤为突出，这里甚至恢复了宗教法庭。1808年，拿破仑把他的哥哥约瑟夫（Joseph）立为西班牙王，大西洋彼岸的西属殖民地效仿美国的榜样，起来反抗欧洲的大国体系，从而涌现出了南美洲的华盛顿——玻利瓦尔（Simon Bolivar）。西班牙无力镇压这次起义，于是，起义的问题就像美国独立战争一样拖延下来。后来奥地利提出：依照神圣同盟的精神，欧洲各国的君主理应在这场战争中支援西班牙。

这一提案遭到了英国的反对。然而，对这场拟议中的君主制复辟提出决定性警告的，是美国总统詹姆斯·门罗（James Monroe）。1823年，门罗采取了果断的行动，公开宣称：美国会把欧洲在西半球的任何扩张行为都视作“敌对行为”，这就是后来所谓的“门罗主义”。门罗主义阻止欧洲大国体系干预美洲达百年之久，也使得西属美洲的新兴国家能够沿着自己的道路来安排自己的命运。

但是，尽管君主制的西班牙失去了自己的殖民地，它仍然可以在欧洲协约的保护下，在欧洲为所欲为。1823年，西班牙人民的一次起义遭到了法国的镇压，这是受了欧洲议会的委托。与此同时，奥地利也镇压了那不勒斯的一次革命。

1824年，法国国王路易十八去世，查理十世继位。他着手破坏出版和大学的自由，复辟专制政府，竟然决定以10亿法郎的巨款，来赔偿贵族们1789年被烧毁和没收的宅邸和财产。1830年，巴黎人民奋起反抗这个旧制度的捍卫者，拥立路易·菲利普（Louis Philippe）取代查理。路易·菲利普是恐怖时期被处决的奥尔良公爵菲利普的儿子。对于这次革命，欧洲大陆上其他各国的君主都睁一只眼闭一只眼，原因是英国的公开支持，而德国和奥地利都出现了自由派的骚动。法国依然是个君主制国家，这位年轻的路易·菲利普做了18年的法国立宪君主。

由维也纳会议达成的和平，处在这种动荡不安的状态中，而这种动荡正是由君主们的反动行径所造成的。由参加维也纳会议的外交官们制定的不合理的国界，造成了局势的紧张，并逐渐凝聚力量，给人类的和平投下了一道越来越浓重的阴影。把说着不同的语言、读着不同的文学作品、有着不同价值观的各民族的事务放在一起管理，本来就是一件麻烦事。当这些分歧因宗教纷争而进一步加剧时，事情就变得越发难办了。只有某种明显的共同利害关系，比如瑞士山区居民共同防御入侵的需要，才能证明不同语言和信仰的民族紧密联合起来是必要的。况且，瑞士还实施着最大程度的地方自治。另外，像在马其顿那样，居民的村落和小块居住区混杂时，州郡自治制度是不可缺少的。如果看一下维也纳会议所绘制的欧洲地图，我们就会发现，这次会议似乎有意要激起各地人民的最大愤怒。

维也纳会议毫无必要地破坏了荷兰共和国，反而把信仰新教的荷兰人与以前西班牙（后属奥地利）说法语的尼德兰天主教徒归并在一起，成立了尼德兰王国。维也纳会议不仅把原来的威尼斯共和国交给了讲德语的奥地利人，而且把远至米兰的意大利北部也全部划给他们。又把讲法语的萨伏依和意大利的若干部分结合在一起，恢复了撒丁王国。包括日耳曼人、匈牙利人、捷克斯洛伐克人、南斯拉夫人和罗马尼亚人在内的奥地利和匈牙利，本就是一个由彼此不和的民族组成的易爆混合物，此时又加入了意大利人。

1772年和1795年，奥地利先后两次瓜分波兰并得到承认，使战争更加不可避免。信奉天主教并具有共和精神的波兰人民，主要被划归在信奉希腊正教的沙皇统治之下；而波兰的一些重要地区，却割给了信奉新教的普鲁士。沙皇将所有外来的芬兰人吞并一事也得到承认。彼此有着极大差异的挪威人和瑞典人，却被置于同一位国王的统治之下。我们将看到，德国已陷入极端危险的混乱之中，普鲁士和奥地利都横跨在包含诸多小邦的德意志疆界之上。丹麦国王则由于在荷尔斯泰因拥有一些讲德语的地区，而加入了德意志联邦。尽管卢森堡的统治者实际上就是尼德兰国王，而且很多国民都讲法语，却依然被包括在德意志联邦之内。

对于讲德语、以德国文学作为思想基础的人民，讲意大利语、以意大利文学作为思想基础的人民，以及讲波兰语、以波兰文学作为思想基础的人民来说，倘若运用自己的语言，在各自的语言范围内处理自己的事务，情况恐怕要好得多。对其他民族而言，可能也最有帮助，而最少产生麻烦。然而，这样一个事实完全被忽视了。无怪乎当时德国有一首最流行的歌曲这样唱道："只要是说德语的地方，就是德国人的故乡。"[1]

1830年，讲法语的比利时人受到了风靡一时的法国革命的鼓舞，起来反抗尼德兰王国中的荷兰人联盟。各列强害怕比利时建立共和国，也担心它被法国吞并，急忙出面干预，拥立萨克森-科堡-哥达家族的利奥波德一世（Leopold I）为比利时国王。这一年，意大利和德国也爆发了起义，但均没有获得成功。而规模更大的一次起义则发生在俄属波兰。一个反抗沙皇尼古拉一世（Nicholas I，于1825年接任亚历山大之位）的共和政府在华沙坚持了一年之久，最终被极端的暴行残忍扑灭。从此，波兰语在国内被禁用，希腊正教代替罗马天主教成为国教。

1821年，希腊人民举行了反抗奥斯曼人的起义。他们殊死战斗了六年，而欧洲各国竟然袖手旁观。自由派舆论对此提出了强烈抗议，欧洲各国的志愿者来到这里，与起义者并肩作战。最后，英、法、俄三国采取联合行动。1827年，奥斯曼舰队在纳瓦里诺海战中被英法舰队摧毁，沙皇军队攻入奥斯曼帝国境内。根据1829年的《亚德里亚纳堡和约》，希腊获得了自由。但和约不允许恢复其古代的共和传统，而是为希腊找到了一位日耳曼国王，即巴伐利亚的奥托亲王。与此同时，在多瑙河各省（位于今罗马尼亚）和塞尔维亚设立了信奉基督教的总督。但要把所有奥斯曼人都从这片土地上赶出去，还要付出大量的鲜血为代价。

1　歌名为《德国人的故乡在哪里？》，作者为德国作家、历史学家恩斯特·莫里茨·阿恩特（Ernst Moritz Arndt，1769—1860）。

57 科学知识的发展

从17世纪起一直到19世纪初，欧洲始终呈现一种各国纷争、君王互相冲突和倾轧的局面。先是《威斯特伐利亚和约》（1648年）及其千变万化的补充和修正条款，而后又是《维也纳条约》（1815年）及其各种补充条款。另一方面则是帆船的越海远航，将欧洲的影响带到全世界。与此同时，人类的知识正在逐步发展，在欧洲和欧洲化的国家和地区，人们对于世界的认识变得越来越清晰。

这一发展并没有与政治生活发生进一步的联系。17世纪至18世纪这200年间，并没有在政治方面形成什么明显的、直接的后果，也没有对大众的思想造成很深的影响。直到后来，尤其是到了19世纪下半叶，这一发展的后果才充分显露出来，而且主要是在一个繁荣的、有着独立精神的小范围世界中。如果没有英国人所谓的“中产绅士”们，科学方法就不会首先在希腊出现，也不会日后在欧洲复兴。在这个哲学和科学思想重新昂扬的时代，大学虽然起到了一定的作用，但绝非主要作用。各项研究主要依靠资助，而受到资助的研究往往有着较大的局限性和保守性，缺乏对发明创造的推动和支持，除非得到某种独立精神的鼓舞。

前面我们曾经叙述了1662年英国皇家学会的成立，及其在实现培根的“新大西岛”之梦方面所起的作用。在18世纪，有关物质和运动的一般性概念得到了极大的阐明，数学取得了很大的进展，自然史的分类得到更新，解剖学得以复活。由亚里士多德设想，达·芬奇（Leonardo da Vinci，1452—1519）预示的地质学这门学科，开始了一项伟大的工作，即对岩石记录进行解释。

物理学的进步在冶金技术上发挥了作用，改进了这项技术，使铁和其他原料的更大规模、更大胆的制造成为可能，因而推动了某些实际的发明。新的更多种类的机器不断涌现，终于形成了声势浩大的工业革命。

1804年，英国工程师特里维西克（Richard Trevithick）把瓦特的蒸汽机应用于运输业，制成了第一台火车头。1825年，位于英国斯托克顿和达林顿之间的第一条铁路建成通车。“火车之父”斯蒂芬森（George Stephenson）制造的车头“火箭”号能够拖着13吨重的货车，以44英里的时速在铁轨上奔驰。1830年以后，铁路迅速发展起来，到了19世纪中叶，铁路网已遍布整个欧洲。

长期以来，作为人类生活固定条件的陆上运输，突然出现了新的最高速度。拿破仑在俄罗斯惨遭失败之后，曾用了312个小时，才从维尔纽斯[1]附近回到巴黎，行程约1400英里。他用尽了一切便利的条件，平均每小时也不过走了5英里，倘若是一个平常的旅客，恐怕用两倍的时间也走不完这段路程。这个速度大致相当于公元1世纪罗马与高卢之间旅行的最高速度。突然间，速度上发生了一个巨大的变化：铁路把这条路线上任何一位普通旅客的旅程都缩短到了48小时以内。换句话说，铁路把欧洲各主要交通路线的用时都缩短到了以往的十分之一，把以前一个政府所

1　今立陶宛首都。

能管辖的地区面积扩大了十倍。

当然，这种可能性的充分意义在欧洲还有待人们去实现。在欧洲，跑马和公路时代划定的国界网至今犹存；而在美洲，铁路的好处则是立竿见影的。对于正在向西扩张的美利坚合众国，铁路的出现意味着这样一个事实：无论在多远的边疆属地，人们都可以穿越大陆直接抵达华盛顿。铁路也意味着统一，否则，维持这样辽阔地域的统一是不可能的。

轮船的出现要比蒸汽机车更早一些。1802年，“夏洛特·丹达斯”号轮船已航行于苏格兰的克莱德运河之上。1807年，美国人富尔顿（Robert Fulton）制造了一艘装有英国发动机的轮船“克莱蒙脱”号，往返于纽约以北的哈德逊河。第一艘进行海上航行的轮船也是美国制造的，名为“菲尼克斯”号，从纽约（霍博肯）航抵费城。1819年首次利用蒸汽动力（也装有帆）横渡大西洋的“萨凡纳”号，同样是一艘美国船只。以上所提到的都是明轮船，这种船只不适于在风浪强劲的海洋上航行，因为轮桨极易破损，一旦破损船便无法行驶了。

螺旋桨轮船的出现相对比较晚，因为要使其能够在实际中应用，需要克服很多困难。直到19世纪中叶，轮船的吨位才超过帆船。此后，海运发展得极快。人们终于能够大致预测出航海舰船进港的时间了。横渡大西洋过去是一种需要花费数周，甚至可能延续数月时间的冒险航行，现在所需时间则大大缩短了。到了1910年，最快的船只需要五天，而且可以预报到达的大致时间。

与海上和陆上蒸汽动力运输工具同时发展起来的，是由伏特（Alessandro Volta）、伽瓦尼（Luigi Galvani）和法拉第（Michael Faraday）等人对电力现象的研究。这类研究为人类的交往带来了新的明显的便利。1835年电报问世，1851年第一条海底电缆在法国和英国之间铺设。没过几年，电报系统就遍布于整个文明世界。以前的消息是一个地点一个地点地次第传送，如今几乎在同一时间就能传到世界上的各个角落。

在19世纪中叶民众的想象中，火车和电报曾被视作最惊人和最革命性的发明。其实，这些不过是更为广泛的发明过程中最早一批明显而粗陋的成果。如果用以往的进步来衡量，这时工艺知识和技术显然处在一个飞速发展的时期，而且达到了一个非凡的高度。这种情况起初并不明显，不过后来扩大到人类对各种结构材料的掌握能力上时，就显得越来越重要了。

18世纪中叶以前，炼铁的方式一直是用木炭从矿石中冶炼出铁，制成小块，然后锤锻成一定的形状。铁是工匠的原料，其质量与锻造方式在很大程度上取决于铁匠的经验和才智。在这样的条件下，16世纪时能够锻造的最大的铁块也不过两三吨重（所以当时火炮的体积也有一个固定的最大限度）。鼓风炉出现于18世纪，并随着焦炭的使用不断地得到改进。轧制钢板（1728年）、轧制钢条（1783年）也是进入18世纪后才出现的。至于詹姆斯·内史密斯（James Nasmyth）的蒸汽锤，则直到1838年才发明出来。

在古代，由于冶金技术落后，根本不可能利用蒸汽的力量。在能够生产钢板之前，别说蒸汽机，就是最原始的抽水机都难以发展。用现代的标准来看，早期的发动机不过是一堆可怜粗笨的铁家伙。但就当时的水平而言，这已经是冶金技术所能达到的最高成就了。1856年出现了贝塞麦冶炼法，八年后又出现了平炉冶炼法，这就使得各种钢铁制品可以用前所未有的方法和规模进行熔化、精炼和铸造。

今天，人们可以看到若干吨白炽的钢水，犹如沸腾的牛奶在电炉中上下翻腾。人类以往的各种进步就其影响而言，没有什么能与此时随心所欲地控制巨型钢铁块以及钢铁的结构和品质这样的成功相比。铁路和早期的各种发动机，不过是新的冶金技术的初步运用。紧接着，便有各种钢铁船舶、巨大的桥梁、新型的钢筋建筑物相继出现。早期铁轨的间距设计得过于窄小，但等人们发觉这一失策已为时过晚，否则设计者们本可以让铁路旅行更稳当、更舒服。

19世纪以前，世界上没有负载超过2000吨的船只，而现在载重5万吨的油轮已不足为奇。有些人讥笑这种进步不过是“体积”上的进步，其实这反而暴露了这些满足现状的人的知识局限。这些巨轮和钢筋建筑并非像这些人所想象的，只是过去那些小船或小型建筑的放大，它们是性质完全不同的东西。

新的船只和建筑更加轻便、坚固，所用材料耐久度更高，不再是像过去那样仅凭着经验来制造的，而是经过精细和复杂的计算设计出来的东西。以往的房屋或船只的建造中，物质占支配地位，人们必须奴隶般地服从材料及其要求；而新的房屋和船只的建造过程中，物质则是被获取、改造并被征服的。想想看，煤、铁和沙从矿山和矿井中被开采出来，经过绞锻熔铸，最后被建成以钢铁和玻璃为材料的细长塔尖，以600英尺的高度巍峨耸立在繁华的都市之中，这是多么壮丽辉煌！

以上我们详细叙述了人类在钢铁冶炼方面的知识进步及其成果，这仅仅是一个例子。关于铜和锡，以及其他许多金属，比如19世纪以前尚未被人们认识的镍和铝，也有着相同的认知过程。机器革命的主要成就就在于取得对各种物质不断加强的控制能力，包括各种玻璃、岩石和石膏、染料与纺织品等。但是，我们目前还只处在取得成果的最初阶段。我们有了力量，但还需学习如何更好地运用这些力量。对科学赐予的礼物的利用，此时存在着大量模糊、华而不实、愚蠢甚至是可怕的做法，各方面的专家和从业者几乎还没有开始运用他们如今可以自由支配的无穷物质去开展工作。

随着机器制造可应用的范围日益广泛，新的电学迅速发展起来。不过直到19世纪80年代，这个学科的研究才开始产生效果，并给人们留下了深刻的印象。此后，电灯和电力牵引突然问世。此后，电力的转化和能量输送成为现实，人们可以随心所欲地把能量转化为机械运动、光和热，就像用水管送水一样用铜丝输送能量，这样的一系列观念开始进入普通人的意识当中。

一开始，英国人和法国人是这个伟大的知识增殖时代的领导者。后来，曾在拿破仑统治下学会了谦卑的德国人，开始在科学研究方面表现出巨大的热情和坚韧不拔的精神，甚至超过英法同行。英国的科学研究成果，通常是由一些不在学术研究中心的英格兰人和苏格兰人所创造的。当时，英国的各大学都热衷于对拉丁和希腊古典学的迂腐研究，教育水平不断下降。法国的教育同样被耶稣会学者的古典传统所禁锢。因此，对于德国人来说，组织一个研究者的团体，就不是什么困难的事情了。虽然德国科学家的规模不可能很大，但与英国和法国有限的研究者与实验者相比，数量就相当可观了。

科学研究和实验工作使得英法两国成为世界上最强大、最富有的国家。然而，科学家们并没有因此变得有钱有势。一个热爱科学、忠诚于科学的人，必然是一个超凡脱俗的人，他把全部心血都放在自己的研究上，根本没有闲暇去考虑和策划如何从科学研究中赚钱。于是，科学家们各种探索发现带来的经济利益，就轻而易举地落到了贪婪之徒的腰包中。我们看到，英国的每一项科技新进步，都使有钱人捞到了好处。虽然这些人还不至于像经院派学者和神职人员一样，表现出某种强烈的欲望去杀掉为国家“产金蛋的鸡”，却也对那些为他们赚取利润的科学家的困窘处境视而不见，泰然处之。在他们看来，发明家天生就是为更聪明的人赚钱的。

在这一点上，德国人则要睿智得多。德国的“学者”对新的学问没有表现出那种强烈的憎恨，允许新学问的发展。德国的商人和工厂主也不像他们的英国对手那样轻视科学家，他们相信知识犹如农作物，肥料上得越足长势就越好。所以他们给拥有科学头脑的人提供大量的机会，在科学研究上也投入了更多的经费。作为结果，这些经费自然也收到了十分丰厚的回报。到了19世纪后半期，德国的科学工作者已经使德语成为每一个科研人员必须掌握的语言——只要他不愿在自己的领域里落伍。在某些学科，尤其是化学领域，德国取得了压倒西方邻国的优势。德国科学家在19世纪60年代至70年代所做的努力，到了80年代便开始显现出效果，德国技术和工业上的繁荣程度逐渐追上了英国和法国。

人类发明史上一个崭新的阶段，是以19世纪80年代一种新型发动机的投入使用为开端的，这就是内燃机。内燃机用汽油这种爆发性混合物的膨胀力代替了蒸汽的膨胀力，人们开始用这种轻便、高效的发动机制造汽车。而后，内燃机得到不断的改进，在减轻重量和提高效率上都取得了新的进展，使人们很久以前就曾设想过的飞行成为现实。早在1897年，美国华盛顿史密森研究所的兰利（Samuel Langley）教授就成功地制造了一架飞机（但还没有大到足以载人）。到了1909年，飞机已经可以应用于人类的交通了。[1] 随着铁路和公路的日臻完善，人类对于更快速度的追求似乎已经中止，然而飞机的出现，又使地面上两地之间的有效距离进一步缩短。18世纪时，从伦敦到爱丁堡的路程要用八天时间；而到了1918年，根据英国民航委员会的报告，人们同样用八天时间，可以完成从伦敦到墨尔本这样绕行地球半周的旅程。

我们不必过分夸耀从一地到另一地所需时间的明显缩短，因为这仅仅是人类可能达到的更深远、更重大的发展的一个方面。比如，农业科学和农业化学在19世纪也取得了同样的进步。人们已经懂得如何使土壤变得肥沃，在相同面积的土地上，使产量达到17世纪时的四五倍。在医学上也出现了更令人瞠目结舌的进步，人类的平均寿命增长了，日常效率提高了，由疾病造成的生命损失则减少了。

总之，人类的生活出现了巨大的变化，进入了一个崭新的历史阶段，在仅仅百余年的时间里就完成了机器革命。如果就物质方面而言，人类在这段时间里所取得的成就，要远远超过从旧石器时代到农耕时代，或者从古埃及的佩皮时代到乔治三世时代的漫长岁月中取得的一切成就。人类事务的一个新的物质架构业已形成。很明显，这要求我们在社会、经济和政治模式上做出重大的调整。但是，这一调整还有待于机器革命的进一步发展，因为它至今仍处在起步阶段。

1　1909年，法国飞行员路易斯·贝莱里奥（Louis Blériot）首次从法国飞往英国。威尔斯认为，贝莱里奥的这次飞行是空中力量开始威胁国家安全的标志性事件。

58　工业革命

许多历史著作都把我们在上一章所说的“机器革命”和“工业革命”混为一谈。机器革命是人类经历的一种全新事物，是有组织的科学发展的产物，就像农业的发明或金属的发现一样，是一个新的阶段。而工业革命实际上是指社会和财政方面的发展，是有着不同起源的另一个过程，在历史上是有过先例的。

这两个过程同时进行，不断地发生相互作用，然而在本质上是两回事。即使没有煤、蒸汽，没有机器，也会发生工业革命之类的事情。但在那种情况下，工业革命大概就会更紧密地追随罗马共和国末期社会和财政的发展路线，重演失去土地的自由农、集体劳动、庞大的地产和金融财富以及破坏性财政制度的故事，甚至连那种工厂的生产方式，也早在动力和机器出现之前就有了。

工厂并非机器的产物，而是“分工”的产物。在水车投入严格意义上的工业用途之前，那些训练有素、受到剥削的工人们就已经在制作帽盒、家具、地图和书籍插图了。在奥古斯都时代的罗马，就已经有了工厂。例如，那时的新书就是在书商的工厂里，由抄写工们按口授笔录而成的。关注笛福[1]和菲尔丁[2]作品的研究者必然了解，英国人在17世纪末已普遍认为，要把成批的穷人驱赶进厂房，使他们为了自己的生计而从事集体劳动。甚至早在托马斯·莫尔（Thomas More）所著的《乌托邦》（1516年）一书中，就已经有了这方面的论述。因此，工厂是社会发展的产物，而不是机器发展的产物。

18世纪中叶以后西欧社会和经济的历史，实际上是在重复着公元纪年之前最后三个世纪的罗马帝国的历史。但是，由于欧洲的政治分裂、反对君主制度引起的动乱、连绵不绝的人民起义，或许还应加上西欧人的理智极易接受机器的概念和发明这一因素，使得历史完全转向了一个新的方向。得益于基督教使人类团结的思想在新的欧洲大陆上更为广泛的传播，加上政治权力的分散，那些精力充沛、一心致富的人，就十分情愿地把念头从奴隶的集体劳动转到机械动力和机器上来了。

机器革命是在机器发明和发现的过程中，人类经历的一项新事物。它不顾由此可能引发的社会、政治、经济和工业方面的后果，径自前进。而工业革命就像人类社会大多数其他现象一样，发生着越来越深刻的变化和偏转，原因在于机器革命引起了人类生活状况持续不断的变化。一方面是罗马共和国后期财富的积聚，小农和小商人的破产，以及大规模的财政危机；另一方面是18世纪至19世纪欧洲与此极为相似的资本集中现象。两者之间的本质区别就在于，机器革命导致劳动的性质发生了深刻的变化。

---

1 笛福（Daniel Defoe，1660—1731），英国小说家，代表作为《鲁宾逊漂流记》。

2 菲尔丁（Henry Fielding，1707—1754），英国小说家，被称为“英国小说之父”，代表作有《约瑟夫·安德鲁斯传》《弃婴汤姆·琼斯的故事》等。

旧世界的动力是人力，一切事务都主要依靠人（愚昧、顺从的劳力）的肌肉为动力，尽管也多少利用一些牛、马等畜力。搬运重物、开凿岩石的都是人，耕田种地的则是人和耕牛。古罗马时期的“轮船”是需要划手流汗划桨的加莱船[1]。在人类的早期文明中，绝大多数人都被当成机器一般的苦力受到役使。然而，由动力推动的机器在开始时也并没有使人们从笨重的劳动中解脱出来，大批劳工被雇来挖掘运河、修筑铁路路基和堤坝等。矿工的人数急剧增加。但是，便利的设备和商品的产量也都有了大幅度的增加。

随着19世纪的发展，新的趋势才日益明确地显露出来。人类不再被当作可以任意使用的动力来源。以往人力从事的机械性工作，此时用机器来代替，而且做得更快也更好，只有那些要求选择和智慧的工作才需要人来完成。于是，人类变得只是作为“人”而被需要。支撑着以往一切文明的苦力，那些只知服从、毫无头脑的人，对于人类幸福而言都成了不必要的。

这种情况不仅出现在最新的冶金工业中，也出现在古老的农业和采矿业中。在播种、耕田和收获方面，高效率的机器完成了以前数十人才能完成的工作量。罗马文明是建立在身份低下的廉价人力身上的，而近代文明则是在廉价的机器动力之上重建的。一百年来，动力变得越来越便宜，而人力则变得越来越昂贵。机器之所以经过了一代人的时间才出现在矿井中，也仅仅是因为在这段时间内机器的成本还没有比人工更低。

1　加莱船（Galley），古代一种以人力划桨作为主要动力的船只，出现于公元前1000年前后，通常也装有桅杆和帆，常用于战争与贸易，在早期的地中海海战中占有重要地位，腓尼基人、希腊人、迦太基人、罗马人在战争中都曾使用。

至此，人类历史发生了最根本、最重要的变化。在旧的文明中，富人和统治者最费心思的事就是维持劳役苦工的来源。而进入19世纪以来，那些有头脑的人越来越清楚地看到，一般平民比劳役苦工更可贵。即使单纯为了确保“生产效率”，也必须让他们受教育，他们必须知道自己在做什么。从基督教最初开始进行传教活动以来，大众教育在欧洲曾经有过一段步履艰难的发展。正如在亚洲，伊斯兰教传播到哪里，哪里就会随之出现大众教育的发展，因为总要让信徒们了解一些使之得到拯救的信条，读一些传播信仰的经典。

基督教各派为争夺信徒而产生的争论，实际上也起到了一种为了大众教育的丰收而进行耕耘的作用。例如在英国，到了19世纪30年代至40年代，为了争夺年轻一代的教徒，彼此纷争的各教派竞相建立了一系列儿童教育机构，包括国立教会学校、非国教派学校，甚至出现了天主教小学。

19世纪下半叶是整个西方世界民众教育迅速发展的时期，但上层阶级的教育却没有得到相应的发展，虽有一些进步，却极不相称。于是，把整个世界分成受教育者与无文化大众的鸿沟弱化了，只剩下教育水平上的细微差别。这种变化过程的背后是机器革命的进展，它表面上与社会状况无关，实际上却在全世界坚持不懈地努力，彻底消灭了一个绝大多数人是文盲的历史阶段。

罗马的公民从来没有真正地理解过罗马共和国的经济革命，罗马的一般市民也从来没有像我们现在这样，清楚而广泛地理解自己所经历的变化。而在工业革命继续走向19世纪的尾声时，受其影响的大众越来越明确地把它看成一个整体过程，因为如今的大众已能识字、读书，可以相互讨论和交流，能够四处游历，看到过去的平民从来不曾看到的东西。

59 近代政治社会思想的发展

古代文明的制度、习俗和政治思想，在一种无人设计、无人预见的自然状态中，一代代地向前缓慢演变和发展。直到进入人类青春期的伟大世纪——公元前6世纪，人类才开始思考相互之间的关系，第一次对已建立的信仰、法律和群体管理方式提出怀疑，第一次提出对此进行改革和重新整理的要求。

在前面的章节中，我们分别谈到了希腊和亚历山大港在人类早期知识掌握方面取得的光辉成就，以及奴隶制文明的崩溃、宗教迫害的乌云和专制政权的黑暗如何使得这一辉煌开端黯然失色。直到15世纪至16世纪，无畏的思想之光才又一次在实质上穿透欧洲浓重的乌云。我们还试着说明了阿拉伯人的好奇心和蒙古人征服的强风，在清除欧洲天空中精神乌云时所起的作用。

人类首先增加的知识是关于物质的知识，人类恢复人格气概的最早成果是物质方面的成就和力量。关于人类关系的科学，如个体心理学、社会心理学、教育学、经济学等，不仅本身微妙复杂，而且无时无刻不与情感紧密地纠缠在一起。这些学科的发展十分缓慢，而且面对着强大的阻力。有关星辰与分子的各种说明，人们往往能十分平静地聆听，然而关于我们生活方式的思想，却总是使我们周围的人惶惶不安，如坐针毡。

在古希腊，柏拉图的大胆思考要先于亚里士多德对事实的严格考察。同样，在近代欧洲，对人类社会新阶段最早的政治学研究采取了“乌托邦”故事的形式，这完全是对柏拉图《理想国》《法律篇》的直接模仿。托马斯·莫尔的《乌托邦》虽然是对柏拉图的奇妙模仿，却对新的英国《济贫法》产生了影响。[1] 而那不勒斯人康帕内拉（Tommas Campanella）所著的《太阳城》[2]尽管更富于幻想，却没有产生更大的效果。

到了17世纪末，一批有影响力的政治和社会科学著作问世，而且如雨后春笋般越来越多。在这批作者中有一位开拓性的人物，他就是约翰·洛克（John Locke）。洛克是一位英国共和主义者的儿子，起初在牛津大学研究化学和医学。他关于政治、信仰自由和教育等方面的论文，说明他完全意识到了社会改造的可能性。与洛克齐名但稍晚于他的是法国思想家孟德斯鸠（Montesquieu，1689—1755），他对社会、政治和宗教制度进行了深入考察和根本性的分析，撕去了法国专制君主政体的神秘外衣，与洛克一起纠正和剔除了许多错误思想，这些都是人们有意识地、深思熟虑地改造人类社会的障碍。

18世纪中后期，在前人完成的清理道德和理智障碍的基础上，继往开来的新一代思想家进行了更勇敢的探索。这些人多数

1　《乌托邦》（*Utopia*）是英国空想社会主义者托马斯·莫尔（1478—1535）创作的游记，首次以拉丁文出版于1516年，英文版出版于1551年。莫尔在《乌托邦》中的思想主张，对英国1601年颁布的旨在进行社会救济的《济贫法》起到了积极作用。

2　《太阳城》（*City of the Sun*）一书写于1602年前后，是康帕内拉（1568—1639）在接受西班牙宗教裁判所的审讯后，在被监禁期间写成的。

都是耶稣会的思想反叛者，亦即“百科全书派”[1]，他们的目的是设计一个全新的世界（1766年）。与百科全书派同时出现的是一些经济学家，他们对粮食和商品的生产与分配进行了大胆的、毫不掩饰的研究。《自然法典》的作者摩莱里[2]斥责了私有制，提倡建立共产主义的社会组织。他是聚集在“社会主义者”这一称号之下的19世纪各种派别的集体主义思想家的先驱。

什么是“社会主义”？关于“社会主义”，恐怕会有上百种定义，上千种社会主义者的派别。从本质上讲，“社会主义”就是以人民大众的利益作为出发点，对财产观念进行批判。我们不妨对这个“财产”的概念做个大概的历史性回顾。“财产”和“国际主义”是两个基本概念，我们政治生活的很大一部分都以这两个概念为转移。

“财产”这一概念源自人类的好战本能。在真正的人类出现很久以前，人类的始祖类人猿就是财产的占有者。原始的财产是指动物们争抢的东西，比如狗抢的骨头、母狮争占的巢穴、咆哮的雄兽统领的兽群。这些都是显而易见的所有权。在社会学领域里，再也没有什么比“原始共产主义”一词更荒唐了。旧石器时代初期的家族长者，坚称自己对妻子、儿女、用具和一些看得见的东西拥有所有权。如果任何人试图占有他可见的占有物，他就要与之战斗，拼个你死我活。正如阿特金森在《原始法》一书中所说：“随着时间的流逝，部落的长者逐渐承认了年轻人的存在，

1　18世纪中叶法国启蒙思想家在编纂《百科全书》的过程中形成的思想流派，以主编狄德罗（Denis Diderot）为首，倡导理性，反对封建特权制度和天主教会。

2　摩莱里（Morelly），18世纪法国思想家，生平不详，“摩莱里”是其笔名，一生著作颇丰，但都用不同的笔名发表，代表作为《自然法典》，出版于1755年。

承认年轻人从外面抢夺的妻子、制作的装饰品、捕获的野兽为他们自己所有。”

人类社会由于个人财产之间出现了相互妥协而向前发展，这种妥协是克服那种用武力将别的部族赶出自己势力范围的本能。如果山丘、森林、河流既不是你的领土也不是我的领土，那就是因为它是我们的。每个人都更希望独自占有，但这是不可能的，倘若那样，别人就会将他消灭。所以从一开始，社会就是一种对占有权的调和。野兽和原始人的占有欲比起今天的文明人要强烈得多，因为这在更大程度上是源于本能，而不是理性。

在原始人和今天未受过教育的人看来，占有欲是无限的，只要能抢得到，不论是女人、俘虏、猎物、林中空地、采石场还是其他任何东西，都想将其占有。随着社会的发展，为了防止自相争斗残杀，人类制定了法律，制定了一套决定所有权的简便方法：凡最先制造、获取和主张某事物的人，都对这些事物具有所有权。很自然，无法偿还贷款的借入者应该成为借出者的财产。同样，某人一经占有了一片土地，他从其他愿意使用这片土地的人手中得到钱财，也就是理所当然的了。

但是，随着组织化生活的可能性的出现，人们经过漫长的岁月逐渐意识到，对各种东西的无限占有终究是有害的。人类是从诞生于世界上的第一天起就占有了一切吗？不是的。人类是先降生于世界，而后才去占据、去拥有的。现在去追究人类最早的文明时代社会斗争的情况，固然是件十分困难的事情。巴比伦帝国后期曾严格地限制占有奴隶的权力。后来，我们又看到了耶稣对私有财产进行的前所未有的猛烈抨击：“让一个拥有大量财富的人进天堂，比让骆驼钻过针眼还要难。”对财产所有权问题的批判，在历史上持续了2500年至3000年之久。1900多年前，也就是耶稣出现以后，人们才在基督教教义的传播中相信了“人可以没有财产”的说法。同时，与财产有关的“一个人可以随意处置其占有物”的说法，也产生了极大的动摇。

但是，直到18世纪末，这个问题仍只处在提出疑问的阶段，人们并没有溯清其根源，更没有为解决它而采取行动。当时形成的最大冲击力，是为反对君主们的贪婪挥霍和贵族冒险家们的剥削而进行的保卫自己财产的斗争。法国大革命一开始主要是为了把私有财产从苛捐杂税中解救出来。但是，极端平均主义的诉求又将革命带入了对它曾经保护过的财产进行批判的地步。然而，倘若没有栖居之地、果腹之食，而且如果不劳动，财富占有者就不提供食物与住所，人们又怎能得到自由和平等呢？所以贫民们抱怨道：“太过分了！”

对于上述问题，有一个重要的政治团体试图从“分配”上着手加以解决，他们企图将财产强化和普及。而最早的社会主义者则坚决主张通过另一条道路来解决这个问题，即“废除”一切私有制，财产归国家（当然是民主国家）所有。

追求着自由与幸福这一相同目标的人们，有的主张财产应尽可能地绝对化，有的又主张把私有财产彻底废除。这是一个矛盾，但恰恰又是一个真实的存在。解决这个矛盾的前提则在于，人们需要认识到：所有权并非单一的，而是众多不同的事物。

直到进入19世纪以后，人们才开始懂得，财产不是一个简单的东西，而是一种对于不同价值和结果极为复杂的所有权。人们才懂得，有许多东西（如人的身体、艺术家的用具、衣服、牙刷）绝对属于个人财产，也有大量的东西（如铁路、各种机器、住宅、园地、游艇）要经过具体的考虑后，方能确定在什么程度上、什么限制条件下属于私人所有，又在什么程度上、什么限制条件下属于公共所有，按照共同的利益由国家经营或出租。在实践上，这些问题的解决属于政治范畴，属于实现并维持有效的国家管理的问题。

对于财产的批判仍然是一种深刻而强烈的情绪激动，而不是科学。一方面，它是个人主义，企图用我们占有的东西来保证和扩大我们的自由；另一方面，它又是社会主义，企图从许多方面瓜分我们的占有物，限制我们获得财产的行为。人们将会发现，不论哪个阶层的人，事实上都处于极端个人主义（反对维持政府的一切税收）和共产主义（否定一切私有制）之间。今天欧洲一般的社会主义者实际上是一种集体主义者，他们允许相当数量的私有财产存在，但是对教育、运输、矿山、土地所有权、重要物质的生产等，则主张应属高度组织的国家所有。

现在，的确有一批很有头脑的人，逐渐积聚在一种经过科学地研究和设计的温和社会主义的旗帜下。人们越来越清楚地意识到，没有受过教育的人在大规模的事业中是不易与之成功合作的。国家向复杂状态迈出的每一步，国家从私人企业手中接管的每一项职能，都要求相应的教育进步，以及提供适当的批评与控制的组织机构。当代欧洲国家的新闻出版和政治制度，对于大规模展开集体性活动来说未免都太不成熟了。

在一个时期内，雇主和雇工之间，尤其是苛刻的资本家与倔强的工人之间的紧张关系，带来了共产主义思想以令人瞩目的形式在世界范围内的传播。这一思想与马克思（Karl Marx）的名字联系在一起。马克思的理论建立在这样一种信念之上：人们的意识受其经济需要的制约，在我们的现代文明中，富有的剥削阶级与被剥削大众的利益之间必然发生尖锐的冲突。机器革命使教育发展成为必然，而教育的发展又使得被剥削的大众日益成为一个有自觉意识的阶级，在对抗少数统治者的斗争中变得越来越团结。他预言，觉醒的工人阶级将以某种方式夺取政权，建立一种新型的社会主义国家。

马克思试图用阶级对抗取代国家对抗，在马克思主义的旗帜下，曾先后成立了第一、第二和第三国际工人协会。此外，从近代个人主义思想出发，也形成了一种世界性的思潮。自英国经济学家亚当·斯密（Adam Smith）的时代以来，曾经存在这样一个日益强化的现实：对于世界范围的繁荣而言，在全世界进行自由的、没有任何阻碍的贸易是必要的。个人主义者对国家的敌意，实际上是对关税与国界的敌意，是对以关税和国界为法律依据，限制各种自由行为和运动的行为的敌意。

这两条思想路线的精神实质是如此不同，就如同马克思主义者所主张的阶级斗争与维多利亚女王时代英国商人所主张的个人主义、自由贸易之间的差别那样悬殊。二者之间的差异是十分有趣的。现实的逻辑压倒了理论的逻辑。我们开始意识到：个人主义和社会主义的理论，是从两个全然相反的立场对同一个问题进行探索，即针对“人们如何才能共同劳动”这一问题，寻求更广泛的社会和政治上的解决和解释方案。当人们的信心在神圣罗马帝国和基督教世界的观念中遭到腐蚀，当人们的眼界在这个不断探索的时代从地中海转向整个世界的时候，这种探索在欧洲重新开始并不断走向深入。

若想详细地记叙迄今为止人类社会、经济和政治思想的发展与争论，势必要介绍大量相互争执不休的观点，这的确不属于本书的讨论范围和意图。但是，倘若我们能像现在这样，从世界历史的广阔角度去看待这些事物，就必然会认识到：在人们头脑中重建这些主导性的概念，仍是一个尚未完成的任务，我们甚至很难估计这些任务已完成到了什么样的程度。

尽管如此，某些共同的信念还是正在形成当中，它们的影响在今天的政治事件和大众行为中已经明确地表现出来。只不过这些信念至今还不够清晰，不够有说服力，还不能明确地、有系统地推动人们去将其实现。人们的行动在旧的传统与新的秩序之间摇摆不定，从总体来看更倾向于旧的传统。然而，即使比起不久之前的状态，人们的思想中似乎也形成了某种人类事务新秩序的轮廓。这仍是一个粗略的轮廓，在各处细节上过于模糊，方式上也还不确定，但它们毕竟一天天地变得清晰起来，其主线也一天比一天地趋于稳定。

在不断增多的人类事务中，人们的认识在许多方面变得越来越清晰。人类正在变成一个统一体，对人类的诸项事务实现某种全球范围的统一管理，也变得越来越必要。例如，全球形成一个经济共同体的目标就在一步步地走向实现，因为对自然资源的合理开发要求有全盘性的考虑，而人类不断增加的新力量和新发现，使得人类现存的分散和竞争性的管理方式产生越来越大的浪费和威胁。财政金融的收益也变成了全世界的共同兴趣，而且只有从全球范围加以管理才能取得成功。传染性疾病和人口的增加，如今已明确地引起全世界的关注。人类能量和活动范围的增大，已使得战争成为造成极大破坏和混乱的行为；而将战争作为解决政治纠纷和民族纠纷的拙劣手段，几乎是毫无成效的。所有这一切，都要求有一个比以往任何国家政府规模更大、更具综合性和权威性的控制实体。

但是，这些问题的解决并不能指望通过征服或现有各国政府的联合，产生一个世界性的超级政府来完成。人们曾根据现存的制度类推，设想成立人类议会、世界议会、世界总统或世界皇帝等，我们最初的自然反应往往会得出这样的结论；但是半个世纪以来的争论和经验，使我们失去了对最初这种明确理想的信念。若要循着这样一条道路达到世界的统一，障碍实在是太多了。现在，人们似乎趋向于这样一种解决方案：各国政府派出自己的代表，组织若干个拥有世界范围权力、针对各种具体问题的特别委员会和组织，参与指导自然资源的开发、劳动条件的改善和平等、世界和平、货币、人口、卫生等方面的问题。

人们可能会发现，全世界的共同利益正在作为一项事业来经营，而世界政府的实现则归于失败了。但是在世界获得统一之前，在人类事务的国际性调节能够压倒由于爱国热情而产生的怀疑和嫉妒之前，全人类形成统一的思想是十分必要的。“全人类是一家人”的理念，应在全世界得到倡导和理解。

两千多年以来，那些世界性宗教一直在为维护和传播“四海之内皆兄弟”这样一个理想而奋斗。然而直到今天，由于民族、国家和种族的纷争而造成的仇恨、愤怒和不信任，这种使每个人都成为全人类共同利益的热心支持者的更为豁达的观点和更为正义的冲动，却十分成功地被抵消了。如同在公元6世纪至7世纪的混乱年代里，基督徒们为了使教义渗透到欧洲人的灵魂中而斗争一样，今天，“四海之内皆兄弟”的理想也在为着同一目的而艰苦斗争。

这种思想的传播及其最后的胜利，将依赖并归功于大批无私无名的宣传者。任何一位当代作家都无法擅自推测这一事业已经进展到何种程度，或这一事业可能获得多大的成功。

社会问题、经济问题似乎与国际问题不可分割地纠缠在一起，各种问题的解决都有赖于同一种鼓舞人心的服务精神。面对共同利益时，各国之间的猜疑、固执和自私反映了有产者和工人之间的矛盾和嫌隙，二者之间是相互映照的关系。个人占有欲的放大就等于国家与皇帝的贪婪，它们同样是来自本能的欲望，同样是物质和传统的产物。

“国际主义”就是各个国家之间的“社会主义”。所有对这一问题有研究的人都会认为：至今尚没有出现一种有着足够深度和力量的心理学，或者经过充分酝酿的教育方法和教育机构，能够真正地最终解决人类相互交往和合作之谜。1820年时的人未曾设计出电动铁路系统，同样，我们现在也还没有设计出一种有效的世界和平组织。但是，我们每个人都相信世界和平组织总会出现，而且相信这一天就在不远的将来。

任何人都无法逾越自己的知识范畴，任何思想都不会是超越时代的思想。我们不可能预见，人类要经过多长时间的战争、耗费、动荡和痛苦，才能结束这种挥霍和漫无目的的动乱之夜，迎来伟大和平的黎明——这里所说的“和平”是指一切历史都曾描述过的心灵和世界的和平。我们设想的解决办法仍是那样的模糊和粗略，无时无刻不被激情和怀疑所包围。改造理智的伟大任务正在展开，尽管尚不完全，然而我们的概念毕竟越来越清晰、越来越明确。

当然，我们很难判定这一任务的进展将是风驰电掣还是缓缓而行，但是随着概念变得明确，必然会汇聚起控制人们心灵与想象的力量，这种力量之所以至今仍然缺乏，就是因为这些概念缺乏保证和准确性。而概念之所以遭到误解，是因为它们的表现形式多变而混乱。随着这些概念日益精确和稳定，对世界的新认识将赢得不可抗拒的力量。从逻辑上看，进一步清晰理解这些概念的结果必然是教育的复兴。

60　美国的扩张

在全世界所有获益于运输工具革新的地区中，取得最直接、最显著效果就是北美洲。美国政治所体现的是18世纪中叶的自由思想，而美国的宪法也正是自由的结晶。美国免除了国家教会和王权的压迫，取消了各种贵族头衔，却极为谨慎地保护着私有财产，把财产视作自由的手段。而且，联邦政府赋予几乎每一名成年男子选举权[1]（在实行的早期阶段各州政策不尽相同）。由于选举方法还十分简陋，所以政治生活很快就落入了高度组织化的政党机构的掌控之中。但是，这并没有妨碍这些新获得解放的人民发挥出远远超过当时其他地区人民的活力、进取心和公共精神。

紧接着出现的是交通工具速度的提高，这一点我们已经提醒读者注意过。然而十分奇怪的是，从交通工具速度的提高中得到最大收益的美国人，竟然丝毫没有察觉到这样一个事实。美国人把铁路、轮船和电报等新事物的出现，看作国家发展的自然成果。其实并非如此，这些新事物恰恰是为了及时拯救合众国的统一才

1　美国建立初期享有选举权的成年男性公民中并不包括黑人，南北战争后黑人获得了一定的选举权，直到1965年《选举权利法》颁布后黑人才真正获得选举权。

应运而生的。

今天的美国正是先后依靠轮船和铁路的普及才得以造就的。倘若没有这些发明，今天美国这个幅员辽阔的大陆国家也许就不存在了，人口的西迁也将大大地向后推迟，或许永远不会越过中央大平原。人们为了找到更好的定居地，从东海岸迁至密苏里州这样一段不到北美大陆宽度一半的距离，竟用了将近200年的时间。建立在密西西比河对岸的第一个州是1821年建立的“轮船州”密苏里州，然而从这里到太平洋沿岸那段剩下的距离，却只用了几十年就完成了。

如果我们把自1600年以来北美一年一度的地图用放映机显示出来，那一定颇为有趣。我们用小黑点代表人口，每个黑点代表100人，用星号代表10万人口以上的城市。

读者将会看到，在200年间，小黑点沿着河岸地区和可航行的河流湖泊地区缓慢地蔓延。当蔓延至印第安纳州和肯塔基州等地时，速度就放得更加缓慢。但是到了1810年前后，情况出现了变化：沿着河流的航道出现了更为活跃的景象，黑点迅速增加并扩展开来。其中的原因想必在于轮船的出现。不久，开拓者的足迹从沿河的码头地区扩展到了堪萨斯州和内布拉斯加州。

1830年前后，表示铁路的黑线出现了。从此，小黑点不再是爬行，而是奔跑。它们的出现变得迅速得多，仿佛是用某种喷涂机一下子喷了上去。突然间，在某几处出现了最初的几个星号，表明那里有了人口10万以上的大城市。很快，这样的星号就不再是一颗两颗地出现，而是雨后春笋般地大量涌现。每一颗星号都像是不断延展的铁路网上的结。

美国的发展道路是史无前例的，这是一种崭新的发展过程。

这样一种社会在以前根本不可能出现，就算出现了，也会由于没有铁路而四分五裂、支离破碎。如果没有铁路和电报，也许在北京管理加利福尼亚州比在华盛顿还要方便些。但是美国人口不仅迅速增加，而且一直保持一致，甚至应该说越来越一致。今天旧金山人与纽约人之间的相似程度，要远远超过一个世纪以前的弗吉尼亚人与新英格兰人。同化作用毫无阻碍地进行着。这个合众国被铁路和电报编织成一个越来越巨大的统一体，在语言、思想和行动上都是那样的协调。不久，航空业也将加入这项伟大的编织工程之中。

美国这样一个大国，完全是历史上的新鲜事物。历史上的确有过人口超过1亿的大帝国，但那不过是多民族的联合，世界上还从来没有一个在这样大的疆域中生活着单一民族的国家。我们希望能为这样的新鲜事物找到一个新的词汇。我们把美国称为一个“国家”，就像我们称呼法国和荷兰那样，然而就像汽车和马车是两种不同的车一样，美国与上述国家完全是两回事。它们分别属于不同时代和不同条件下的产物，以不同的步伐，循着全然不同的道路走向自己的未来。就范围和可能性而言，美国恰恰介于欧洲式国家和全世界联合起来的国家之间。

但是，美国人民在获得今天的强大与安宁之前，也曾经历过残酷的斗争岁月。内河轮船、铁路、电报以及其他种种发明出现得还不够早，未能防止南方各州和北方各州在利害和观念方面出现日益深化的冲突。南方奉行奴隶制度，而北方各州的人民都是自由人。铁路和轮船在一开始反而使早已出现的南北分歧发展为更尖锐的冲突。由新的运输工具促成的日益加强的统一，使“究竟是南方精神还是北方精神占统治地位”这一问题变得日益紧迫，双方调和的可能性极小。北方秉持自由和个人主义精神，南方则支持大庄园和名门望族役使黑奴。

随着人口大规模的西迁，美国建州的地区日益扩大，每一个新加入这个迅速成长的联邦体制的地区都成为两种思想爆发冲突的场所：是成为自由公民的一个州，还是让等级制和奴隶制流行？从1833年开始，美国反奴隶制协会不仅抵抗着奴隶制的扩展，而且以奴隶制的彻底废除为目标，在全国范围内开展了宣传和鼓动。这一对抗从是否批准得克萨斯州加入合众国的争论开始，爆发为一场公开的冲突。得克萨斯州原为墨西哥的一部分，但该州大部分是由支持奴隶制各州的美国移居者开辟的，1835年脱离墨西哥而独立，1844年并入美国。按照墨西哥法律，在得克萨斯州是禁止使用奴隶的。然而，此时南方又声称得克萨斯州有权实行奴隶制，而且确实实现了。

与此同时，远洋航海事业的发展将一批又一批的欧洲移民带到美国，使北方各州的人口激增。所有北方农业区，诸如艾奥瓦、威斯康星、明尼苏达和俄勒冈等都已成为州，使反对奴隶制的北方很有可能在参议院和众议院中夺取优势。面对日益浩大的废奴运动，棉花种植业盛行的南方一方面感到愤怒，另一方面又害怕北方在国会里占据优势，于是开始商议从联邦中脱离。他们梦想着吞并墨西哥和西印度群岛，建立一个远及巴拿马的独立、庞大的奴隶制国家。

1860年，反对奴隶制扩张的亚伯拉罕·林肯（Abraham Lincoln）当选总统。南方决定脱离联邦。南卡罗莱纳州通过了一项“脱离联邦法令”，准备一战。密西西比、佛罗里达、亚拉巴马、佐治亚、路易斯安那以及得克萨斯等州先后响应，在亚拉巴马的蒙哥马利召开大会，选举杰斐逊·戴维斯（Jefferson Davis）为“美利坚联盟国”总统，通过了一部专门写有拥护“黑人奴隶制度”条款的宪法。

亚伯拉罕·林肯是美国独立战争以后成长起来的新一代的典型。年轻时，他曾经是西迁大潮中小小的一分子。他于1809年出生在肯塔基州，童年时迁到了印第安纳州，后来又搬到伊利诺伊州。那时，印第安纳还是个半开垦的地区，小林肯的生活十分艰苦，住房只是旷野上的一座小圆木屋。学校条件很差，所受教育时断时续。但是母亲很早就教他读书识字，他很早就开始如饥似渴地读书。17岁的时候，林肯成了身材高大的年轻运动员，一个摔跤、赛跑的好手。有一段时间，他在一家商店当雇员。后来他又当过老板，与一个醉汉合伙做生意，结果留下了一笔15年未能还清的债务。

1834年，年仅25岁的林肯当选为伊利诺伊州的众议院议员。在伊利诺伊州，奴隶制问题尤其引人瞩目，因为国会里主张扩张奴隶制的政党的主要领袖，恰恰就是伊利诺伊州参议员史蒂芬·道格拉斯（Stephan A. Douglas）。道格拉斯是位既有能力、又有声望的政治家。若干年间，林肯一直通过讲演和散发小册子与他进行斗争，逐渐成为道格拉斯最强有力的对手。1861年的总统竞选是两人斗争的顶点。1861年，林肯就任总统。此时，南方各州已在积极进行脱离联邦政府的活动，并开始采取战争的手段。

于是，美国内战爆发了。参加战斗的一般都是临时招募的士兵，起初是几万人，后来逐步发展到几十万人，最后，联邦的兵力甚至超过了100万人。战斗主要在墨西哥和东海岸之间展开，争夺的主要目标是华盛顿和里士满。下面我们简述一下这场悲壮的战斗。这场战斗穿越田纳西州和弗吉尼亚州的树林山岳，并沿密西西比河而下，战况日益激烈，物资消耗巨大，人员伤亡惨重。随着攻击与反击的不断交替进行，人们时而抱有希望，时而感到绝望。当希望再次出现后，又迎来新的失望。有时，华盛顿似乎要被同盟军攻陷，有时，联邦军队又逼近里士满。

相对来说，同盟军人数少，资源贫乏，但是他们拥有一位极其优秀的将才——罗伯特·李（Robert E. Lee）将军。而联邦军的将领就要差得多，统帅走马灯似的换来换去，直到谢尔曼（William T. Sherman）和格兰特（Ulysses S. Grant）接任指挥官，才总算打败了衣衫褴褛、筋疲力尽的南方军队。1864年10月，谢尔曼率领一支联邦军部队突破同盟军左翼，从田纳西州经佐治亚州直达海岸，穿过南方联盟国全境，又回师北上，转至南卡罗莱纳州，直捣同盟军后方。与此同时，格兰特把李将军钳制在里士满，直到谢尔曼率军将其团团围住。1865年4月9日，李将军率部队在阿波马托克斯县府投降，此后一个月内，同盟军的全部残余部队都放下了武器，南方联盟国遂告解体。

这场历时四年的战争，对美国人民来说意味着一场肉体与精神的极度紧张。在许多人眼里，州的自治原则是极为宝贵的，而实际上，北方似乎强制南方废除了奴隶制。因此，在边境各州里，兄弟甚至父子都由于持不同的立场而参加了相互敌对的阵营。北方人认为自己的主张是正义的，然而在许多人看来，北方的主张并非重要和公正到了无可争议的地步。但是，林肯并没有疑惑，面对这样的混乱局面，他始终保持着清醒的头脑。他主张统一，一心维护美国的持久和平。他反对奴隶制，但并没有把奴隶制问题看作最主要的问题，他认为最主要的问题是维护美国的统一，防止美国分裂成相互对立和相互倾轧的两部分。

在战争开始阶段，国会和联邦的将领们就急急忙忙地要解放黑奴，林肯反对这样做，使这些人从狂热中冷静了下来。他主张逐步解放黑奴，并对奴隶主给予补偿。直到1865年1月，形势才成熟，国会通过了宪法修正案，永久地废除了奴隶制度。当这项修正案在各州通过的时候，战争已经结束。

1862年至1863年间，战争呈现出一种久战不休的僵持局面。初期的兴奋和激动逐渐衰退，美国人尝到了由战争造成的疲惫和厌战的情绪。总统林肯在自己的周围看到的多是些失败主义者、叛徒、被撤职的将军、骗人的政客。背后是疑惑不安而疲惫不堪的人民，面前则是些暮气沉沉的将领和情绪沮丧的部队。他的最大安慰或许是猜到里士满的杰斐逊·戴维斯也面临同样的困境。

就在这个时候，英国政府助纣为虐，允许南方同盟军在英国的代理人让三艘私掠船下水并配以人员，从而把美国船只逐出海上。在这三艘私掠船中，“亚拉巴马”号尤其令人记忆深刻。此时，驻扎在墨西哥的法国军队正肆意践踏门罗主义。里士满方面于是提出了一条微妙的停战建议，要求把内战问题留待以后解决，联邦军和同盟军双方应联合起来，共同对付墨西哥的法国人。但是林肯提出，除非联邦保有最高的权力，否则不能接受这一建议，因为美国人只能作为一个整体而不是分裂的双方来对付法国人。

在充满挫折、忙碌和疲惫的漫长岁月里，在弥漫着分裂和绝望的气氛中，林肯始终把美国团结在一起，没有任何记录表明他的信念曾发生过丝毫的动摇。在无事可做的时候，他总是一动不动地默默坐在白宫里，就像一座傲然刚毅的纪念碑。有时他也会说些笑话，回忆些轻松的往事，使自己的头脑得到片刻的松弛。

林肯终于看到了联邦的胜利。在南方军投降的第二天，他进入里士满接受李将军的投降。回到华盛顿后，他于4月11日做了最后一次公开演讲，主题是和解和在战败各州重建政府的问题。4月14日晚，林肯前往华盛顿福特剧院观看演出，在看戏的时候脑后突然中了一枪，当场身亡。刺客是一个名叫约翰·布斯（John W. Booth）的演员，他对林肯的政治立场不满，便潜入包厢行刺。但是，林肯的事业已经完成，联邦已经得到了拯救。

战争开始的时候，美国还没有通往太平洋沿岸的铁路。战争结束后，铁路就像藤蔓一样，迅速地在美国大地上铺展开来。铁路网把美国各地连接、编织起来，成为一个在精神和物质上都不可分割的统一整体。

61　德国在欧洲的崛起

经过法国大革命和拿破仑肆意妄为的大动乱之后，欧洲在一段时间内实现了某种不稳定的和平，50年前的政治局势以一种现代化的面貌出现某种复活迹象，这些我们在前面都已经交代过了。19世纪中叶，新的炼钢方法的发明、铁路和轮船的出现，都未曾产生显著的政治后果。但是，由于城市工业主义的发展，社会的紧张程度不断加剧，法国仍然是一个危机四伏的国家。1830年的革命以后，又爆发了1848年的革命。拿破仑三世（拿破仑·波拿巴的侄子）成为法国第一任总统，后来又在1852年成为皇帝。[1]

拿破仑三世着手改建巴黎，使巴黎从原来那种古色古香的、卫生条件极差的17世纪风格的城市，变成今天这样道路宽阔、满眼是大理石建筑的拉丁风格的城市。他同时着手改造整个法国，要使法国成为光芒四射的现代帝国主义国家。他还表现出重现17世纪至18世纪欧洲列强忙于无益战争的局面的意图。此时，沙皇尼古拉一世（1825—1855年在位）入侵俄国南面的奥斯曼土耳其

1　拿破仑三世即路易-拿破仑·波拿巴（1808—1873），是法兰西第二共和国唯一一位总统和法兰西第二帝国唯一一位皇帝，他是法国历史上第一位民选总统和最后一位君主。

帝国，并把目光盯在了君士坦丁堡。

进入新的世纪后，欧洲又开始了一个新的战争周期。这次战争的主要原因在于“势力均衡”和争夺霸权。为了保护奥斯曼土耳其，英国、法国和撒丁王国与俄国进行了一场克里米亚战争（1853年）。为争夺德意志的统治权，普鲁士（与意大利结盟）和奥地利之间爆发了战争。法国以萨伏依为报酬，出兵从奥地利手中解放了意大利北部。意大利则逐渐成为一个统一的王国。此后，拿破仑三世趁美国南北战争之机，在墨西哥进行了一场极不明智的冒险。他拥立马西米连诺一世（Maximiliano I）为墨西哥皇帝。然而，当重新受到来自已取得南北战争胜利的美国联邦政府的威胁时，他又抛弃了马西米连诺，使之最终死在了墨西哥人的手中。

1870年，法国和普鲁士为争夺长期悬而未决的欧洲霸权而再度爆发战争。普鲁士方面很早就预料到了这场战争，因此做了十分充分的准备。而法国方面则由于财政状况的恶化，力量遭到很大的削弱。法军的溃败是迅速而富有戏剧性的。8月，德军入侵法国；9月，法国皇帝亲自统率的一支大军在色当战败投降；10月，另一支法军在梅斯投降；次年1月，巴黎经围困和炮击后终于陷落；双方在法兰克福签订了割让阿尔萨斯和洛林给德国的和约。除奥地利外的德意志统一成了一个帝国，普鲁士皇帝作为德国皇帝加入欧洲的帝王之列。

自此以后的43年间，德国成为欧洲大陆上最强大的国家。1877年至1878年又一次爆发了俄土战争。[1] 自此，除了巴尔干地区有过部分调整，欧洲各国艰难地维持稳定局势长达30年之久。

1　指第十次俄土战争。

62　轮船和火车构建的海外新帝国

18世纪末是各帝国分裂的时代，也是扩张主义者梦想破灭的时代。英国、西班牙等国与其美洲殖民地间遥远的距离，阻碍着本土与属地之间的自由往来，其结果就是殖民地逐渐分离出去，成为有着不同思想、不同利益甚至不同语言的新的独立社会实体。随着殖民地各自的发展，用以联结它们的虚弱而不可靠的航运体系变得越来越紧张。为了自身的存在，那些设立在荒原之上的贸易站（如法国设在加拿大的）或贸易办事处（如英国设在印度的），不得不依赖向其提供援助和物质支持的本土国家。

因此，19世纪初的许多思想家都认为：欧洲国家海外的统治已经达到了最大限度。1820年以后，在18世纪中叶地图上的欧洲以外地区涌现的欧洲各大“帝国”都已大幅收缩，只有俄国还像以往那样几乎横跨整个欧亚大陆。

1815年的英帝国由以下部分组成：加拿大人烟稀少的沿海地区、河流和湖泊区域以及辽阔荒芜的内陆，到那时为止，哈得孙湾公司的皮货贸易站是唯一的移民点；东印度公司控制下的印度半岛三分之一左右的土地；好望角沿海地区，这里的居民多是黑人和富于反抗精神的荷兰人；西非沿海为数不多的贸易站、直布罗陀巨岩、马耳他岛、牙买加、西印度群岛上几块役使奴隶劳动的小领地、南美的英属圭亚那等。在世界的另一边，还有澳大利亚的博塔尼湾和塔斯马尼亚这两块流放犯人的地方。

此时，西班牙仍控制着古巴和菲律宾群岛上的少许地盘，葡萄牙只保有早先在非洲占领的一些属地，荷兰在东印度群岛与荷属圭亚那维持着几个岛屿和部分领地，丹麦只占有西印度群岛中的一个岛，法国则占有西印度群岛的一两个小岛和法属圭亚那。这些似乎就是欧洲列强需要的，或者说能从世界其他部分获得的所有土地了。只有东印度公司仍然表现出某种扩张的意图。

当欧洲忙于拿破仑战争之际，英国的东印度公司在历任总督的指挥下，正在印度扮演着以前土库曼人和其他北方侵略者曾经的角色。《维也纳条约》签订之后，它继续收税、打仗，派遣使者至亚洲各国，俨然半个独立国家的模样。不过，它仍然要把财富送往西方。

在这里，我们无法详细介绍这个英国公司如何时而勾结这股势力，时而又拉拢那股势力，最后征服一切对手而夺取霸权的过程。总之，它的触角一直伸到了阿萨姆、信德和奥德，印度地图开始呈现出今天的英国小学生所熟悉的轮廓—— 一幅由被英国直接统治的各大行省包围和联结的诸土邦组成的拼图。

1859年，在镇压了印度土兵的一次大规模暴动后，东印度公司这个“帝国”被并入英国王权的统治之下。依照《改善印度管理法》，总督成为英王的代表，东印度公司的位置由国会下属的印度事务大臣取代。1877年，贝肯斯菲尔德勋爵为了完成上述改善法令，恭请维多利亚女王同时冠以“印度女皇”的头衔。

印度和英国就是以这样一种不寻常的方式结合在了一起。[1]印度仍然是莫卧儿帝国，但莫卧儿大帝却已被大不列颠“君主共和国”所取代。印度成了一个没有专制君主的专制国家，它的统治结合了专制君主制的弊端和民主官僚机构非人格性和不负责任的缺点。倘若印度人想投诉，他们根本找不到一位有形的国王，印度的国王不过是个象征，印度人只能在英国散发传单或在英国下院提出质询。然而，议会越是为英国的事务忙碌，印度人的问题就越发受到冷落，从而也就越发听任少数官员的摆布。

在铁路和轮船投入有效使用之前，除了在印度，任何一个欧洲帝国都没有实现大规模的扩张。英国一个有影响力的政治思想家学派曾指出，海外领土是英国趋于衰弱的一个根源。澳洲殖民地的发展是十分缓慢的，直到1842年和1851年先后发现了铜矿和金矿，澳洲殖民地新的重要意义才显露出来。运输方式的改进使得澳洲羊毛成为欧洲市场上日益畅销的商品。加拿大的情况也是如此，1849年以前加拿大也没有什么显著的进展，一直被法国移民之间的纠纷所困扰，并发生过多起严重的暴动。直到1867年建立加拿大联邦自治政府的新宪法颁布，加拿大内部的紧张局面才得以解除。

改变了加拿大前途的正是铁路。同美国的情况相仿，铁路保证了加拿大向西的扩张，也保证了它出产的谷物和其他产品销往欧洲。另外，在加拿大迅速发展的时刻，也是由于有了铁路，才保证了其人民在语言、情感和利益上的一致性。铁路、轮船和海底电缆，确实在改变着殖民地发展的整个过程。

1　印度于1947年从英国统治下取得独立。

1840年以前，英国就已经在新西兰建立了殖民地，并且组建了新西兰土地公司，开发新西兰一切可开发的资源。1840年，新西兰被划归为英国的殖民地。

如前所述，在英国的所有领地中，加拿大是第一个接受由新运输手段展示的新经济前途的地方。紧接着，南美洲的各个共和国（尤其是阿根廷）在牲畜贸易和咖啡种植方面，开始与欧洲市场有了一种日益密切的趋势。以往，吸引欧洲各国进入这片未开垦的蛮荒地区的主要产品始终是黄金、金属、香料、象牙和奴隶。但到了19世纪的最后25年，欧洲人口的增长迫使那里的各国政府到国外去寻找粮食；科学工业制度的发展也增加了对新原料的需求，如各类油脂、橡胶和其他原来无人理会的物质。显而易见，英国、荷兰和葡萄牙就是由于掌握了大量热带、亚热带的产品，而赚到了日益增加的巨额商业利润。1871年以后，先是德国，后是法国、意大利，都开始寻找尚未被吞并的原料产地和有利可图的现代东方国家。

于是，全世界展开了一场对政治上“未受保护”地区的新的争夺。美洲则由于门罗主义的阻挠而幸免于难。

靠近欧洲的非洲大陆，充满了令人半知半解的发展可能。它在1850年还是一片神秘的大陆，人们只对埃及和北非沿海地区有些了解。由于篇幅所限，我们显然无法详尽地描绘那些首先突破非洲迷雾的探险家和冒险者的惊险故事，以及随之而来的政治代理人、官员、商人、移民和科学家们的惊人事迹。我只能告诉读者：那里有诸如俾格米人[1]那样奇异的人种，有诸如霍加狓[2]那样的奇异野兽，还有各种奇异的水果、鲜花和昆虫，有可怕的疾病，有森林、山峦等令人叹为观止的美景，有浩瀚的内海，有巨大的河流和瀑布。这是一个崭新的世界。在这里，甚至发现了某种未曾留下记载的业已消失的文明的遗迹（位于津巴布韦），即某个古代民族在非洲南部留下的遗迹。当欧洲人闯入这个崭新世界的时候，他们发现这里的奴隶贩子已经有了步枪，而黑人仍过着一种毫无秩序的生活。

19世纪下半叶，欧洲列强测绘、勘探并瓜分了非洲全境。在这场争夺战中，本地居民的利益没有得到丝毫的考虑。尽管阿拉伯奴隶贩子并没有被赶出非洲，贩卖奴隶的做法还是遭到了禁止。在作为比利时属地的刚果，土著居民被强迫去采集野生橡胶。对橡胶贪婪的需求，加剧了毫无经验的欧洲管理人员与当地土著工人间的冲突，进而演变成一场令人不寒而栗的暴行。而在这一事件中，没有一个欧洲国家能够开脱罪责。

1883年，英国不顾埃及在名义上是奥斯曼土耳其属地的事实，公然占领了埃及并久驻下来。1898年，法国上校马尔尚（Jean-Baptiste Marchand）从西海岸穿越中非，企图在法绍达夺取尼罗河上游地区，这一举动险些引起一场英法两国间的战争。对于这些故事，我们在这里就都不详细叙述了。

此外，英国政府起初让奥伦治河地区和德兰士瓦的布尔人

1 俾格米人（pygmies），泛指男性平均身高不足5英尺（约1.52米）的民族，源于古希腊人对非洲中部矮人的称呼，多指生活在非洲中部的尼格利罗人。

2 1901年在非洲扎伊尔森林发现的大型哺乳动物，外形近似斑马，分布于刚果东部的热带雨林和高山森林中，保持着很多原始特征，较为珍稀。

（荷兰移民）在南非内陆建立两个独立的共和国，后来又反悔，于1877年吞并了德兰士瓦共和国。德兰士瓦人民为了自由，展开了英勇的战斗，在马朱巴山战役（1881年）中大败英军，终于赢得了自由。对于这场战役，英国报纸曾进行了一场持久的宣传，从而给英国人的记忆留下了惨痛的一页。1899年，英国与这两个共和国之间又爆发了一场战争。这场持续了三年的战争使英国人付出了巨大的代价，最后以两个共和国战败投降告终。

这两个共和国被征服的时间并没有持续太久。到了1907年，征服它们的帝国主义政府下台，自由党人接手处理南非问题。于是，这两个曾经的共和国便重新获得了自由。它们十分乐意与好望角殖民地及纳塔尔[1]结成一个由南非各省组成的联邦，作为英王治下的一个自治共和国。

仅仅用了四分之一个世纪，非洲就被瓜分完毕，只留下三个未被瓜分的小国：利比里亚，西海岸一块被解放黑奴的居住地；摩洛哥，穆斯林苏丹治理下的一个小国；阿比西尼亚[2]，信奉某种古老、独特的基督教的一个未开化国家。阿比西尼亚在1896年抵抗意大利人的阿杜瓦战役中，成功地维护了自己的独立地位。

1　南非联邦的四个省之一，位于南非东部。

2　今埃塞俄比亚。

63 欧洲对亚洲的侵略与日本的崛起

我们很难相信人们当真会接受这幅用欧洲色彩轻率绘制的非洲地图，并将其作为永久性解决世界事务的新办法。然而，历史学家的责任只是把当时的情况如实地记录下来。19世纪的欧洲人头脑中只充斥着一种浅薄的历史背景，没有敏锐洞察的考证习惯。西方机器革命所导致的欧洲人暂时领先的状况，在那些对蒙古人伟大征服一无所知的人们眼中似乎是一种证据，证明欧洲人将在人类事务中永远享有领导权。他们不懂得科学及其成果是可以转移的，不理解中国人和印度人可以像法国人和英国人一样胜任研究工作。他们盲目地认为，西方人天生具有智慧和闯劲，而东方人天生懒惰和保守，这就决定了欧洲人在世界上永远占有优势。

这种糊涂观念造成的后果是，欧洲各国的对外机构不仅竭力与英国争夺世界上的未开化地区，而且要瓜分亚洲人口稠密的文明国家，仿佛那些民族也不过是供他们利用的原材料。英国统治阶级在印度建立的外强中干的帝国，以及荷兰在东印度群岛辽阔而有利可图的属地，都唤起了你争我夺的列强在波斯、解体的奥斯曼帝国、更遥远的印度以及中国和日本做同样的黄金梦。

1898年，德国人夺取了中国的胶州湾，英国人占领了威海卫。第二年，俄国人又占据了旅顺港。对欧洲人的仇恨情绪弥漫整个中国大地。1900年，起义者围攻了欧洲各国驻北京的使馆。欧洲联军为救援使馆，对北京发动了报复性的进攻，掠夺了不计其数的金银财宝。随后，俄国人强占了中国东北地区，而英国则于1904年入侵中国西藏。

在相互争夺的列强之中，此时又多了一支新兴的力量——日本。在此之前，日本在世界历史上是个无足轻重的角色，因为与世隔绝的日本文明对整个人类命运的演变没有重大的贡献。日本获取得多，给予得少。日本民族属于蒙古人种。日本的文明、书法、文学及艺术的传统都源自中国。它的历史有趣而充满传奇色彩。早在公元纪元之初的几个世纪里，日本人就发展了封建制度和武士传统，他们对朝鲜和中国的进攻，简直就是英国人在法国的战争的东方翻版。

16世纪时，日本与欧洲有了最早的接触。1542年，几个葡萄牙人搭乘中国船只来到日本，1549年，耶稣会传教士方济各·沙勿略（Francis Xavier）开始在日本传教。在一段时期内，日本人十分欢迎与欧洲人的交往，传教士使许多日本人都皈依了基督教。当时，有一个名叫威廉·亚当斯（William Adams）的人成了日本人最信任的欧洲顾问。他教会了日本人建造大型舰船，此后日本人造的船远航到了印度和秘鲁。

不久，西班牙的多明我会、葡萄牙的耶稣会、英国与荷兰的新教徒之间发生了激烈复杂的争执，各派势力分别告诫日本人要提防其他教派的政治阴谋。与此同时，处于优势的耶稣会残酷地侮辱和迫害佛教徒。日本人终于得出了这样的结论：欧洲人都不是好东西。尤其是天主教的基督教，不过是教皇和已占有菲律宾群岛的西班牙国王为实现其政治梦想打的一个幌子。日本对基督徒进行了一次大规模的清算。1638年，日本完全关闭了对欧洲的大门，并将这种封闭状态维持了200余年。在这两个世纪里，日本人犹如生存在另一个星球之上，完全断绝了与世界其他部分的往来。除了沿海使用的小船，禁止建造任何大型船只。日本人不能远出海外，欧洲人也无法进来。

日本人留在世界历史主流之外达两个世纪之久，独自生活在古雅别致的封建制度之下。占总人口约5%的武士、大名及其家族恣意压迫平民。在此期间，外面的广大世界迅速发展，形成更为广阔的景象和新兴的势力，驶过日本海岬的奇异船只出现得越来越频繁。有时，失事船只的船员们会被救到岸上来。通过荷兰人居住的对马岛这个与外界唯一的联系窗口，日本人了解到了自己与西方的实力差距。

1837年，一艘飘扬着奇怪的星条旗的轮船开到了江户湾，船上载着若干名日本水手，他们是漂泊到很远的太平洋某处后被救上船的。但这艘船由于遭到了日本的炮击而被迫离去。没过多久，挂有同样旗帜的数艘轮船再度出现。1849年，又一艘船驶来，要求日本放回遭遇海难的四名美国水手。1853年，四艘美国军舰在海军准将佩里（Matthew C. Perry）的率领下驶入日本海域，拒绝了日方强制其离开的要求。佩里命令舰队在禁区海域抛锚，并写信给日本当时的两位统治者。1854年，佩里又率领十艘军舰开赴日本。这些军舰都用令人惊羡的蒸汽机推进，用大炮武装。佩里提出了通商往来的建议，日本人无力拒绝，只好答应。佩里带领500名士兵登陆，签署了通商条约。眼神中充满疑虑的日本人，纷纷注视着这群来自外部世界的访问者昂首阔步地穿行在街市上。

紧接着，俄国、荷兰和英国来客相继涌入日本，一位领地俯瞰下关海峡的大名曾企图向外国船只开炮，结果招来了英、法、荷、美等国舰队的炮击，炮台被摧毁，武士被炸散。最后，联合舰队停泊于大阪的海面上（1865年），强迫日本政府批准了向世界开放的条约。

这一事端使日本国民感到受了奇耻大辱，从此，日本人以顽强的意志和惊人的智慧，竭力把自己国家的文化和组织提高到欧洲列强的水平。在整个人类历史上，从来没有哪个国家像当时的日本那样进步如此迅速。1866年，日本还是一个中世纪的民族，是一幅描绘封建制的极其浪漫而奇异的漫画。而到了1899年，日本就已经成为一个赶上了最先进的欧洲强国的完全西方化的民族。日本彻底消除了亚洲必然落后于欧洲的偏见，使得欧洲的进步相形见绌。

我们无法在这里详述1894年至1895年的中日甲午战争，尽管这场战争反映了日本西方化的程度。日本此时已经拥有了一支效率很高的西方化陆军和一支小而完整的西方化舰队。日本振兴的意义虽然得到了将其视作欧洲国家对待的美、英两国的重视，却没有被正在亚洲寻找新的印度的其他列强所熟悉。这个时候，俄国正企图通过中国东北地区向朝鲜推进，法国已在遥远南方的东京和安南站住了脚，德国则还在如饥似渴地寻找殖民地。[1]这三个国家联合起来，阻止日本从对中国的战争中获得好处，日本在对华战争中消耗了实力，三国便用战争的威胁要挟日本。

日本做了暂时的让步，开始积蓄自己的力量。它花了十年的

1 “东京”为越南北部大部分地区的旧称，越南人称之为“北圻”。“安南”为越南的古称。

功夫，为一场对俄战争做了充分的准备。日俄战争标志着亚洲历史的一个新纪元，标志着欧洲独尊的时代一去不复返。当然，俄国人民对于这场为他们准备的、绕过半个地球的灾难是无知和无辜的。那些明智的俄国政治家也曾反对这些愚蠢的侵略，但沙皇身边是一群金融冒险家（包括沙皇的兄弟等大公），而这些人针对中国东北及其他地区的掠夺已投下了巨大的赌注，当然不会主张撤退。于是，大批日本士兵经海路被运抵旅顺口和朝鲜，而无数俄国农民则通过西伯利亚铁路也被送到了这里，战死在远离家乡的异国战场上。

俄国军队指挥不力，补给被大肆克扣，在陆上和海上都吃了败仗。俄国的波罗的海舰队绕道非洲而来，结果在对马海峡全军覆灭。这场毫无道理的杀戮在俄国人民中激起了一场革命运动，最终迫使沙皇中止了战争（1905年）。沙皇把俄国1875年抢到的萨哈林岛[1]的南半部还了回去，从中国东北撤兵，把朝鲜让给了日本。至此，欧洲人对亚洲的侵略偃旗息鼓，欧洲列强的触角开始回缩。

1　即库页岛。1875年俄日签订条约，俄方以千岛群岛18岛交换日占萨哈林岛南部。日俄战争后，俄方将南部割让给日本。

64　1914年的大英帝国

下面，我们简单介绍一下1914年时英帝国各组成部分的不同性质，这些部分是通过铁路和轮船维系在一起的。英帝国在过去和现在都是一个十分独特的政治联邦，这样的政体是以前从未有过的。

对于整个联邦来说，居于首要和中心地位的部分是大不列颠联合王国的"君主共和国"，包括爱尔兰在内（这一点违反了相当一部分爱尔兰人的意愿[1]）。英格兰及威尔士、苏格兰和爱尔兰的三个联合议会组成不列颠议会，其中的多数党决定内阁首脑和政策。而这些决定大多出自对英国国内政治的考虑。内阁实际上就是处在帝国其余部分之上的最高政府，拥有宣战和媾和的权力。

对英联邦来说，在政治重要性上紧随联合王国之后的依次是澳大利亚、加拿大、纽芬兰（英国最早的属地，1583年）、新西兰和南非等"君主共和国"。实际上，它们都是独立的自治国，与大不列颠结成联邦，只不过每个自治国都有一名由伦敦政府任命的国王作为英联邦的代表。

1　除北部的阿尔斯特省外，爱尔兰于1922年成为自治的自由邦，1937年成立共和国，1949年退出英联邦。

接下来是印度帝国，它是大莫卧儿帝国的扩展，连同其附属和“受保护”的各邦，其范围现在已从俾路支延伸到缅甸，并包括亚丁在内。[1] 在整个印度帝国中，英王和印度事务部（处于议会的控制下）充当了昔日土库曼王朝的角色。

随后是意义模糊的属地埃及。它名义上仍然是奥斯曼土耳其帝国的一部分，保留着自己的君王，实际上受着英国官吏近乎专制的统治。[2]

再接下来是意义更加模糊的“盎格鲁–埃及”苏丹省，由英国政府和埃及政府（处于英国控制下）共同控制和管理。[3]

还有一些半自治的地区，如马耳他、牙买加、巴哈马、百慕大群岛等。[4] 这些地区有的原来就属于英国，有的则不是。这些地方设有经选举产生的立法机构和经任命产生的行政长官。

此外还有英国直辖的殖民地。英国本土政府的统治（通过殖民部）很接近君主专制。这样的地区包括锡兰、特立尼达、斐济（有一个任命产生的议会）、直布罗陀和圣赫勒拿（有一位总督）。[5]

最后是广大的热带地区，也是未加工原料的产地。这里是政治上十分软弱的、未开化的土著居民社会。名义上是被保护地，

---

1 印度帝国于1947年分裂为印度、巴基斯坦两个独立的国家，缅甸于1948年独立，亚丁成为也门共和国的重要港口城市。

2 埃及于1922年获得部分独立，1936年完全独立。

3 苏丹于1956年独立。

4 马耳他、牙买加、巴哈马分别于1964年、1962年、1973年独立，百慕大群岛为英国海外自治领地。

5 锡兰（今斯里兰卡）、特立尼达（今特立尼达和多巴哥）、斐济分别于1948年、1962年、1989年独立，直布罗陀和圣赫勒拿仍为英国属地。

由一位高级专员统治，下辖土人酋长（如在巴苏陀兰[1]）或特许公司（如在罗德西亚[2]）。这些最后归入也最难说清来由的属地的获取，有的与外交部有关，有的与殖民部有关，有的则与印度事务部有关，当时大部分都归属于殖民部。

由于上述原因，没有什么机构也没有什么人把英国当作一个整体来看待。英国实际上确实是一个扩张和累加起来的混合体，其意义全然不同于以前人们所谓的“帝国”。由于它保证了广泛的和平与稳定，尽管官方施行了种种苛政，表现出种种弊端；尽管“国内”群众不以为然，它仍然获得了多数隶属“民族”的容忍和支持。就像“雅典帝国”一样，英帝国是个海外帝国，依靠海路联结起来。与所有的帝国类似，它得以成型的物质保证是发达的交通系统。从16世纪到19世纪航海技术、造船技术和轮船的发展，使“不列颠和平”成为可能的、容易实现的事情。然而，航空运输和高速公路运输的新发展，可能在某个时候又会使这种和平变得不易获得。

1　非洲内陆国家莱索托王国的旧称，于1966年独立。

2　罗德西亚北部于1964年独立，即今赞比亚，南部于1980年独立，即今津巴布韦。

65 欧洲军备时代与第一次世界大战

自然科学的进步创造了幅员辽阔、因轮船和铁路而兴起的美利坚合众国，也使同样兴起的不稳定的英帝国扩张到了世界的各个角落。然而在欧洲大陆上拥挤的各国中间，却产生了完全不同的效果。这些国家的人民仍然被封闭在马车时代所划定的国界之内，眼睁睁地看着大英帝国在海外扩张的事业上抢了先。只有俄国还拥有某种扩张的自由。俄国在与日本发生冲突前铺设了一条横贯西伯利亚的铁路，并入侵波斯[1]和印度，从而惹恼了英国。

欧洲的其余国家则形成了一种日益拥挤的态势。人类生活面临着进行重新调整的可能，即在一种更为广泛的基础上安排各国的事务。而这一基础的前提是实现某种自愿的联合，或者由某个先进的国家强行推动这种联合。近代思想的趋势自然倾向于前者，然而各国政治的传统势力又明显地推动着后一种可能性。

拿破仑三世帝国的覆灭和新德意志帝国的兴起，把人们的希望或担心聚焦到了“欧洲在德国的支持下结为一体”的主张上面。欧洲不稳定的和平局面始终笼罩在这种可能性之下，持续了36年。自从查理曼帝国分裂以来，法国一直是德国称霸欧洲的障碍，

1　指今伊朗，于1979年成立共和国。

时刻谋求通过与俄国结成亲密联盟，来弥补自身实力的不足。德国则试图与奥地利帝国（在拿破仑的年代已不再是神圣罗马帝国了）结盟，也曾不很成功地与新的意大利王国结盟。起初，英国像以往一样，对欧洲事务采取了一种若即若离的态度。然而，随着德国海军实力的不断加强，英国倒向了法、俄联盟。德皇威廉二世（William II）拥有狂妄的野心，因此过早地推行海外殖民政策，这不仅把英国，而且把日本和美国也推到了敌对阵营一边。

所有的国家都武装了起来，在国民生产中，枪炮、军事设备、战舰所占的比例逐年增加。形势动荡不定，火药味越来越浓。战争时而迫在眉睫，时而又趋于缓和。终于，战争爆发了。德国和奥地利首先进攻了法国、俄国和塞尔维亚。当德军攻入比利时的时候，英国立即参战，援助比利时，又使日本加入了自己的同盟。不久，奥斯曼土耳其倒向德国。1915年，意大利对奥地利宣战，保加利亚于同年10月加盟德方。1916年，罗马尼亚对德宣战，1917年，美国和中国被迫对德宣战。

对这次大战的责任进行裁决似乎超出了本书的范围，更要紧的问题恐怕不是大战为何而起，而是为什么没有人事先预料到它的爆发并加以制止。对于人类来说，千百万计的人太“爱国”、太愚昧、太冷酷，一直不能形成基于宽宏坦诚原则的欧洲统一运动来制止这场不幸。这远比一小撮人肆意挑起战争更令人感到沉痛。

大战的复杂细节我们在这里无法一一述及，但有一点要说明，那就是仅仅数月之间，现代科学技术的进步就使战争的性质发生了深刻的变化，这一事实鲜明易见。物理学赋予人类能量，能量又被用来制造钢铁，发展运输和战胜疾病。而能量最终得到善还是恶的利用，则取决于人类的道德和政治智慧。欧洲各国政府受到了仇恨和猜忌的古老政策的鼓励，形成了前所未有的破坏力和抵抗力，战争成了燃遍世界的一场大火，不论是战胜国还是战败国，都因此承受了比那些争执问题本身大得多的损失。

战争的最初阶段是德国军队猛烈地进攻巴黎，俄国入侵东普鲁士。双方的进攻都遇到了抵抗和反攻。接着，防御力量得到加强，战壕得到迅速的改进。有一段时间内，对峙的双方固守在横贯欧洲的漫长战壕中，除非付出极大的伤亡，否则根本无法向前推进一步。双方的兵力增加到数百万之多。在军队的背后，所有的人都被组织起来向前线提供粮食和军需品，除了直接与军事行动相关的，其他所有的生产活动几乎都被迫停止。欧洲所有具有工作能力的男子都被征募到陆军和海军当中，或者被送到为军队服务的临时工厂中。大批妇女顶替男人进了工厂。大战中，欧洲交战国的国民有一半人更换了职业。他们的生活方式完全改变了。教育和科学研究或者被压缩，或者服务于直接的军事目的。新闻发布也由于军事管制和宣传活动的干扰，受到削弱和腐蚀。

军事上的相持胶着状态，迫使双方开始对后方人员进行攻击，破坏粮食供给，展开空袭。与此同时，枪炮的口径和射程都得到改进。毒气和被称作“坦克”的小型活动堡垒都发明问世，这些武器瓦解了战壕里士兵的抵抗。在所有的新方法中，空军的投入使用具有最大的革命意义，它使得战争从二维平面转向三维立体空间。以往的一切战争不过是军队的行军调动和交战，如今，战争可以在任何地方进行。最初是齐柏林飞艇，然后是轰炸机，把战争从前线战场扩大到后方的非战斗区域。

区别对待战斗人员和非战斗人员这一文明世界战争的古老规矩，此时早已被抛到九霄云外，生产粮食的人、缝制衣服的人、伐木造房的人以及车站、仓库一概被当作攻击的目标。空袭的范围及其造成的恐怖与日俱增。最后，欧洲大部分地区都成了夜间空袭的目标和对象。伦敦和巴黎这样的重点轰炸目标几乎每天夜里都遭到轰炸。高射炮不断地发出可怕的怒吼，消防车和救护车在空无一人的漆黑街道上呼啸而过。这一切对老人和儿童的健康，不论在肉体上还是精神上，都造成了极大的摧残。

历史上大的战争总会引起瘟疫流行，然而这一次，直到1918年大战真正结束，始终没有出现瘟疫蔓延的情况。在四年大战期间，医学的进步有效地防止了一般的流行病，但大战后还是发生了世界范围的流行性感冒，造成数百万人丧生。[1]

饥荒一度得到了延缓。但到了1918年年初，欧洲大部分地区都出现了饥荒，处于紧急状态之中。由于全世界大部分农民都被征募到前线，全球粮食产量大幅降低；又由于潜水艇活动猖獗，各国边界封锁，造成道路不通以及世界运输体系的混乱，使粮食无法得到正常的供应。各国政府掌握的粮食越来越少，因而实行了不同程度的粮食定量配给制。

到了战争的第四个年头，全世界又面临着穿衣、住房和大部分生活必需品上出现的同粮食一样的奇缺局面。商业和经济生活异常紊乱，每个人都愁容满面，多数人都过着十分艰难的生活。

最终，真正停战的时间是在1918年的11月。此前，德国军队曾于同年春天发动对巴黎的殊死进攻，险些攻陷巴黎。处于战争中心的国家终于崩溃了，它们在精力和资源上都已经消耗殆尽。

---

1 关于死亡人数目前仍有争议，据一般估计，该流行病在欧洲造成约500万人死亡，在全世界可能有2000万人死亡。

66 俄国革命

在同盟国的核心德国崩溃一年多以前，那个曾经自称拜占庭帝国余绪的半东方国家俄国已经崩溃了。战争爆发前的几年中，沙皇的统治已显露出败落的征兆，宫廷大事竟然受一个荒唐的宗教骗子拉斯普钦（Rasputin）左右。国家管理不论在民事还是在军事上，都呈现出一派极端无能和腐败的气象。在战争开始的阶段，举国上下一派爱国热情，一支庞大的军队被征募召集起来。士兵既没有适当的武器装备，又没有称职的军官的正确指挥，在毫无援助、指挥不当的情况下，匆匆开赴德奥前线。

显然，俄国军队1914年9月在东普鲁士的突然出现，吸引了德国的兵力和注意力，而此前，德国的着力点是对巴黎的第一次大规模进攻。被出卖的俄国农民承受了巨大的痛苦，付出了数万人牺牲的代价，把法国从彻底毁灭的命运中拯救出来，并使整个西欧都对这个伟大、壮烈的民族负下重债。但是，战争压在这个机构臃肿、组织失当的国家身上的压力，毕竟极大地超出了其国力的承受限度。

俄国的普通士兵是在没有炮火支援的情况下投入战斗的，甚至没有充足的步枪子弹，在长官和将军们军国主义狂热的欺骗中白白送掉生命。在很长一段时间内，他们如牲畜一般默默忍受。

然而，就算是再敦厚善良的人，其忍耐也是有限度的。不久，在这些被出卖、被屠杀的军人中间，一种强烈憎恨沙皇政府的情绪弥漫开来。自1915年年底起，俄国就成为其西方盟国的一个焦虑来源。整个1916年，俄国基本上都处于守势，沙皇将与德国媾和的谣言也四处流传。

1916年12月29日，拉斯普钦在彼得堡的晚宴中被杀。接着，人们进行了一场为时已晚的整顿沙皇政府的尝试。到了3月份，事态迅速发展，彼得堡的一场抢粮暴乱转变成了革命起义。这次起义试图推翻杜马（沙俄时代的国会），逮捕自由派领袖，组成以利沃夫（Lvoff）亲王为首的临时政府。3月15日，沙皇被迫退位。在一段时期内，人们似乎把希望寄托在进行一场温和、有限的革命上，比如换上一位新沙皇。没过多久，事态日渐明朗，由于俄国人民对欧洲各国完全丧失了信心，任何类似的调整都无济于事。

俄国人民对欧洲旧秩序、对沙皇、战争和列强都已深恶痛绝，要求从这种无法忍受的苦难中解脱出来。协约国各成员不了解俄国的现实，他们的外交官对俄国人一无所知。这些高雅之士只把注意力盯在俄国宫廷上，根本不去了解整个俄国的情况，因此对俄国的新形势做出了荒谬的估计。在这些外交官中，很少有人对共和政治抱有好感，自然会不择手段地为新政府设置各种障碍。

俄国共和政府的首脑克伦斯基（Alexander F. Kerensky）是个能言善辩、个性突出的人物。他发现自己一方面受到国内势力更为广泛的“社会革命”的攻击，另一方面遭到各协约国政府的冷眼。各国政府既不允许他给予俄国农民渴求已久的土地，也不允许他给予他们国界之外的和平。英、法两国新闻界发动新的攻势，纠缠着这个疲惫不堪的盟国。

当德军从海陆两方面对里加[1]发动猛烈攻击时，英国海军部队竟在出兵波罗的海救援俄国时畏缩不前，坐失良机。新生的俄罗斯共和国只能在没有支援的情况下战斗。尤其值得注意的是，尽管协约国占有巨大的海军优势，英国海军上将费希尔（John A. Fisher，1841—1921）勋爵也曾提出强烈的抗议，在整个战争期间，除了对德国的一些潜艇攻击，协约国还是把波罗的海的全部制海权拱手让给了德国。

俄国人民坚决要求结束战争，并且不惜付出任何代价。彼得堡成立了代表工人和普通士兵的组织苏维埃。苏维埃呼吁在斯德哥尔摩召开社会主义者的国际大会。值此之际，柏林发生了粮食恐慌，厌战情绪在德、奥两国进一步高涨。从后来发生的情况来看，国际大会的召开必然会迅速引发德国的革命以及1917年按照民主原则实现的合理和平。克伦斯基曾要求他的两方盟国同意这次会议召开。

但是，由于害怕引起一场世界规模的社会主义和共和主义的革命，尽管英国工党政府以微弱的多数通过了这一要求，各盟国仍然予以拒绝。在既得不到协约诸国道义上的支持，又得不到物质援助的情况下，这个不幸而“温和的”俄罗斯共和国继续战斗着，在7月份发动了最后一次殊死的进攻，只取得了某些初步的胜利便又失败了。俄国人民又一次遭到了血腥的屠杀。

俄国人民的忍耐达到了最大限度，俄国军队终于发生了暴动，特别是在北方前线。1917年11月7日，苏维埃推翻了克伦斯基的政府，夺取政权。这是一个在列宁（Vladimir I. Lenin）领导下的布尔什维克社会主义者所掌握的政权，不理睬西方列强的警

1　今拉脱维亚首都。

告，决心实现和平。1918年3月2日，新政权单独与德国签署了《布列斯特-立托夫斯克和约》。

布尔什维克社会主义者在本质上完全不同于口头上的立宪主义者和克伦斯基革命党人，这一点很快就明确表现了出来。他们信仰马克思的共产主义，深信在俄国夺取政权仅仅是世界革命的开端。他们怀着无限美好的信念，在完全没有经验的情况下着手改造社会和经济秩序。对这个新生的政权，西欧各国和美国政府既无远见又无力量，因而未能引导和帮助这次非凡的实验。欧美新闻界不顾信誉，一味追随统治阶级，对这些夺权者进行不择手段、不惜一切代价的诋毁。一场令人作呕、绞尽脑汁的无耻宣传在全世界的报纸上毫无遮掩地展开。布尔什维克的领导人被描绘成一群嗜杀成性、荒淫骄奢的可怕魔鬼和强盗。相形之下，拉斯普钦参政时期的沙皇宫廷倒显得清白和纯洁了。

在这个被搞得精疲力竭的国家里，冒险活动四处横行；叛乱者和偷袭者受到了鼓励，得到了武装和资助。威胁着布尔什维克政权的人，使用了一切可使用的最卑鄙、最可怕的进攻手段。1919年，布尔什维克政权领导着经过五年大战，落得伤痕累累、一片混乱的俄国，又被迫在各条战线上进行苦战：在阿尔汉格尔斯克与英国干涉军作战，在东西伯利亚与日本侵略军作战，在南方与罗马尼亚、法国和希腊的军队作战，在西伯利亚与沙俄旧军官高尔察克（Aleksandr V. Kolchak）作战，在克里米亚同法国舰队支持下的白卫军首领邓尼金（Anton I. Deniken）作战。

1919年7月，白卫军将领尤登尼奇（Nikolai N. Yudenitch）率领的一支爱沙尼亚军队差一点攻下彼得堡。1920年，法国人煽动波兰军队又对俄国发动了一次新的攻势。弗兰格尔（Pyotr N.

Wrangel）接替邓尼金，率领一支新组建的反动叛军，袭击和践踏了自己的祖国。1921年3月，喀琅施塔得的士兵又发生了兵变。在列宁的领导下，俄国新政权击溃了来自各方面的进攻，充分显示出这个政权惊人的生命力。在极端艰苦的环境里，俄国广大人民始终毫不动摇地支持着自己的政权。到了1921年年底，英国和意大利终于率先承认了这个新生政权。

布尔什维克政权在回击国外干涉和国内叛乱的战争中取得了成功，而在建立社会新秩序的尝试过程中，就远没有这样幸运了。俄国的农民是贫瘠土地上的小土地所有者，让他们在思想和生产方式上实现转变可谓难上加难。革命把大地主的土地分给了他们，却不能让他们通过生产粮食获得可流通的货币；实际上，革命否定了货币的价值。战争破坏了铁路，农业生产已经严重失常，产出的粮食已减少到仅够维持农民自己生存的程度，城市市民也遭受着饥饿的折磨。

同样，盲目发展工业的草率计划也遭到了挫败。到了1920年，俄国的发展前景并不乐观，这是完全出乎预料的。铁路被大量地废弃，城市沦为废墟，人们到处都受到死亡的威胁。但这个国家仍不得不与家门附近的敌人进行殊死的搏斗。1921年，布满战争疮痍的东南诸省又接二连三地发生了干旱和严重的饥荒，千百万人民在饥饿的死亡线上挣扎。

俄国的苦难和恢复的可能性问题，极易把我们带入当前的争议之中，所以我们就不在这里加以讨论了。[1]

1　本书写于1922年，苏联自1921年起实行“新经济政策”，此后数年内经济逐渐恢复并开始了迅速的工业化进程。

67 世界政治与社会秩序的重建

受本书写作计划和范围所限，我们无法更深入地探讨围绕条约问题的那些复杂而激烈的争议，对于《凡尔赛条约》而言尤其如此，因为它是第一次世界大战的总结。我们现在才开始懂得，这场可怕的大规模冲突并没有结束什么，也没有开启什么，更没有解决什么。它枉杀了数百万人，使世界变得荒芜和穷苦，完全打碎了旧的俄国，充其量不过是使我们领悟和意识到：我们正愚蠢地、浑浑噩噩地生活在一个危机四伏、毫无怜悯心的世界上，我们的生活既无计划又无远见。

使人类陷入这场悲剧的天生的自我中心论、民族主义热情和帝国主义的贪婪，都在战争中得到了充分的暴露，却没有受到丝毫的削弱，一旦世界从大战的消耗和疲倦中恢复过来，它们就会酿造另一场同样的灾难。战争与革命不会制造什么，它们对人类的最大作用是用最粗暴和痛苦的方式消灭陈旧过时和阻碍性的势力。第一次世界大战在欧洲消除了德意志帝国的威胁，摧毁了俄国的帝国主义，也消除了一大批君主政体。但是，仍旧有许多面旗帜在欧洲上空飘扬，各国的边界仍旧那样动荡不安，而各国的军队反而采用更新式的武器加以装备。

《凡尔赛和约》原本只应对战争和战败事宜做出某种逻辑结

论，然而它却极不恰当地超越了自己的权限。德国、奥地利、土耳其、保加利亚等国显然没有资格参加会议的讨论，只能听凭和会对它们做出裁决。从人类幸福的角度来看，会议地点的选择就是极不明智的。1871年，新兴的德意志帝国就是在凡尔赛宫带着凯旋者的骄狂宣告了自己的成立，如今，那一幕情节的戏剧性反转又在同一座宫殿中上演，这种联想不可能不在人们的心中投下阴影。

大战初期一度存在过的宽宏大量此时已消失得不见踪影，战胜国的民众只是一味地体验着自己的损失和痛苦，完全不去考虑战败国人民同样饱尝战争灾难的事实。战争的爆发，实际上是欧洲各国激烈的民族主义竞争之中缺乏联邦性调整的必然结果。众多独立的主权国家拥挤在欧洲这样一块狭小的地区，各自又具有如此强大的军力，战争在逻辑上是必然的。纵使战争没有以这种方式爆发，也势必以相似的其他方式爆发。以此类推，倘若没有政治上统一的事先防范，那么在20年至30年间必然会出现更具灾难性的事件。[1]

为战争而组织起来的各种国际关系，就像母鸡生蛋一样必然产生战争。但是，在战争中遭受了折磨和伤害的国民在情感上却忽视了这样一个事实：如果全体战败国人民都对这场灾难负有道义和物质上的责任，那么假如战争的结果恰好相反，战胜国的人民是否也应受到相同的对待呢？法国和英国把战争责任归在德国人身上，德国又把责任推给了法国和英国。只有少数有识之士才清醒地看到，大部分的责任在于欧洲四分五裂的政治结构。《凡

1　本书完成仅17年后，便爆发了第二次世界大战。

尔赛条约》的意图在于惩罚和复仇：对战败国实施最严厉的惩罚，让那些业已破产的国家再背上沉重的债务，以此向战胜国交付战争赔款。直率地说，《凡尔赛条约》通过建立反战国际同盟来重组国际关系的企图既缺乏诚意，也极不妥当。

从欧洲的情况看，为实现持久和平而重组国际关系的意图是否存在是值得怀疑的。美国总统威尔逊（Woodrow Wilson）把建立国际联盟的提议带入现实的政治中，这一提议的主要支持者就是美国。以前，美国这个新型现代国家除了提出过旨在保护新大陆不受欧洲干涉的门罗主义，未曾对国际关系发表过任何独到的见解。如今，美国突然被邀来对当代最重大的问题做出精神方面的贡献，这是从来没有过的事情。美国人民素来向往世界永久和平，与“旧世界”的纷争保持某种距离。正值美国人准备对世界问题提出美国式解决方案之际，德国的潜艇把美国拖入了这场战争，使美国参加了反德联盟。威尔逊总统建立国际联盟的计划，是建立独特的美国式世界计划的临时性尝试，也是一个粗略、不妥甚至危险的计划。然而在欧洲，这个计划却被误以为是美国政府深思熟虑的意见。

1918年至1919年间，欧洲大部分人都被战争搞得心力交瘁，几乎所有人都愿意为防止战争的再度爆发而付出任何代价。然而，在“旧世界”中却没有任何一个国家的政府肯为避免战争放弃一丝一毫的权利。威尔逊总统倡议建立国际联盟的公开演说越过了各国政府首脑，直接飞进了全世界公众的耳朵。他们把这项倡议当作美国提出的成熟提案，因而表现出极为强烈的反应。不幸的是，威尔逊打交道的对象是各国政府而不是人民。他是一个有着非凡想象力的人，然而在实现这一试验时却表现出利己主义和狭隘的品质。因此，他唤起的热情狂潮很快就如流水般地消退了。

迪伦[1]博士在他的《和会》一书中，曾做过如下描绘：

> 当威尔逊总统抵达这里的海岸时，欧洲就像准备好了的陶土，等待富有创造力的陶艺家威尔逊来揉搓。各国人民从来没有像现在这样强烈地希望跟随摩西，去那没有战争和封锁的理想王国，威尔逊就是人们心中伟大的摩西。在法国，人们怀着敬畏和爱戴之心向他鞠躬。巴黎的一位劳工领袖告诉我，看见威尔逊时，他们流下了欢喜的眼泪。为了实现威尔逊的神圣计划，他和他的同志们愿意赴汤蹈火。对于意大利的劳动大众来说，威尔逊的名字犹如同预报新世界来临的号角。德国人则把威尔逊和他的主张当作和平的保障。无畏的穆赫隆[2]说："假使威尔逊对德国人讲演，那么即使他把最严厉的字眼加在他们身上，他们也会毫无怨言地接受、服从并立刻投入工作。"在德意志和奥地利，威尔逊的名字就像是救星，只要听到他的名字，受苦的人就会得到解脱，悲伤的人就会得到安慰。

---

1 迪伦（Emile Joseph Dillon，1854—1933），乌克兰哈尔科夫国立大学语言学教授，英国《每日电讯报》驻外记者。其《和会》（*The Peace Conference*）一书出版于1919年，1920年以《和会内幕故事》为题在美国出版。

2 穆赫隆（Wilhelm Muehlon，1878—1944），德国武器制造商克虏伯公司前主管，他在留下的日记中记录了对第一次世界大战的思考。

这就是威尔逊唤起的无限希望，然而他又是何等的令人失望，他创建的国际联盟又是何等的软弱无能！叙述这些只能令人感到冗长和不快。威尔逊夸大了人类的悲剧，他的梦想是那样的伟大，而实现梦想的行动却如此微不足道。

美国人民反对总统的做法，不愿加入欧洲各国按照他的意思所建立的国际联盟。美国人民逐渐醒悟，认识到自己正在介入某些他们毫无准备的事端。在欧洲方面，人们也有着相应的理解：美国并没有尽其所能地给予“旧世界”什么东西。国际联盟实际上是个人为造成的畸形儿，国际联盟精心设计的不切实际的章程和显然受到限制的权力，已经成为重建国际关系有效方式的一系列障碍。

如果国际联盟根本就没有存在过，许多问题或许早就明朗了。但是，最初欢迎这个计划的全世界范围的如火热情，全世界人民——是人民而不是政府——要求制止战争的意愿，则是在每一部史册中都应大书特书的。[1] 在那些不断制造着分歧，不断错误地估计人类事务的短视政府背后，一支实现世界统一、建立世界秩序的真正力量正在形成并蓬勃地发展。

从1918年开始，世界进入了会谈的时代。在这些会议中，美国总统哈定（Warren G. Harding）在华盛顿召开的会议（1921年）是最成功和最具启发性的。值得注意的还有1922年的热那亚会议，德国和俄罗斯派代表出席了会议的审议。我们在这里将不会

---

1 在“一战”期间，作者曾是英国推动建立国际联盟的主要活动家之一，但他对该联盟最终成立后的运作并不感兴趣。对国际联盟幻想的破灭，是促使作者开始写作世界通史作品的一大因素。

对这一长串的会议和试验做详述。

越来越明显的是，如果要避免像第一次世界大战那样深重的社会动乱和世界性大屠杀，人类必须做大量的重建工作。无论是像国际联盟这样仓促的权宜之计，还是这样那样的国家集团之间七拼八凑的会议制度，都无法满足摆在我们面前的新时代的复杂政治需要。那些会议高调地声称要解决一切问题，实际上却没能改变任何事情。我们所需要的是对仍处于初级阶段的人际关系学、个人和群体心理学、金融和经济学以及教育学，进行系统的发展和应用。狭隘、陈腐、过时、没落的道德和政治观念，无疑要被一种关于人类共同起源和命运的更清晰、更简单的概念所取代。

如果说人类今天面临的危险、混乱和不幸比以往任何时候都更加严重，那是因为科学为人类提供了比以往任何时候都更强大的力量。大无畏的科学方法、清晰准确的阐释、彻底批判性的计划，都给予了人类前所未有的力量，同时也给予了人类控制这些力量的希望。人类的苦恼并非来自衰老和枯竭，而是来自不断增长的尚未成熟的力量。当我们把全部历史看作一个过程，正如本书所述，当我们看到这种顽强向上的生存斗争的远景和前途时，就可以预见当代希望与危险的比例关系。

人类至今仍处于伟大的晨曦时刻，但是在鲜花和夕阳的美妙中，在可爱的小动物欢快的嬉戏中，在各式各样秀美壮丽的景致中，我们总能感悟到生活对我们的启示。在雕塑和绘画等艺术作品中，在伟大的音乐作品中，在雄伟神圣的建筑和赏心悦目的花园中，我们同样得到了用物质来体现人类意志的启示。我们有理想，有着尚未成熟但始终在不断增强的力量。

不久之后，人类将实现统一与和平，人类将不断繁衍生息，我们的子孙将生活在比今天任何宫殿和花园都更加美妙怡人的环境中，去更广泛的领域中进行日益成功的冒险，去迎接更伟大的成就，我们对此怎能怀疑？今天我们只是取得了初步的胜利，我们谈及的整部历史不过是人类伟业的一支序曲。

* * *

大事年表

公元前1000年前后，雅利安人各族在西班牙、意大利、巴尔干半岛和印度北部定居。此时，克诺索斯王宫已遭到破坏，埃及的图特摩斯三世、阿蒙诺菲斯三世和拉美西斯二世的王朝已过去了三四百年。虚弱的第二十一王朝的君主正统治着尼罗河流域，以色列则在早期国王的治理下获得统一。扫罗、大卫甚至所罗门都仍在位，阿卡德–苏美尔帝国的皇帝萨尔贡一世（公元前2750年）对于巴比伦的历史来说已成为遥远的过去，他的时代比起君士坦丁大帝还要早得多。汉谟拉比已经死去了上千年，亚述人统治着拥有少量军队的巴比伦。公元前1100年，提格拉特·帕拉沙尔一世占领巴比伦，但未能将其永久征服，亚述和巴比伦还是单独的帝国。在中国，周朝的统治正处于繁荣时期。英格兰的史前巨石群则已存在了数百年。

此后的200年间，埃及出现了第二十二王朝治理下的复兴，所罗门短暂的希伯来王国出现了分裂。希腊人在巴尔干半岛、意大利南部和小亚细亚散播开来。伊特鲁里亚人则统治了意大利中部。以下是确实可查的大事年表。

公元前800年	兴建迦太基
公元前790年	埃塞俄比亚人征服埃及（建立第二十五王朝）
公元前776年	首届奥林匹克竞技会召开
公元前753年	罗马建成
公元前745年	提格拉特·帕拉沙尔三世征服巴比伦，建立亚述帝国
公元前722年	萨尔贡二世用铁制武器武装亚述士兵
公元前721年	萨尔贡二世驱逐以色列人
公元前680年	亚述国王以撒哈顿（Esarhaddon）占领埃及底比斯（推翻了埃塞俄比亚人的第二十五王朝）
公元前664年	普萨姆提克一世恢复埃及的自由，建立第二十六王朝（至公元前610年）
公元前608年	埃及法老尼科在美吉多战役中击败犹太国王约西亚
公元前606年	迦勒底人和米底人占领尼尼微，建立迦勒底帝国
公元前604年	尼科进攻幼发拉底河流域，被古巴比伦国王尼布甲尼撒二世击败（尼布甲尼撒将犹太人掠往巴比伦）
公元前550年	波斯国王居鲁士取代米底人基亚克萨雷斯（Cyaxares）之位（释迦牟尼、孔子、老子大概生活在这个时期）
公元前538年	居鲁士占领巴比伦，建立波斯帝国
公元前521年	叙斯塔司佩斯（Hystaspes）之子大流士一世开始统治从达达尼尔海峡到印度河的广大领域，并远征斯基泰王国
公元前490年	马拉松战役
公元前480年	温泉关战役及萨拉米斯海战
公元前479年	普拉提亚战役及米卡列海角之战
公元前474年	伊特鲁里亚舰队被西西里的希腊军击溃
公元前431年	伯罗奔尼撒战争开始（至公元前404年）

公元前359年　万人大撤退（希腊万人雇佣军从波斯退回希腊）

公元前359年　腓力成为马其顿国王

公元前338年　喀罗尼亚战役

公元前336年　马其顿军队进入亚洲，腓力遭到暗杀

公元前334年　格拉尼卡斯河之战

公元前333年　伊苏斯战役

公元前331年　阿尔比勒战役

公元前330年　大流士三世身亡

公元前323年　亚历山大大帝去世

公元前321年　旃陀罗笈多在旁遮普崛起；罗马人在卡夫丁峡谷被萨莫奈人彻底击败

公元前281年　皮洛士入侵意大利

公元前280年　赫拉克利亚之战

公元前279年　奥斯库鲁姆之战

公元前278年　高卢人入侵小亚细亚，定居加拉西亚

公元前275年　皮洛士离开意大利

公元前264年　第一次布匿战争；阿育王在比哈尔继位（至公元前227年）

公元前260年　米莱海战

公元前256年　埃克诺穆斯角海战

公元前246年　嬴政成为秦王

公元前220年　秦王嬴政成为皇帝，即“秦始皇”

公元前214年　长城开始修建

公元前210年　秦始皇病死

公元前202年　扎马战役

公元前146年	迦太基陷落
公元前133年	阿塔罗斯三世（Attalus III）把帕加马王国遗赠给罗马人
公元前102年	马略成功驱逐日耳曼人
公元前100年	马略凯旋；汉武帝征服西域
公元前89年	全体意大利人成为罗马公民
公元前73年	斯巴达克斯率奴隶起义
公元前71年	斯巴达克斯起义失败
公元前66年	庞培率罗马军抵达里海和幼发拉底河，遭遇了阿兰人
公元前48年	恺撒击败庞培
公元前44年	恺撒被刺杀
公元前27年	奥古斯都被奉为元首
公元前4年	耶稣诞生

公元纪元开始

14年	奥古斯都去世，提比略继位
30年	耶稣被钉死在十字架上
41年	卡利古拉遭暗杀后，克劳狄乌斯被禁卫军士兵们拥立为皇帝
68年	尼禄自杀；后续几任皇帝为加尔巴（Galba）、奥托（Otho）、维特里乌斯（Vitellius）
69年	韦帕芗（Vespasian）成为皇帝
97年	班超率军到达里海
117年	哈德良继图拉真之后成为皇帝；罗马帝国扩展到最大疆域
138年	斯基泰人正在破坏希腊人统治印度的最后剩余痕迹

161年	马可·奥勒留继安东尼·庇护之后为帝
164年	大瘟疫在罗马流行，直到180年奥勒留去世，瘟疫也波及亚洲（罗马帝国进入了近百年的战争与混乱期）
220年	汉朝灭亡，中国进入了近400年的分裂时期
227年	阿尔达希尔一世（波斯萨珊王朝建立者）终结了波斯的安息王朝
242年	摩尼开始传教
247年	高卢人渡过多瑙河，大举入侵罗马
251年	高卢人大获全胜，罗马皇帝德西乌斯战死
260年	萨珊波斯第二任国王沙普尔一世占领安条克，俘获罗马皇帝瓦勒良（Valerian），但从小亚细亚回师时被帕尔米拉的奥登纳图斯（Odenathus）歼灭
277年	摩尼在波斯被钉死在十字架上
284年	戴克里先成为罗马皇帝
303年	戴克里先迫害基督徒
311年	伽列里乌斯停止迫害基督徒
312年	君士坦丁大帝成为罗马皇帝
323年	君士坦丁召开尼西亚宗教会议
337年	君士坦丁临终前接受洗礼
361—363年	“背教者”尤里安下令以密特拉教取代基督教
392年	狄奥多西成为东、西罗马帝国皇帝
395年	狄奥多西去世，其子霍诺留和阿卡迪乌斯将罗马帝国分裂成东、西两部分
410年	阿拉里克率西哥特人攻占罗马
425年	汪达尔人定居西班牙南部，匈人占领潘诺尼亚，哥特人在达尔马提亚定居，西哥特人和苏维汇人来到葡萄牙和西班牙北部，盎格鲁人入侵不列颠

439年　汪达尔人攻占迦太基

451年　阿提拉人侵高卢，在特鲁瓦被法兰克人、西哥特人和罗马人击败

453年　阿提拉去世

455年　汪达尔人劫掠罗马

476年　条顿部落之王奥多亚塞向君士坦丁堡宣告，西方已没有皇帝；西罗马帝国灭亡

493年　东哥特人狄奥多里克征服了意大利，并成为意大利国王，但名义上服从于君士坦丁堡宫廷（哥特国王开始统治意大利，哥特人作为驻军，定居在没收的特定土地上）

527年　查士丁尼称帝

529年　查士丁尼关闭已有近千年历史的雅典学院；贝利撒留（Belisarius，查士丁尼的将军）攻占那不勒斯

531年　库思老一世即位

543年　君士坦丁堡瘟疫流行

553年　哥特人被查士丁尼逐出意大利

565年　查士丁尼去世；伦巴第人征服北意大利大部（不包括拉文那和罗马）

570年　穆罕默德出生

579年　库思老一世去世（伦巴第人统治意大利）

590年　罗马瘟疫肆虐，库思老二世即位

610年　希拉克略登上拜占庭帝国帝位

618年　唐朝建立

619年　库思老二世占据埃及、耶路撒冷、大马士革，驻兵达达尼尔海峡

622年　“徙志”（穆罕默德从麦加前往麦地那）

626年　唐太宗即位

627年	希拉克略在尼尼微击败波斯军
628年	卡瓦德杀害其父库思老二世后继位；穆罕默德致信各国统治者
629年	穆罕默德返回麦加
632年	穆罕默德去世，艾布·伯克尔成为首位哈里发
634年	耶尔穆克河战役；阿拉伯军攻占叙利亚；欧麦尔成为第二任哈里发
637年	唐太宗接待了聂斯脱里派（景教）传教士；卡迪西亚战役
638年	耶路撒冷投降欧麦尔
641年	希拉克略去世
643年	奥斯曼（Othman）成为第三任哈里发
655年	阿拉伯军击败拜占庭舰队
668年	哈里发穆阿维叶（Moawija）从海路攻打君士坦丁堡
687年	赫斯塔尔的丕平担任法兰克王国宫相，重新统一奥斯特拉西亚和纽斯特里亚
711年	阿拉伯军队从非洲入侵西班牙
715年	哈里发瓦利德一世（Walid I）统治的疆域西抵比利牛斯山，东至中国西界
717年	瓦利德之子苏莱曼攻打君士坦丁堡失败
732年	查理·马特在普瓦捷附近击败阿拉伯军队
751年	丕平成为法兰克国王
768年	丕平去世
771年	查理曼成为法兰克国王
774年	查理曼征服伦巴第
786年	哈隆·拉希德成为巴格达的阿拔斯王朝的哈里发（至809年）
795年	利奥三世成为教皇（至816年）

800年	利奥三世为查理曼加冕
802年	爱格伯特成为威塞克斯国王，此前他是查理曼朝廷中的英格兰避难者
810年	保加利亚大公克鲁姆击败并杀死了拜占庭皇帝尼斯福鲁斯
814年	查理曼去世
828年	爱格伯特成为第一位英格兰国王
843年	“虔诚者”路易去世，加洛林帝国分裂；直到962年，神圣罗马帝国的皇位都没有连贯的继承人，尽管皇帝头衔是断断续续出现的
850年	一个名叫留里克（Rurik）的北欧人成为诺夫哥罗德和基辅的统治者
852年	鲍里斯（Boris）成为保加利亚第一位基督徒国王（至884年）
865年	俄罗斯（诺曼人）舰队威胁君士坦丁堡
904年	俄罗斯舰队离开君士坦丁堡
912年	“步行者”罗尔夫成为诺曼底大公
919年	“捕鸟者”亨利被选为德意志国王
936年	奥托一世继承其父“捕鸟者”亨利之位，成为德意志国王
941年	俄罗斯舰队再次威胁君士坦丁堡
962年	德意志国王奥托一世由教皇约翰十二世加冕，成为第一位萨克逊人皇帝
987年	休·卡佩成为法兰西国王，加洛林王朝覆灭
1016年	克努特成为英格兰、丹麦和挪威的国王
1043年	俄罗斯舰队威胁君士坦丁堡
1066年	诺曼底公爵威廉征服英格兰
1071年	塞尔柱突厥人复兴伊斯兰教；曼齐刻尔特战役

1073年	希尔德布兰德出任教皇（至1085年），即格里高利七世
1084年	诺曼人罗伯特·圭斯卡德（Robert Guiscard）洗劫罗马
1087—1099年	教皇乌尔班二世在位
1095年	乌尔班二世在克勒芒宗教会议上宣布进行十字军东征
1096年	十字军大肆屠杀
1099年	法兰克骑士布永的戈弗雷（Godfrey）占领耶路撒冷
1147年	第二次十字军东征开始
1169年	萨拉丁成为埃及苏丹
1176年	“红胡子”腓特烈在威尼斯承认教皇（亚历山大三世）的至高权力
1187年	萨拉丁占领耶路撒冷
1189年	第三次十字军东征开始
1198年	教皇英诺森三世即位（至1216年），并成为腓特烈二世（4岁）的监护人
1202年	第四次十字军进攻拜占庭帝国
1204年	拉丁人占领君士坦丁堡
1214年	成吉思汗攻占北京
1226年	圣方济各去世
1227年	成吉思汗去世，窝阔台继位
1228年	腓特烈二世发动第六次十字军，攻占耶路撒冷
1240年	蒙古军攻破基辅，俄罗斯开始向蒙古人进贡
1241年	蒙古人在西里西亚的列格尼卡战役中获胜
1250年	腓特烈二世去世，帝位至1273年始终虚悬
1251年	蒙哥成为大汗，忽必烈统领中原

1258年	旭烈兀攻克巴格达
1260年	忽必烈成为大汗
1261年	希腊人从拉丁人手中夺回君士坦丁堡
1271年	忽必烈建立元朝
1273年	哈布斯堡家族的鲁道夫被选为皇帝；瑞士成立永久同盟
1293年	实验科学的思想先驱罗吉尔·培根去世
1294年	忽必烈去世
1348年	黑死病流行
1368年	元朝覆灭，明朝建立
1377年	教皇格里高利十一世返回罗马
1378年	教皇分立。乌尔班六世在罗马就任，克勒芒五世在阿维农就任
1398年	胡司在布拉格传播威克里夫的教义
1414年	康茨坦丁宗教会议，次年胡司被处以火刑
1417年	教皇分立结束
1453年	苏丹穆罕默德二世率领奥斯曼土耳其人占领君士坦丁堡
1480年	莫斯科大公伊凡三世脱离蒙古人的统治
1481年	穆罕默德二世在准备征服意大利期间去世
1486年	迪亚士航行绕过好望角
1492年	哥伦布横渡大西洋，到达美洲
1493年	马克西米利安一世成为罗马皇帝
1497年	达·伽马绕过好望角航抵印度
1499年	瑞士成为独立共和国
1500年	查理五世出生
1509年	英格兰国王亨利八世即位

1513年	利奥十世就任教皇
1515年	弗朗西斯一世成为法兰西国王
1520年	苏莱曼成为苏丹，统治从巴格达至匈牙利的广大地域；查理五世成为皇帝
1525年	巴布尔赢得帕尼帕特战役，占领德里，建立莫卧儿帝国
1527年	日耳曼部队在波旁治安官率领下攻占并劫掠罗马
1529年	苏莱曼包围维也纳
1530年	教皇为查理五世加冕；亨利八世与教皇发生争吵
1539年	耶稣会成立
1546年	马丁·路德去世
1547年	伊凡四世（伊凡雷帝）称俄国“沙皇”
1556年	查理五世退位；阿克巴成为莫卧儿帝国君主（至1605年）；依纳爵·罗耀拉去世
1558年	查理五世去世
1566年	苏莱曼大帝去世
1603年	詹姆斯一世成为英格兰、苏格兰君主
1620年	“五月花”号上的移民建立新普利茅斯；第一批黑人奴隶登陆詹姆斯敦（今弗吉尼亚州）
1625年	查理一世成为英格兰国王
1626年	弗朗西斯·培根去世
1643年	路易十四即位，开始了其长达72年的统治
1644年	满人入关，明朝灭亡
1648年	《威斯特伐利亚和约》签订，正式承认荷兰和瑞士为自由共和国，普鲁士的重要性日益提升（该条约之下，帝国皇室与诸侯都没有成为赢家；投石党战争爆发，最终法国王室获得全面胜利）

1649年	英王查理一世被处死
1658年	莫卧儿王朝皇帝奥朗则布登基；克伦威尔去世
1660年	英王查理二世即位
1674年	新阿姆斯特丹最终成为英国属地，改称“纽约”
1682年	彼得大帝成为俄国沙皇（至1725年）
1683年	奥斯曼人最后一次进攻维也纳，被波兰国王约翰二世（John II）击溃
1701年	腓特烈一世成为普鲁士王国首位国王
1707年	莫卧儿帝国分裂，奥朗则布去世
1712年	普鲁士国王腓特烈二世出生
1715年	路易十五成为法兰西国王
1755—1763年	英法争夺美洲和印度殖民地；法国与奥地利和俄国结盟，对抗普鲁士和英国；七年战争（1756—1763）
1759年	英国将军沃尔夫（James Wolfe）占领魁北克
1760年	乔治三世成为英国国王
1763年	英法在巴黎媾和，加拿大成为英国殖民地；英国在印度确立殖民统治
1769年	拿破仑·波拿巴出生
1774年	路易十六登上王位
1776年	美利坚合众国发表《独立宣言》
1783年	英美两国签订和约
1787年	费城制宪会议成立了美国联邦政府；法国即将崩溃
1788年	美国首届联邦议会在纽约召开
1789年	法国召开三级会议，巴士底狱被攻破
1791年	路易十六出逃

1792年	法国对奥地利宣战，普鲁士对法国宣战；瓦尔密战役；法兰西第一共和国成立
1793年	路易十六被送上断头台
1794年	罗伯斯庇尔被处死，雅各宾派的统治结束
1795年	督政府成立；拿破仑镇压了一场起义，作为总司令出征意大利
1798年	拿破仑前往埃及；尼罗河河口战役
1799年	拿破仑返回法国，就任第一执政
1804年	拿破仑称帝；弗朗西斯二世于1805年在奥地利称帝，1806年失去神圣罗马帝国皇帝称号，神圣罗马帝国灭亡
1806年	普鲁士军在耶拿被彻底击败
1808年	拿破仑封其兄约瑟夫为西班牙国王
1810年	西属美洲独立战争开始
1812年	拿破仑从莫斯科撤退
1814年	拿破仑退位，路易十八即位
1824年	查理十世即位法国国王
1825年	尼古拉一世成为俄国沙皇；世界上第一条铁路在英国斯托克顿和达灵顿之间通车
1827年	纳瓦里诺海战
1829年	希腊独立
1830年	动乱的一年。路易·菲利普驱逐查理十世自立为法王；比利时脱离波兰，萨克森–科堡–哥达公国的利奥波德成为新成立的比利时王国的国王；俄属波兰爆发起义
1835年	“社会主义”一词首次使用
1837年	维多利亚女王即位
1840年	维多利亚女王与萨克森–科堡–哥达公国的阿尔伯特亲王结婚

1852年	拿破仑三世即位为法国皇帝
1854年	克里米亚战争
1856年	亚历山大二世继任俄国沙皇
1861年	维克托·伊曼纽尔（Victor Emmanuel）成为意大利第一任国王；亚伯拉罕·林肯成为美国总统；美国内战开始
1865年	美国南方军在阿波马托克斯县府投降；日本开放国门
1870年	拿破仑三世对普鲁士宣战
1871年	巴黎投降（1月）；普鲁士国王成为德意志皇帝；《法兰克福和约》签订
1878年	《柏林条约》签订，西欧开始了长达36年的军备和平时期
1888年	腓特烈三世（3月）和威廉二世（6月）相继成为德意志皇帝
1912年	中华民国成立
1914年	第一次世界大战爆发
1917年	两次俄国革命，建立布尔什维克政权
1918年	俄德签署休战协议
1920年	国际联盟首次会议，德、奥、俄、土等国被排除在外，美国拒绝参加
1921年	希腊不顾国际联盟调解，与奥斯曼土耳其开战
1922年	奥斯曼土耳其军在小亚细亚战胜希腊军

附 录

编者按：由于时代局限，本书中的部分表述已不完全符合最新的科学研究结论。为方便读者了解准确的信息，特将相关内容订正、整理如下。

1 空间中的世界

* 海王星与太阳之间距离的准确值是27.74亿英里。1930年，天文学家发现了第九颗行星冥王星，与太阳的平均距离为36.72亿英里。

* 目前人类已经可以下潜到上万米深的海底，已知的海洋最深处为马里亚纳海沟，深度超过11000米。

* 目前人类已经登上月球并将探测器送入外太空，但仍未找到任何确切的生命迹象。

2 时间中的世界

* 目前科学家推测的地球年龄为45.5亿年。

* 随着近百年来天文学研究的进展，旋涡星云实际上比作者当时的认识要远远大得多，其中很多星云可以包含数十亿颗恒星。

3 生命的起始

* 据目前最新的估计，岩层化石涵盖的时间范围应接近40亿年，分为新生代、中生代、古生代、前寒武纪四个时期。

* 陆地和海洋分开后的早期阶段现在被划分为前寒武纪，分为太古代和元古代。藻类和无脊椎动物在元古代已经存在。

4 鱼类的时代

* 当代生命科学研究已经得知，生物的遗传特征是由基因决定的，基因是带有遗传信息的DNA片段，是存储、传递遗传信息和复制细胞的主要物质基础，生物遗传信息的代际传递机制由此被破解。

* 现在一般认为，最早的脊椎动物出现在奥陶纪（4.8亿年至4.4亿年前），体型较大的脊椎动物出现在志留纪（4.4亿年至4.1亿年前）。

5 石炭纪沼泽时代

* 最新的科学研究表明，早在志留纪（4.4亿年至4.1亿年前）陆地上就有无叶植物，在泥盆纪（4.05亿年至3.5亿年前）又出现了叶状植物、昆虫和无脊椎动物。

* 极端寒冷和极端温暖的时期的出现，是由地球轨道和地轴倾角的微小变化、大气中二氧化碳含量的变化、大陆的漂移等因素带来的气候变化所导致的。

* 石炭纪（3.55亿年至2.95亿年前）有部分爬行动物是在陆地上繁殖的。

6 爬行动物时代

* 中生代的末期为距今6500万年前，分为三叠纪、侏罗纪和白垩纪三个时期。

* 目前的科学研究表明，恐龙并非全部是冷血动物，其中一部分是温血动物。

7 最早的鸟类和哺乳动物

* 目前一般认为，中生代（爬行动物时代）持续了约1.8亿年。

* 关于恐龙灭绝的原因目前仍有争议，气候变化通常被认为是主要因素，但一些科学家把鸟类归类为恐龙的幸存后代。

8 哺乳动物时代

* 现在一般认为，新生代始于6500万年前。

* 最近的一次冰河时代结束于约2万年前。

* 人类文明所处的时期被认为是一个“间冰期”，在整个冰期内是一个相对温暖的短暂时期，这表明将来有可能出现另一个冰河时代。

* 目前科学家认为，部分恐龙确实有群居生活，并在养育幼崽时表现出亲代抚育行为。

9 猿猴、类人猿和亚人类

* 第一次冰河时期现在可以追溯到大约500万年前。约450万年前，直立行走的类人猿在非洲出现。至于从猿人过渡到真正的人的具体时间，目前仍存在争议。

* 在东非发现的许多“类人”生物化石中，有一些已有400万年的历史。

* 目前一般认为，“原始石器”是受到自然力作用形成的，而不是早期人类制作的。

* 直立猿人的历史可以追溯到超过100万年前。

* “曙人”后来被证明是古人类研究中一个精心制造的骗局，出土物均为伪造。

10 尼安德特人和布罗肯山人

* 根据最新的研究，尼安德特人在距今13万年前到达欧洲，并一直存活到距今3万年前，存在时间跨度超过25万年。尼安德特人已经可以直立行走，体毛较少，可以熟练地制造工具和捕猎，是已知最早的埋葬死者的人类，甚至可以说话。

* 今天人们普遍接受的观点是：人类起源于非洲，并迁徙到世界上其他地方，一路上进化成几种不同的类型，包括尼安德特人和现代人类的祖先。研究表明，现代人类（即智人）出现于约20万年前。大约15万年前，人类的祖先从非洲向外迁徙，逐渐取代了其他所有类型的人类。

11　第一批真正的人类

* 作者关于物种“高低”之分的观点带有时代局限性。研究表明，克鲁马努人在解剖学意义上与现代人类是相同的。

* 塔斯马尼亚人为约4.2万年前到该地定居的澳洲土著，约1万年前因海平面上升而与外界隔绝。19世纪初英国殖民者发现该岛时，岛上居民仍处于原始社会早期阶段。塔斯马尼亚人属于智人，后因殖民者屠杀而灭绝。

12　原始人的思想

* 作者关于原始人思想的部分描述带有推测性质，从今天的科学视角来看并不完全准确。

13　农耕生活的开始

* 根据目前最新的分期方法，新石器时代与旧石器时代之间增加了一个“中石器时代”，即一个以小型石器、更大的定居点为特征的过渡时期。

* 根据最新的推测，最早的农业定居点出现于约公元前9000年，位于地中海和波斯湾之间的“新月沃地”，之后逐渐扩展到其他地区。

威尔斯主要作品

时间机器　*The Time Machine*　1895

莫罗博士的岛　*The Island of Dr. Moreau*　1896

隐身人　*The Invisible Man*　1897

星际战争　*The War of the Worlds*　1898

时间和空间的故事　*Tales of Space and Time*　1899

昏睡百年　*When the Sleeper Wakes*　1899

爱情和鲁雅轩　*Love and Mr. Lewisham*　1900

第一批月球人　*The First Men in the Moon*　1901

海上女王　*The Sea Lady*　1902

神食　*The Food of the Gods and How It Came to Earth*　1904

现代乌托邦　*A Modern Utopia*　1905

蚂蚁王国　*Empire of the Ants*　1905

彗星来临　*In the Days of the Comet*　1905

大空战　*The War in the Air*　1908

安·维罗尼卡　*Ann Veronica*　1909

波利先生的故事　*The History of Mr. Polly*　1910

新马基雅维利　*The New Machiavelli*　1911

哈曼先生的妻子　*The Wife of Sir Isaac Harman*　1914

辉煌的研究　*The Research Magnificent*　1915

比尔比　*Bealby: A Holiday*　1915

约翰与彼得　*Joan and Peter: The Story of an Education* 1918

不灭的火焰　*The Undying Fire* 1919

世界史纲　*The Outline of History* 1919

文明的拯救　*The Salvaging of Civilization* 1921

世界简史　*A Short History of the World* 1922

出乎意料的故事　*Tales of the Unexpected* 1922—1923

梦想　*The Dream* 1924

预言之年　*A Year of Prophesying* 1924

克里斯蒂娜·阿尔贝塔的父亲　*Christina Alberta's Father* 1925

威廉·克里索尔德的世界　*The World of William Clissold* 1926

布莱茨先生在兰波岛　*Mr. Blettsworthy on Rampole Island* 1928

布林希尔德　*Brynhild* 1937

新生的星辰　*Star Begotten* 1937

人类的命运　*The Fate of Homo Sapiens* 1939

战争与和平的共识　*The Common Sense of War and Peace* 1940

新世界指南　*Guide to the New World* 1941

时间的征服　*The Conquest of Time* 1942

走投无路的心灵　*Mind at the End of Its Tether* 1945

幸福的转折　*The Happy Turning: A Dream of Life* 1945

本书初版于1922年，由英国伦敦的凯塞尔公司（Cassell & Co）出版发行。受制于当时的科学研究水平，作者在书中的部分表述并不完全符合今天的科学研究结论。

为保留本书原貌，中译本对原文未做删改。本书编者根据相关学科学术研究的最新成果，对部分内容进行了订正和补充，以便读者掌握准确的知识和信息。具体请参见本书附录。

赫伯特·乔治·威尔斯

（Herbert George Wells，1866—1946）

英国历史学家、科幻作家、社会思想家

作品涉及文学、科学、历史、社会、政治等多个领域

代表作有《世界史纲》《时间机器》《隐身人》《星际战争》等

世界简史

作者 _ [英] 赫伯特 · 乔治 · 威尔斯　译者 _ 孟驰

产品经理 _ 陈顺先　装帧设计 _ 欧阳颖　产品总监 _ 阴牧云
技术编辑 _ 顾逸飞　责任印制 _ 梁拥军　出品人 _ 吴畏

营销团队 _ 毛婷 阮班欢 孙烨

果麦
www.guomai.cc

以 微 小 的 力 量 推 动 文 明

图书在版编目（CIP）数据

世界简史 /（英）赫伯特 · 乔治 · 威尔斯著 ; 孟驰译 . — 昆明 : 云南人民出版社 , 2020.7（2023.4 重印）
ISBN 978-7-222-19358-1

Ⅰ . ①世… Ⅱ . ①赫… ②孟… Ⅲ . ①世界史—通俗读物 Ⅳ . ① K109

中国版本图书馆 CIP 数据核字（2020）第 099496 号

责任编辑：刘 娟
责任校对：和晓玲
责任印制：马文杰

世界简史
SHIJIE JIANSHI
[英] 赫伯特 · 乔治 · 威尔斯 著 孟驰 译

出 版 云南出版集团 云南人民出版社
发 行 云南人民出版社
社 址 昆明市环城西路 609 号
邮 编 650034
网 址 www.ynpph.com.cn
E-mail ynrms@sina.com
开 本 880mm × 1230mm 1/32
印 张 12
印 数 17, 501–20, 500
字 数 220 千
版 次 2020 年 7 月第 1 版 2023 年 4 月第 5 次印刷
印 刷 河北鹏润印刷有限公司
书 号 ISBN 978-7-222-19358-1
定 价 68.00 元